PREMODERN CIVILIZATION OF CHOSUN AND MISSIONARIES

조선 근대
문명화를 이끈
선교사들

REMODERN CIVILIZATION
F CHOSUN
ND
IISSIONARIES

조선 근대
문명화를 이끈
선교사들

강석진 지음

그들은
Planner,
Founder,
Builder였다

렛츠북

머리말

    본 저자는 3년 전에 『近現代史로 읽는 북한교회사』에서 일반 통사와 교회사를 연계하여 북한 교회사를 출간하였었다. 그 당시에 한국선교 역사에 관한 많은 사료를 탐구하면서 선교사들에 의한 문명사적인 사역이 먼저 기초가 되었기에 한국교회가 오늘날 같은 교회 부흥과 문명 사적인 발전을 이루게 된 것을 확신하게 되었다. 그래서 차후에 기회가 되면 선교사들에 의한 조선의 근대 무명화 사역에 대해 별도로 집필해야 할 필요성을 절감하였었다. 이번에 용기를 내어 그 당시 선교사들에 의한 조선 근대 문명화 사역에 관한 다양한 사료를 모으고 구상하면서 본 저서를 집필하게 되었다.

    본 저서에서는 선교사들의 중심 사역인 복음화 사역(Evangelical Mission)이 아닌 문명화 사역(Civilization Mission)의 시작과 과정과 그 결실을 객관화하는 데에 중점을 두었다. 그동안 140여 년의 한국 교회 역사를 저술한 문헌들이 이미 다양하게 출간되었다. 그러한 대표적인 교회 역사 책 중에 백낙준(白樂濬) 박사가 1927년 예일대학 박사 학위 논문을 근거하여 최초로 한국선교 역사를 다룬 『韓國改新敎史 : 1832~1910』(1973)가 연세대학 출판부에서 출판되었다. 이에 앞서 1972년에 출간된 민경배(閔庚培) 교수의 한국 민족 사관적인 측면에서 심도 있게 서술된 『韓國基督敎會史』와 그 후 2004년에 출판된 박용규 교수의 한국교회사를 현대에 이르기까지 총체적으로 집대성시킨 『한국기독교회사』(1, 2권)가 있다. 그 이후에도 다양한 한국교회 역사 사료들이 출판되어 한국교회의 역사책들이 매우 풍부하다.

이에 본 저자는 상기와 같은 교회사가 아닌 차별화된 문명사적 측면에서 선교사들이 한국 근대 문명화와 근대 민주국가의 건국과 번영에 절대적으로 기여했다고 판단되었기에 여기에 역점을 두어 증빙된 다양한 사료를 수집하고 편집하여 본 저서를 집필하였다. 집필의 목적은 우리의 역사를 더욱 통찰하고 객관화하여 그 결실과 교훈을 통해 민족 문명을 자산화하는 것이다.

본 저서의 내용은 선교사들의 개별적인 사역으로 조선 후기로부터 1945년 해방 직전까지 기여한 문명사적 측면과 그 후손 선교사들이 일본의 식민지 통치 중에도 대한민국의 독립과 건국에 동참한 공로에 대해서 인물사와 그 사역의 공적을 서술하였다. 일부 내용에는 선교사들의 삶을 연대기적으로 스토리텔링하여 인용, 서술하였다.

이에 본 저서에는 검증된 사료를 기반으로 그 당시 선교사들이 조선에 들어와 근대 문명화를 위해 어떻게 기획(Planning)하고 기초(Foundation)를 구축해서 발전(Build up)시켜 나갔는지와 그들에 의해 배양된 조선의 근대 지도자들이 한국 근대화의 각 분야에 어떻게 기여했는지도 함께 서술하였다.

하나님께서는 조선 말기에 조선의 근대 문명화와 영혼 구원을 위해 서양의 선교사들을 보내시어 대다수의 문맹(文盲)과 세습적 노비제도와 우상 숭배 및 봉건적 폐습에 얽매였던 조선인들에게 근대화된 서구 문명을 이식(Planting)도록 하셨다. 이와 함께 기독교의 보편적 가치관인 자유와 평등과 박애주의를 전하게 하신 것은 조선을 향하신 하나님의 주권적 섭리(Sovereign Providence)의 역사였다. 그들은 조선의 어둠을 밝히는 빛의 사자들이었고 새 시대를 열기 위한 근대 문명의 전령(Herald)이자 헌신적인 뱅가드(Vanguard)였다. 이는 마치 로마의 식민 압제와 유대교 지도자들에게 강요된 율법의 멍에와 각종 우상 문화로 타락한 이스라엘을 구원하시기 위해 가장 소외되고 차별받는 북쪽 갈릴리에 메시아 예수가 오심으로 그 땅에 구원과 진리의 빛을 비추신 것과도 같은 것이었다.

> 요단강 저편 해변길과 이방의 갈릴리여 흑암에 앉은 백성이 큰 빛을 보았고 사망의 땅과 그늘에 앉은 자들에게 빛이 비치었도다
>
> (마 4:15, 16)

이는 격동의 19세기 말 중에 하나님께서 조선의 고루(固陋)한 폐습적 봉건 시대를 벗어나지 못한 백성들을 향한 하나님의 구속사(救贖史)와 함께 서구의 산업혁명을 통해 진보된 문명 세계로 인도하시기 위한 경이적인 문명사적 구원이었고, 우리 민족을 향하신 '하나님의 큰일'이셨다.

> 여호와께서 우리를 위하여 큰일을 행하셨으니 우리는 기쁘도다
>
> (시 126:3)

그 당시 조선은 근대 세계사로 볼 때 변화를 거부한 은둔의 나라였으며 급변하는 세계의 큰 흐름에 합류하지 못한 채 봉건적 문명에 속박되어 있었기에 외부로부터의 강력한 새로운 문명의 유입이 절실하였다. 이 같은 새로운 문명의 체험과 도약을 위해 서구 문명의 전령들이 필요하였는데, 그들이 바로 서구의 기독교 선교사들이었다. 이는 조선을 향하신 하나님의 거부할 수 없는 섭리로, 조선인을 택함 받은 선

민(Chosen People)과 거룩한 민족으로 세우시기 위한 하나님의 긍휼함과 의로운 역사의 서막이었다.

> 그러나 너희는 택하신 족속이요 왕 같은 제사장들이요 거룩한 나라요 그의 소유된 백성이니 (벧전 2:9)

19세기까지만 하여도 조선이라는 나라는 수천 년 동안 중국과 몽골, 일본의 침략과 수탈에도 멸절당하지 않고 잡초처럼 끈질기게 민족성을 존속시켰으나, 그런 역사 과정에서 우리 민족의 내면에는 두려움과 고통의 상처가 깊이 각인되어 '한'이라는 슬픈 'DNA'가 나이테처럼 각인되었다. 그로 인해 우리 민족에게는 인간의 존엄성 회복과 삶의 진보를 위한 새로운 문명 세계와 종교가 절실하였고 이에 대한 자극을 외부로부터 받아야 하는 절박한 현실에 직면하고 있었다.

금년 4월 28일 미국을 국빈 방문한 윤석열 대통령은 미 의회 국회의사당에서 '자유의 동맹, 행동하는 동맹(Alliance of Freedom, Alliance in Action)'이라는 주제로 미 상·하원 합동회의에서 영어로 연설하여 이들로부터 20여 차례의 기립박수를 받았다. 이 연설문에서는 1882년 미국과 수교가 된 이후 미국의 선교사들이 조선에 들어와 각 분야의 문명화와 특히 교육과 의료와 언론과 독립과 건국에 크게 기여했음을 설파하였다. 윤 대통령의 이 연설은 미국을 움직이는 200여 명의 정치인에게 큰 감동과 자부심을 일깨워 주었다.

"저는 오늘 이 자리에서 1882년 수교에서 시작된 140년의 한미 양국의 교류와 협력, 그리고 동맹의 역사를 되새겨 보고자 합니다. 대한민국 헌법의 기초가 된 자유와 연대의 가치는 19세기 말 미국 선교사들의 노력에 의해 우리에게 널리 소개되었습니다. 그리고 그 후 우리 국민의 독립과 건국 운동에 큰 영향을 미쳤습니다.

19세기 말 한국에 온 호러스 그랜트 언더우드, 헨리 아펜젤러, 메리 F. 스크랜튼, 로제타 셔우드 홀 등 미국의 선교사들은 학교와 병원을 지었습니다. 특히 이들은 여성 교육에 힘썼고, 그 결과 한국 여성들이 교육, 언론, 의료 등 다양한 분야의 사회 활동에 진출하는 기반을 닦아 주었습니다."

"Let me talk about the history of our Alliance. The ties of our cooperation and exchange span over 140 years since the establishment of diplomatic relation in 1882.

Horace Underwood, Henry Appenzeller, Mary Scranton, and Rosetta Hall are some of the missionaries to set foot in Korea at the end of the nineteenth century. They built schools and hospitals. They promoted education of women. Their efforts laid the foundation for many Korean women to advance into society as educator, journalists, and doctors."

이처럼 조선 말기에 입경한 선교사들은 복음화(Evangelization)보다 먼저 문명화(Civilization)의 기초를 놓았다. 그 예로서 학교(배재학당)와 병원(광혜원)이 있다. 저들의 눈에 비친 조선이라는 나라는 근대 문명화를 이미 성취한 자신들의 나라에 비해 한없이 뒤처진 미개한 비문명국이었다. 당시 조선의 문맹률은 약 90% 이상이었다. 특히 조선의 여인네들은 이름조차 없었다. 조선인들의 삶은 토속 미신 문화와 관원들의 잔혹한 가렴주구(苛斂誅求)와 부패가 만연했고, 높은 문맹률로 인한 무지와 비위생적 생활 환경은 선교사들에게 시급히 그 사회를 개혁, 계몽, 개화시켜 나가야 할 시대적, 사회적 과제였다. 선교사들의 사역에 핵심 목적은 조선인들에게 기독교를 전하여 저들의 영혼을 구원하는 것이었지만 그전의 선제적 사역이 바로 조선의 근대 문명화였다.

그들은 단지 외형적 근대 문명만을 위해 이 땅에 온 것이 아니라 박애주의라는 가장 고귀한 인간의 존엄성을 그들의 사역과 삶을 통해 친히 보여 주었다. 조선인들은 그들을 존경했고 그 가르침을 받아들여 고귀한 정신적 유산으로 축적하고 승화시켰다. 현재의 대한민국은 지난날 선교사들이 우리 선조들에게 전해 준 그 근대 문명의 유산을 기반으로 오늘의 선진국으로 발전하였다. 이제 우리는 선진화를 넘어서 새로운 문명의 창의적 국가(Creative country)로 성장하고 있으며 궁핍한 나라들을 후원하는 공여국(Donor country)이 되어 인류 공영에 이바지하는 나라와 민족이 되었다. 이같이 축복받은 나라가 된 것은 하나님의 섭리였다.

추 천 의 글

　나의 외우(畏友) 강석진 목사께서 이번에 그의 역작『조선 근대 문명
화를 이끈 선교사들』을 상재(上梓)하였습니다. 본서는 동양의 최빈국이
었던 한국이 반세기 만에 세계 6대 강대국으로 등장하여 거대한 세계
사적 사명을 감당하는 나라로 우뚝 서게 된 그 내력과 배경을 감동과
다짐 그리고 엄숙한 고전적 풍모로 서술해 나가고 있습니다.

> 요단강 저편 해변길과 이방의 갈릴리여 흑암에 앉은 백성이 큰 빛을
> 보았고 사망의 땅과 그늘에 앉은 자들에게 빛이 비치었도다(마 4:15,
> 16)

　이『성경』말씀이 한국을 향해 기록하였던 것으로 읽히는 대목에 이
르러서는 가슴이 멥니다. 선교사들이 한국에 와서 조선(朝鮮)이란 말이
'Chosen', 곧 '선택받은 자, 선민(選民)'이란 뜻에 놀라 무릎을 꿇었다
는 말이 이제 우리들의 기념비가 되고 있습니다.
　저자는 중국과 일본의 근대화 과정의 방대한 사료를 섭렵하면서 한
국과 견주어 한국에서의 선교사들의 사역이 복음화(福音化) 사역이 아
닌 문명사적 사역의 과정이라는 관점에서 글을 전개합니다. 거기에 한
국 근대사의 보편성이 기약한다고 보고 있기 때문입니다. 복음화 이상
의 근대화라는 표준화인데, 복음화나 선교의 개념을 신학적으로 전문

화하고 나서 그것을 도약한 절차가 돋보입니다.

한국 근대사에서 선교사들의 복음 선교를 내향적인 영혼 구원이나 교회 건립 및 기독교적 사역의 역사보다는 훨씬 광범위한 서양 문명의 전개와 근대 한국에서의 민족의식 및 항일 독립운동과 대한민국 건국에 결정적 기여를 한 기독교의 선교, 그 실상과 정신을 도식화한 데서 그 거대 역사가 눈에 띄어 놀랍습니다. 가령 최초의 미국 개신교 선교사 호러스 뉴턴 앨런(H. N. Allen)만 하더라도, 기독교의 신앙이나 교회보다는 갑신정변, 서양병원, 미국외교관 역할, 경인철도, 전차부설, 그런 것들이 중요한 대본이 되고 있다.

이렇게 선교사들에 의해 새로워진 조선의 문명사적 공로가 한국교회의 사명을 제시하고 있기에 교회의 구심점과 미래의 창을 보여주고 있으므로 감동이 매우 큽니다. 평생을 한국교회사를 연구해 온 학자로서 본서를 강호(江湖)에 널리 추천하는 바입니다.

민경배
연세대학교 명예교수

✣ ✣ ✣

이 책을 읽으며 수많은 선교사의 봉사와 희생을 생각할 때 가슴이 뭉클하고 때로는 감동의 눈물을 흘리지 않을 수 없었다. 양화진에는 조선 말부터 우리나라의 개화 문명을 위해 희생과 헌신을 아끼지 않은 외국 선교사들의 묘역이 있어 그분들의 이야기가 살아 숨 쉬고 있다.

19세기 말 서양의 열강은 산업혁명 이후 새로운 근대 문명을 발전시키고 해외로 진출하고 있었으나, 조선은 국제정세를 알지 못하고 은둔과 암흑에서 깨어나지 못하고 있었다. 문맹으로 무지몽매했던 백성들은 너무나 가난했고, 조정은 부패하고 위선적인 탐관오리들이 백성을 가렴주구하고 있었고, 나라는 미신에 젖어 있었다. 조선은 신분사회로 노비, 백정을 포함한 천민이 국민의 40%를 넘었다. 특히 여성의 삶을 불쌍하고 비참한 지경이었으며 생활 환경은 열악하여 전염병이 창궐할 때마다 수많은 사람이 속수무책으로 죽어 나갔다.

한 번도 와 보지 않았던 이역만리의 낯선 땅 조선에 기독교의 자유, 평등, 박애, 자비로 조선인들을 어둠 속에서 구출하는 것이 그들의 사명이었고 1884년부터 1945년 광복을 맞이한 후까지 약 3천여 명의 선교사가 이 땅에서 다양한 사역을 전개히고 하나님의 복음을 전파하였다.

당시 세계에서 가장 앞선 미국, 영국, 캐나다, 호주의 문명이 이 땅에 들어왔다. 의료 선교를 비롯하여 수많은 병원과 학교를 설립하였고 『성경』을 통해 한글을 보급하여 백성을 무지에서 벗어나게 하였다. 신분차별을 철폐하고 교육을 통해 이 땅의 민족지도자를 양성하였으며 독립 정신을 고취하였다.

한반도 구석구석과 멀리는 북간도까지 도시 농촌을 막론하고 이 땅에서 『천로역정』의 이야기처럼 교통사고, 전염병과 과로로 본인과 가족의 희생을 겪으면서 3, 4대를 이어 선교 사역을 끊임없이 이어 나갔다.

선교사들은 불쌍하고 약한 이 땅의 백성을 사랑의 마음을 갖고 보살폈다. 그들의 숭고한 희생은 값진 열매를 맺어 이 땅에서 영원히 빛을 발휘할 것이다.

강석진 목사님은 오래전부터 기독교에 의한 조선 말의 개화와 서양 문명의 전래에 깊은 관심을 갖고 여러 책을 저술하신 분이다. 선교사님들이 조선에 오게 된 동기와 이 땅에서 피와 땀을 흘려 광명을 가져온 이야기를 생생하게 서술하고 전달한 강석진 목사님의 크나큰 노력에 경의를 표하며 모든 분에게 필히 일독을 권해드린다.

신동춘

현 자유통일국민연합 대표, 전 건국대 겸임교수

‡   ‡   ‡

나는 이 책의 첫 장을 열면서 선교사 30여 명의 이야기가 마치 다큐멘터리 드라마 같아 저를 몰입시켰습니다.

알렌이나 아펜젤러처럼 전부터 들었던 선교사들도 있었지만, 서양 의학의 기초를 놓은 에비슨이나 '조선의 나이팅게일' 쉐핑은 이 책을 통해서 그 헌신적인 활동을 비로소 알게 되었습니다.

세종대왕을 전공하는 제가 보기에 19세기에 이 땅에 온 선교사들은 '그 시대에 세종의 정신을 가장 잘 실천한 지도자'들이었습니다. 세종이 그랬던 것처럼, 그들은 아픈 사람을 치료했고, 소외된 약자를 먼저 보살폈으며, 문자를 누구나 읽을 수 있게 만들었습니다. 무엇보다 선교사들이 '세종을 닮은' 부분은, 일시적 시혜(施惠)가 아니라 인재를 양성하고 제도를 만들어서, 의료와 교육 분야에서 시스템을 크게 바꿔 놓았다는 점입니다. 15세기에 세종이 조선인을 새로운 문명의 시대에 진입하게 한 것처럼, 19세기의 선교사들은 한국인으로 하여금 근대 문명의 시대에 발을 들여놓게 하였습니다.

저는 이 책이 비기독교인들에게 더 많이 읽히리라 예측해 봅니다. 문명의 횃불을 들고, 앞서거니 뒤서거니 한 선교사들의 바른 정신과 아낌없는 헌신이 있었기에 지금의 대한민국이 가능했다는 사실을 독자들은 알게 될 것입니다. 자신의 젊음과 가족과 목숨까지 내걸고 소명 감당의 길을 떠났던 선교사들의 숭고한 삶의 자세가 오늘날 혼란에 빠져 있는 대한민국에 빛을 비출 거라는 생각도 갖게 될 것입니다.

선교사들이 심고 가꾼 한국의 문명사는 오늘의 모습을 구축하였으며 미래의 길을 보여주고 있고 준비케 하였습니다.

본 저자는 선교사들이 남긴 1차 기록은 물론이고, 관련 논저와 신문 기사까지 샅샅이 찾아가며, 한 올 한 올 엮어 낸 역저(力著)의 출판을 진심으로 축하드립니다.

박현모

현 여주대학교 교수, 세종리더십연구소 소장, 조선일보 칼럼니스트

들어가는 말

　온 세계가 격변하던 19세기에 서구의 열강들은 근대화된 산업 문명과 기독교를 식민지 정책과 함께 피식민지 민족에게 공세적으로 이식하였다. 그 배경에는 18세기의 산업화된 문명으로 진일보된 항해술과 군사력의 수단화가 있었다. 이들 나라는 세계 각지에 많은 식민지 개척을 통한 새로운 시장과 자원 확보를 위해 동남아시아에 이어 동북아시아에도 그 영향력을 서세동점(西勢東漸) 시켰다. 특히 영국은 중국과의 교역에서 적자를 만회하기 위해 1841년 아편전쟁을 통해 홍콩, 상해 등의 연안 지역을 조차지(租借地)로 확보했고 이어서 서구의 열강들도 무주공산을 차지하듯 중국 대륙을 선점하며 경제 영토를 확장해 나갔다.

　이러한 배경 속에 서구의 교회들도 그 나라의 식민지 정책과 동반하여 선교사들을 중국 대륙에 파송함으로 기독교의 최대 선교지로 급부상되었다. 처음에는 제한된 연안 지역에서만 시작하였으나 점차 내륙화하여 기독교를 전파하며 근대 문명화에 힘을 기울였다. 선교사들은 북경대학(1898), 난징대학(1888), 산동대학(1901), 진양대학(1881), 사천성의 청두대학(1885), 홍콩의 홍커대학(1910), 금릉신학교(1917) 등 곳곳에 많은 대학과 그 외의 기독교 학교를 설립하여 서구의 교육 사업을 통한 근대 문명화에 초석을 놓았고 병원과 고아원 등을 설립, 운영하면서 박애의 사상을 실천함으로 보편적 가치관을 심어 주었다.

특히 여러 선교사 가운데에 티모시 리처드(Timothy Richard, 1845~1919)는 미국 침례교 선교사로서 중국의 오랜 폐습인 여자들의 발 성장을 막기 위해 발을 묶어 놓는 전족(纏足)이라는 그릇된 전통의 폐지와 남녀평등운동에 헌신하여 폐쇄적인 봉건 타파를 위한 계몽운동에 헌신하였다. 이들 선교사는 중국의 근대 문명화를 이루기 위해 중국인들의 의식 변화와 실제적인 삶의 개화에 힘썼다.

청조 말기에 국가 차원에서도 이홍장을 중심으로 서양의 선진 문물과 지식과 기술을 배우자는 양무운동(洋務運動)을 전개하였으나 전체적 개혁이 아닌 부분적이며 소극적인 중체서용(中體西用)으로 일관함으로 일본 같은 근본적인 개화와 개혁은 이루지 못하였다. 그러나 선교사들에 의해 개화된 소수의 사회 인사와 영향력 있는 지도자들이 배출되었다. 대표적으로 삼민주의(三民主義)'를 주장한 중국 최초 공화국의 국부인 쑨원(孫文, 1866~1925)과 같은 기독교 정치 지도자들과 양계초(梁啓超, 1872~1929) 같은 교육학자들을 배출하였다. 산업 분야의 근대 문명화에 기여한 대표적 중국인으로는 장제연(1837~1909)이 상해에서 철도, 선박 기술과 교육, 법률, 농업 등의 근대화에 크게 기여했다.

당시 청 정부에서는 양무운동의 본격화를 목적으로 서양보다 낙후된 학문과 기술 분야의 학습을 위해 수백 명의 귀족 자제를 미국에 집단적으로 유학을 시키기도 하였으나, 유학을 마친 뒤에는 제도적으로 국가 인재로 등용하지 않았기에 그 빛을 보질 못했다.

일본도 역시 중국처럼 개국을 결정하는 데에는 크게 다르지 않았다.

---

1   쑨원은 동양의 유교 등 민본주의 전통을 바탕으로 서양의 근대 정치사상을 도입한 것으로 민족주의 민권주의, 민생주의를 주창하였다. 이는 민족, 정치, 사회적 자유와 평등을 반영한 것이었다. 특히 중화민국 정부는 지금도 삼민주의를 국가 강령으로 제시한 헌법을 개정한 적이 없을 정도로 중화민국에서 그 위상이 절대적이다. 삼민주의는 나아가 동양권 민주주의의 시발점이 되었다. 1940년대 대한민국 임시정부에서 공식적으로 내세운 이념인 삼균주의도 삼민주의에서 영향을 받았다.

미국이 군함을 내세워 강제적으로 통상 관계를 강요하자 이에 굴종하여 1854년에 '미일화친조약'을 맺고 1858년에 5개 항을 개방하게 되면서 서구 문명이 밀물처럼 들어오게 되었다.

이런 시대적 상황에 일본에도 미국을 비롯한 서구의 선교사들이 대거 입국하였다. 1859년 11월, 미국의 네덜란드 개혁교회 선교사인 구이도 베르벡(Guido F. Verbeck)[2], 브라운(Brown), 시몬(Simon) 등 6명이 개신교 선교사로서 최초로 일본에 들어왔다. 이후 1882년까지 입국한 209명의 선교사 중 대부분이 교육 사업에 종사했다.[3]

오래전 막부 시대부터 나가사키를 통해 네덜란드 상인과 통상을 해왔기에 일본 정부는 베르벡에게 선교 활동을 허락했다. 선교사들은 개항 도시라는 제한 지역에 거주하면서 사무라이들과 접촉했다. 그 당시 이들은 메이지 유신 이후 무인의 역할이 필요치 않게 되자, 급변된 상황에 자구책으로 새로운 서양의 지식을 습득하기 위해 선교사들의 집에 모여들었다. 이들은 손에서 칼을 내려놓고 책을 잡았고, 서양의 지식으로 무장함으로 지식의 무사들이 되기 시작하였다.

이러한 시대적 변혁 중에 베르벡 선교사는 막부를 무너뜨리고 메이지 유신을 성공시킨 이토 히로부미, 사이고 다카모리, 가쓰 가이슈, 오쿠보 도시미치, 소에지만 다네오미, 오쿠마 시게노브, 이와쿠라 도모미, 도고 헤이하치로 등을 제자로 길러 내었다. 이들 중 몇몇은 영국, 미국 같은 서구에서 유학하고 돌아와 일본의 근대 문명화의 주역이 되었다. 특히 이토 히로부미는 근대 입헌주의를 기초한 메이지 헌법(1889)의 초안을 마련하고 양원제 의회(1890)를 수립했으며, 사이고 다

2   그는 일본의 교육가와 정치가, 기술자 등의 지도자들을 배출하여 일본 근대화에 공헌함으로 일본인들은 그를 '모던 일본의 아버지'라고 칭하고 있다.

3   김학은, 『이승만과 마사리크』, 북앤피플, 2013, p.188

카모리는 도쿠가와 막부를 무너뜨린 메이지 유신 지도자 중의 한 사람으로서 왕정복고(王政復古)에 큰 공을 세웠다.

가쓰 가이슈는 일본 해군 근대화의 주인공이 되었고, 오쿠보 도시미치는 일본 경제의 급속한 성장을 위해 기술학교를 설립하고 민간 기업 육성에 앞장섰으며, 오쿠마 시게노부는 일본의 국고 제도를 현대화하는 데 힘썼다. 이와쿠라 도모미는 48명의 정부 주요 인사로 구성된 사절단을 이끌고 미국 및 유럽 국가들을 순방하며 서구 선진 문명을 받아들였고, 도고 헤이하치로는 러일전쟁 당시 러시아 발트함대에 대승을 거두어 일본을 세계적인 강국으로 부상시킨 인물이 되었다.

베르벡 선교사는 이와쿠라 도모미를 단장으로 하는 구미 사절단 파견을 주선했는데, 사절단의 일원이었던 18세의 가네코 겐타로는 귀국하지 않고 미국에 남아 하버드대학에서 학업을 하였으며, 그 대학에서 후일에 미국의 대통령이 된 시어도어 루스벨트와 우정 관계를 맺어 미국과 일본이 우방국이 되는 데에도 기여하였다. 그는 일본 제국의 창시자인 이토 히로부미의 문하생이기도 하였다. 이런 사례를 볼 때 일본 근대화의 결정적인 분수령이었던 메이지 유신을 성공시킨 인물들은 대부분 미국 선교사들의 제자였다.[4]

놀랍게도 이때의 사절단 가운데에는 10대 여성이 5명이나 있었다. 이들은 미국에 남아 공부를 하였으며 그중에 10살이었던 '나가이 시게코'는 배서대학(Vassar College)에서 학업을 하여 일본 최초의 여성 박사 학위를 취득하였다.

이러한 남녀 인재들은 자국의 기독교 학교와 전문학교의 설립, 그리고 인재 양성에 힘씀으로 일본의 근대 문명화와 기독교화에 큰 영향을

---

4   김용삼, 『대한민국 건국의 기획자들』, 백년동안, 2015.5, pp.125~127

주어 기독교 지도자인 우찌무라 간조(1861~1930), 경제학자이며 도쿄 대학 총장을 지낸 야나이하라 다다오(1893~1961), 미국과 독일에서 공부하고 학위를 받은 일본 농업계 지도자 이토베 이나조(1862~1933) 같은 걸출한 기독 교육가를 배출하였다.

일본에 선교사들이 설립한 대표적 기독교 학교로는 릿쿄대학(1874), 야오야마 가쿠인대학(1874), 도시샤대학(1875), 도쿄여자대학(1918), 메이지학원(1887)으로 그 외에 지방에도 많은 기독대학교와 중고등학교 등이 있다. 이 같은 기독교 교육기관을 통해 배출된 인재들이 일본의 근대화를 위한 저변 확대에 결정적으로 기여함으로 그 나라의 문화와 국력이 흥왕케 되어 결과적으로 아시아 국가 중에 유일하게 서구 열강에 피식민 국가가 되지 않았다.

참고로 메이지 유신 20년 동안 메이지 왕은 전국에 학교를 3만 개 이상 설립하여 전 인구의 개화 교육에 힘썼으며, 전국에 약 1만여 개의 전신국을 세워 전 국토의 통신 체계를 갖추어 정보의 소통과 확산, 공유의 시대를 열어 갔다.

조선은 '서세동점'의 격한 시기에 동아시아에서 가장 늦게 대외 문호를 개방하였다. 조선 왕실은 중국과 일본이 서구 세력에 의해 급변된 모습을 보며 경계심과 두려움을 갖고 세습적 왕실의 통치권 유지와 봉건적 전통 고수를 위해 완고한 쇄국정책으로 외세 문물의 유입과 서양 종교의 전래, 통상 관계 요구를 적극적으로 거부하였다. 대표적 사건으로 1866년 8월 미국 국적의 셔먼호 상선의 평양 진입과 격침 사건과 같은 해인 10월에 프랑스 군함의 강화도 침범으로 엄혹한 충격을 받은 병인양요(丙寅洋擾), 이어서 1871년에는 5년 전의 셔먼호 사건을 응징하기 위해 미국이 강화도에 진입하여 조선군과 격렬한 전투를 벌인 신미양요(辛未洋擾)가 있다. 이 세 번의 서양 세력과의 물리적 충돌은 조선의 짙은 어둠의 장막을 걷어 내는 서막이 되었다.

　결국 조선 왕실은 청의 이홍장의 압력과 서구 열강의 공세적 통상 요구에 굴종하여 1882년 5월에 최초로 서구의 해양 세력인 미국과 국교 관계를 맺게 되었다. 곧이어서 유럽의 열강들도 조선과 통상 및 외교 관계를 수립하게 되었다. 이로써 조선이라는 은둔의 나라는 세계사에 합류되었고 해양 세력인 서양 국가들과의 수교와 통상 관계는 바로 서구의 기독교 문명이 들어오는 발판이 되었다. 그로 인해 조선 땅에 입국하게 된 선교사들에 의해 서구 문명화(Civilization)와 기독교화(Christianization)가 이식(Planting)되어 본격적인 근대 문명화로 뿌리내리며 확장되기 시작하였다. 이처럼 조선은 근대 문명화에 진입되기 전에 내외적으로 혹독한 흑암과 혼돈의 시간을 겪은 후에야 외세에 의해 개명의 시대로 들어서게 되었다.

　　저녁이 되고 아침이 되니 이는 첫째 날이니라(창 1:5)

　『성경』「창세기」에서는 어둠의 저녁이 새날을 시작하는 때로 여기고 있다. 이는 하나님의 우리 민족을 향하신 카이로스(Kairos)적 시간으로 조선이 어둠의 쇄국에서 광명한 개국의 시대로 들어서는 시발점으로의 역설적인 의미를 함의하고 있다.

❖
참고

본 저서에 소개된 근대 문명을 전해 준 인물 중에는 다양한 신분이 있다. 본국에서 신학을 전공하고 목사 안수를 받고 본 교단의 선교부에서 정식 선교사로 파송된 선교사들이 대부분이었다. 그러나 이들 사역자 중에 복음 선교사(Evangelical Missionary)로서가 아닌 문화 선교사(Culture Missionary)로서 미국의 사회봉사 단체로부터 파송되어 YMCA를 창립한 질레트와 같은 사역자들은 근대 사회 발전 분야에 공헌하였다.

헐버트의 경우는 처음에 조선 정부의 요청을 받고 미국 정부에서 파견하여 고급 인재들을 교육하는 사역자로 임기를 마치고 다시 미국에 돌아가서 신학을 공부하고 목사 안수를 받아 선교사로 파송되었다. 그는 우리 독립운동과 언론 출판 분야에 크게 기여하였다. 또 선교회나 정부 단체가 아닌 평범한 개인 자격으로 조선의 선교사로 자비로 헌신한 자원자들(Volunteer)도 있었다. 대표적 인물로는 펜윅(Malcom C. Fenwick) 선교사로서 한국 침례교의 창시자였다. 그 외에도 미 국적의 법조인인 그레이트하우스 변호사는 조선 왕실의 초청으로 입경하여 조선의 서구식 사법제도를 근대화시키는 데에 봉직한 사역자였다.

시대적으로는 해방 후 미군정기에 잠정적으로 건국 과정에 참여한 선교사들의 후손과 해방 전후로 모두 참여하여 건국을 도운 선교사들과 6.25 전쟁 발발 시에도 자진 입대하여 한국전에 참전한 선교사 후손들인 언더우드 3세와 쇼(Shaw) 후손 사역자들도 있다. 이들뿐만 아니라 전쟁이 끝난 후에도 한국에 남아 피난민들과 극빈자들을 위해 헌신한 무명의 다양한 선교사들도 있다. 또 국내뿐만 아니라 미주 지역에서 독립운동을 벌였던 서재필, 이승만과 같이 독립운동에 힘을 실어 준 미국 학계의 허버트 밀러 교수와 스펜서 상원의원 등 정치인들도 대한민국의 건국에 앞서 간접적으로 기여하였다. 이처럼 하나님께서는 대한민국의 근대 문명화와 건국 과정에 각계의 다양한 지도자들을 동역게 하셔서 오늘의 대한민국의 초석이 되게 하셨다.

목차

3장
조선 근대교육의 기초를 세운 사역

4장
조선 근대 문명화의 개척자들

5장
근대 서양 음악과 문학을 전한 선교사들

6장
맺음말 — 선교사들이 전해 준 7가지 근대 문명의 유산

1장

혼돈과
암흑의 조선

선교사들이 목격한
조선의 참상

1. 조선 경제와 사회의 붕괴

조선은 일본과 중국과는 달리 쇄국정책을 수십 년 더 고수하여 이들 나라와는 달리 근대화가 늦게 진행되었고, 이에 농업을 비롯한 모든 분야에서 상대적으로 낙후되어 국가 경제력이 쇠퇴해 가고 있었다. 특히 공업과 상업을 천대한 그 당시의 사회적 환경이 조선의 국력과 백성의 생활 조건을 날로 퇴락시켰다. 조선의 지도층은 중국의 봉건적 성리학(性理學)에 심취되어 정치 당쟁화에만 집착함으로 균형 있는 사회 발전과 상업의 활성화와 각 분야의 기술 향상을 도외시하여 사회적 활력이 상실되어 가고 있었다.

중국은 일찍이 송대(960~1279)에 화폐 경제를 정착시키면서 고도의 상업을 이루었지만, 조선은 19세기 후반에 이르기까지 화폐 경제와 상업화를 이루지 못했고 오히려 왕실은 날로 부족해 가는 국가 재정을 충당하기 위해 주조(鑄造) 화폐를 남발하고 시중에는 위조된 주전이 많아져 재화의 가치와 기능은 상실되었다. 그러나 중국과 일본은 16세기부터 이미 유럽 국가들과 교역을 하여 산업화 단계에 진입되어 있었다. 중국은 차와 비단과 도자기를 유럽과 교역하였고, 일본은 백제로부터 도입한 도자기 기술을 산업화하여 화란(네덜란드)과 통상하면서 국가의 부를 축적했다. 일본에서는 화란에 대한 교역이 활성화되면서 화란의 서적들이 번역되고, 난학(蘭學)이 활성화되기까지 하였다.

농업 분야에서도 조선은 중국과 일본에 비해 토지 생산성이 면적당 40~60% 정도로 뒤떨어졌다. 조선은 관개 수로 확장도 정체되었고 산출량도 증가되지 않음으로 인구 대비 양식이 더욱 부족하게 되면서 극빈자들이 늘어났으나, 왕실은 필요한 왕실의 운영비와 국가 운영 재원을 조달하기 위해 오히려 농민을 수탈하였다.[5]

조선 조정의 재정은 19세기 내내 적자를 면치 못했고 고종이 친정을 시작한 1870년대 후반에 이르러서는 최악의 상태에 이르렀다. 1874년부터 청나라의 동전 화폐를 금지한 정책은 오히려 조선 경제에 치명타를 가했다. 이어서 1877년과 다음 해에는 가뭄으로 기근과 도적 떼가 들끓었다. 1879년에는 삼남(호남, 영남, 충청) 지방에서 홍수가, 부산과 한양에서 전염병이 창궐하였다. 잇따른 자연재해로 인하여 정부의 세수가 격감하면서 조정의 재정 상태는 더욱 악화되어 파산 상태에 이르게 되었다. 관리들의 봉급을 줄 수 없게 되고, 군인들의 양식 배급도 중단되었다.[6]

고종이 어전회의를 하여 그 해결 방책을 논하나 근검절약이라는 것 외에 근본적인 방안은 있을 수 없었다. 이 당시 나라가 나라 구실을 못하고 있었으며 조정 관리들도 나라가 몰락하고 있음을 알면서도 방관으로 일관하였다. 조선의 지도층이 여전히 농본 사회를 이상으로 삼는 성리학의 왕도 정치는 기본적으로 온갖 차별주의를 기초한 것이었다. 그 예로 적서(嫡庶)차별, 남녀차별, 지역차별, 직업차별, 종교차별 등으로 엄혹한 차별 문화로 일관함으로 사회적 구조로는 사농공상(士農工商)이라는 계급화된 전통을 더욱 심화시켰고 그로 인하여 경제의 활력

---

5   함재봉, 『한국사람 만들기 III』, 에이치(H) 프레스, 2020.12, pp. 82

6   함재봉, 『한국사람 만들기 III』, 에이치(H) 프레스, 2020.12, pp. 82~83

을 잃은 나라로 후패(朽敗)되어 갔다.[7]

2. 조정의 부패와 백성들의 신음

조선의 수백 년에 걸친 혈족과 세도에 의한 정치는 부패 정치로 확산되면서 백성들의 삶은 피폐해져 국력은 쇠퇴해지고 백성들의 나라에 대한 불신과 불평과 분노가 심화되었으며, 국가의 내탕고는 그 부족분을 매관매직으로 채우려 했다. 강준만 교수의 『한국 근대사 산책』(인물과사상사, 2007)에 의하면 1864년에서 1873년까지 이조판서에 임용된 사람은 48명으로 재임 기간은 평균 76일이고 공조판서는 82명이 임용돼 재임 기간은 52일에 지나지 않는다. 당시 지배 계급에서는 관직에 오르는 것을 가문의 영광으로 여기었으며 돈을 주고 산 권력이기에 다시 그 돈을 만들어 내기 위해 백성들을 착취해서 부를 축적하였다.

중앙의 관직만 그러한 것이 아니라 지방 관리들도 마찬가지였다. 관직을 얻기 위해 고리대금을 빌리고 관직을 얻자마자 고리대금 업자가 딸려 보내는 회계관을 재임하는 일이 다반사였다. 예를 들어 수령으로 부임하면 재임 기간이 아주 짧아서 매관 비용, 여비, 상납용 뇌물 등을 급히 모아야 했다. 붙박이형 지방 하급 관리인 아전(衙前)[8]은 봉급 자체가 없었다. 그들도 역시 가난한 백성을 착취해야만 했다. 이처럼 위로부터 아래까지 백성들을 착취하는 것이 제도화된 것이었다. 이에 대해

---

7   박호용, 『섭리사관으로 본 한일근대사』, 쿰란출판사, 2023.5, p.80

8   아전은 조선 시대에 중앙과 지방의 관청에 소속되어 행정실무를 담당하던 중인 계층의 하급 관리들을 총칭하는 말이다. 중앙관청에 딸린 이들은 경아전이라 했으며 지방관아에서 일하는 이들은 외아전이라 했다. 이 외아전을 전담한 계층 중 하나가 바로 향리(鄕吏)이다.

1874년 프랑스의 샤를 달레(Claude Charles Dallet, 1829~1878)는 『한국천주교회사』(한국교회사연구소, 1980)에서 가렴주구형 관리형 모습을 이같이 묘사했다.

"고위 관리들과 귀족들이 위로는 국왕을 피폐하게 만들고 아래로는 백성의 피를 빨아먹고 있다. 조선에서는 관직이 공공연하게 매매되고 암행어사까지 권력을 이용해 돈을 모은다. 세금 징수의 기준이 되는 호구 조사 대상도 도무지 믿을 만한 것이 못 된다. 지방의 병기고에는 쓸 만한 피복, 탄약, 병기가 없다. 모든 군청 관리가 팔아먹었다."⁹

조선의 국왕은 아무런 실권이 없었고 모든 권력은 척족들이 잡고 있었다. 그들의 국정 농단으로 국고가 비고 나라는 관료들에게 줄 급료가 없었다. 당시 만연된 관리들의 부패상과 그로 인해 일반 백성들이 겪은 고통의 실상은 그 현장을 목도하였던 천주교 신부들과 개신교 선교사들의 기록에 잘 드러나 있다.

"궁중의 고관들은 아무런 보수도 받지 않는다. 그들의 급료는 임진왜란 후 정부에 재원이 없게 되었을 때 폐지되었다고 한다. 오늘날은 그들이 근무할 때 매달 콩 몇 말밖에 주지 않는다. 이것은 현 왕조의 초창기에는 나귀나 말을 먹이라고 그들 각자에게 배당되던 배급이었다. 그러니 그들이 백성을 약탈하고 상상할 수 있는 온갖 부정을 저지르는 것을 어찌 막겠는가. 그런데도 궁중의 높은 벼슬

9   공병호, 『이름 없이 빛도 없이 미국 선교사들이 이 땅에 남긴 것』, 공병호연구소, 2019.10, pp.66~68

은 누구나 침을 삼킨다. 왜냐하면 그런 벼슬을 하고 있는 사람들은 조금만 재주를 부리면 얼마 안 있어 실속 있는 지방 수령 자리를 얻을 가능성이 언제나 있기 때문이다."[10]

"고을마다 아전의 수는 꽤 많다. 주요한 6~8명은 대신과 비슷한 관직명을 가지고 있고 같은 성질의 직무를 작은 규모로 수행한다. 그것은 각 지방 관청이 중앙 정부를 본떠서 조직되어 있기 때문이다. 이리하여 그들은 많은 권력을 가지고 있으며 평소에 그들은 하인 취급을 하면서도 그들이 하는 대로 끌려가는 수령보다 더 많은 권력을 가지고 있는 경우가 자주 있다. … 그들은 언제나 자기들끼리 혼인하고 그들의 자제들은 같은 직업을 택하여 직무를 얻고 유지해 나가는 수완에 따라 대대로 재판소에서 높거나 낮거나 한 직무를 수행한다. 그들이 없으면 행정이 되질 않는다고 주장하는 이들이 있는데, 실정을 살펴보면 옳은 말인 것 같다. 온갖 농간, 음모, 계략에 능숙하므로 그들은 백성을 착취하고 수령에 대해 자신들을 지키는 데에 놀랍도록 익숙해 있다. 파면하고 축출하고 모욕하고 구타하여도 그들은 모든 것을 참아 견딜 줄 알며 복직할 기회를 또 어떤 때는 심지어 너무 엄격한 수령들을 내쫓을 기회를 잡으려고 한다."[11]

"정직한 관리란 조선에서는 거의 알려지지 않은 존재다. 가난한 사람들은 가여운 삶을 산다. 그들은 정기적으로 세금을 내야 할 뿐만 아니라 관리, 밀수꾼, 경찰, 군인 여기에 매년 겨울과 봄이 되면

10   Garl Keith Ledyard, 『Charles Dallet』, Web.archive.org, pp.74(재인용)
11   같은 책, pp. 105,106

출몰하는 도적 떼에게 돈을 바쳐야 한다. 조선 사람들이 소위 게으르다고 하지만, 이는 사유 재산권이 불안하기 때문에 나타나는 자포자기 현상에 불과하다. 소수의 부자 상인들과 지방에 많은 토지를 소유하고 있는 사람들을 제외하고는 대부분은 매우 가난하며 서양 사람들이 본다면 불가능하다고 할 정도의 하루살이 인생을 살고 있다."[12]

3. 원시적인 주거 환경

이 당시에 조선에 온 선교사들과 외국인 여행자들의 눈에 들어온 조선인들의 주거 환경은 초가집이나 움막집 같은 미개한 수준의 비참한 상태였다.

"도시에나 시골에나 기와집은 하도 드물어서 2백에 하나꼴도 안 될 것이기 때문입니다. 집을 짓는데 벽을 돌로 쌓아 올리는 기술을 모릅니다. 아니 그보다도 대개의 경우는 그만한 비용을 들일 만한 돈이 없는 것입니다. … 땅에 박은 네 기둥이 지붕을 떠받칩니다. 몇 개의 들보에는 대각선으로 엇갈린 나무토막들이 걸려서 그물 모양을 이루고 그것이 두께 8 내지 10센티미터의 토벽을 받쳐줍니다. 조그만 창문은 나무살을 가로세로 지르고 유리가 없으므로 종이를 발라서 달아 놓아, 문도 되고 동시에 창도 됩니다. 방의 흙바닥은 중국과 인도의 것에 비하면 아주 보잘것없는 자리로 덮여 있습

12   Daniel L. Gifford, p.57(재인용)

니다. 가난한 사람들은 두껍게 혹은 얇게 짚을 깔아 흙을 감추는 데에 만족해야 하는 일도 흔히 있습니다. 돈이 있는 사람은 흙벽에 종이를 바를 수도 있고 서양의 마루와 타일 대신에 방바닥에 두꺼운 기름종이를 바릅니다. 층 있는 집은 없습니다."[13]

"… 대부분의 집은 방이 하나밖에 없으며 부엌으로 사용되는 창고 같은 것이 하나 있을 뿐이다. … 문들은 보통 매우 낮고 좁아서 작은 여자도 들어가기 위해서는 몸을 구부려야 했다. 그리고 방 안에서도 중앙에 천정이 제일 높은 곳을 제외하고는 허리를 펼 수 없었다."[14]

"… 말할 필요도 없이 이 집들과 관련된 모든 것은 겁날 정도로 비위생적이고 대부분은 더럽고 해충이 득실거린다. 모든 하수는 모두 길 양옆에 파여 있는 말할 수 없이 더러운 도랑에 버려진다."[15]

4. 낙후된 의료 환경으로 치료받지 못하는 조선인

조선은 가난과 홍수, 가뭄, 미신 숭배, 무지, 비과학적 민방 요법 등으로 비롯한 결핵과 각종 전염병이 만연했고, 영아로부터 노인에 이르기까지 각종 질병의 고통을 숙명처럼 여기며 살고 있었다. 조선 말기에 들어온 선교사들과 외국인들의 눈에는 너무도 미개한 나라였다. 그

---

13   같은 책, pp.247~248

14   Lilias H.Underwood, p.4(재인용)

15   샤를 달레, 앞의 책, p.59

들이 목격한 조선의 실상은 이러했다.

> 열병은 이곳에서 매우 흔한 질병이다. 방치와 영양실조로 인한 피부
> 병 환자들이 수없이 찾아온다. 결핵과 특유의 퇴행성 증상들은 매
> 일같이 병원에서 마주치는 질병이다. 매독도 물론 자주 볼 수 있다.
> … 천연두는 풍토병 수준이며 하도 흔해서 눈병 등 후유증이 있는
> 경우에만 병원을 찾는다. … 올여름에 창궐한 콜레라는 수천 명의
> 목숨을 앗아갔다.[16]

19세기의 조선은 불결한 사회였다. 1887년 조선에 콜레라가 창궐해 수천 명이 죽었다. 이 사건은 초기 선교사들에게 강한 인상을 남겼고 관련 기록들이 남아 있다. 『조선왕조실록』에는 1821(순조 21) 8월 13일 평안도에서 괴질로 인해 많은 사람이 급히 죽어 나가는 상황에 대해 조정에 보고문을 올렸다.

> 평양부 성 안팎에서 지난달에 갑자기 괴질이 돌아 사람들이 설사를
> 하고 구토를 하고 근육이 비틀리면서 순식간에 죽어 버렸습니다.
> 열흘 안에 1천 명이 죽었으나 치료할 약과 방법이 없습니다. 아무리
> 기도를 해도 전염병이 그칠 징조가 없고 가까운 마을로 번졌습니
> 다. 전염 속도가 불이 번지는 것과 같습니다. 대략 10만 명이 죽었습
> 니다. 이 괴질은 중국 동북 지방에서 들어온 것이라 합니다.

1858년만 하더라도 50여만 명, 1886년과 1895년에도 수만 명이 콜

---

16   앞의 책, p.12

레라로 목숨을 잃었다. 이 같은 역병의 창궐 이유를 신동원 교수는 『호열자 조선을 습격하다』(역사비평사, 2004)에서 이같이 소개했다.

조선 특유의 장례 풍속도 한 이유가 되었다. 사람이 죽으면 다수의 문상객이 장사를 지낼 때부터 무덤에 묻을 때까지 같이 지내면서 음식을 나눠 먹는 것이 조선의 미풍양속이다. 전염병원의 진원지인 시체 곁에 다수의 사람이 머물러 있었고, 게다가 음식까지 집단으로 나눠 먹었다.

여기 조선에서는 집안에서 운명하지 못하는 것을 대단한 불행으로 여기고 있습니다. 그래서 하인 같은 사람들이 회생 불가능한 병이 들거나 전염병에 걸리면 성 밖으로 추방되어 짚으로 만든 움막 안에서 혼자 살도록 버립니다. 이런 가련한 병자들에게는 집조차 제공되지 않는 것입니다. 이런 식으로 버림받기 때문에 사망률이 더 높아진 것으로 확신합니다. 조선에서는 이런 환자들을 돌볼 만한 자선 기관이 거의 없는 형편이라 환자들이 살아날 가능성은 희박합니다. 한양 성문 밖 어느 곳을 가 보든 언제나 이처럼 버려진 환자를 수백 명씩 발견할 수 있습니다.

하루는 성곽을 따라 걷고 있던 중 버려진 여자와 그 딸을 발견하였다. 그들이 있던 곳은 우리 병원에서 그리 멀리 떨어지지 않은 곳이었다. 이들은 가마니 한 장을 깔고 앉았고 다른 한 장은 머리 위에 쓰고 있었다. 이들은 동냥해서 끼니를 때우고 있었다. 여인의 남편은 그 모녀를 버리고 시골집으로 돌아가 버렸다고 하였다. 3주 후, 그 남자는 여전히 돌아오지 않았고 여자는 남편을 어디서 찾아야

할지 몰라 했다. 나는 그녀에게 앓고 있는 병명을 물었으나 아무것
도 알아낼 수 없었다. 나중에 알게 된 일이지만, 그 여자는 정신이 나
가 있는 상태였다. 그날 밤 기온이 많이 떨어져서 나는 다시 그녀를
찾았고 지게꾼들을 불러 그녀와 딸을 병원으로 데려오도록 하였
다. 지게꾼들은 그녀를 알지도 못하였지만 나에게 가엾은 사람들
에게 친절을 베풀어서 고맙다면서 품삯도 받지 않았다. 3주가 지나
면서 그 모녀는 건강을 되찾았으며 이렇
게 불행한 사람들이 회복하는 것을 보는 것은 큰 보람이었다. 그
녀의 병명은 모두가 극도로 두려워하는 재귀열이었다. 이는 이맘
때 조선에서 매우 흔한 병이었다.

5. 미신과 우상 숭배에 사로잡힌 조선인

조선 시대 민간 신앙에는 오래전부터 전해 내려오던 계절제, 가신
신앙, 무속 신앙, 독경 신앙, 자연물 신앙, 사귀 신앙, 풍수 신앙, 점복,
민간 의료 등이 있었다. 이 가운데서도 무당을 주축으로 전승되는 무
속 신앙이 큰 몫을 차지하고 있었다. 19세기에 이 땅을 밟았던 선교사
들과 외국인들은 한성의 밤하늘에 울려 퍼지는 굿 소리를 조선다운 소
리로 꼽는 데 주저하지 않았다. 그렇다고 해서 조선 왕실이 굿이나 주
술을 내놓고 옹호했던 것은 아니다. 유학자들은 무속을 음사(음란하고
방탕한 짓)로 간주했다.

조선에는 무속뿐만 아니라 사후 세계, 하늘 신(하나님, 오방장군, 신장),
땅 신(터주, 산신, 서낭당, 천신), 물 신, 집안 신, 나무 정령 등이 있었다. 그
당시 천재지변이나 전염병, 각종 흉사로부터 자유롭지 않았고 어디 의

지할 데가 없던 조선 사람들은 굿과 주술 같은 미신에서 벗어날 수 없었다.

19세기 조선을 방문했던 그리피스(William Elliot Griffis, 1843~1928)는 순수한 종교의 도움 없이 악마나 귀신들에 대한 끊임없는 공포에 시달리는 조선인들의 삶을 기록으로 남겼다. 그는 『은자의 나라 조선』(집문당, 1999)에서 이같이 기록하였다.

> 자연과 신령 숭배 풍속을 이용해 악질적인 지배자들은 민중을 선동하고 있다. 1882년 7월 … 오랜 가뭄으로 흉년이 들자 수구파 지도자들은 서양인들이 입국해 산령이 노함으로써 비를 내리지 않는다고 민중을 선동했다. … 일본인들이 한성에서 쫓겨나자 여러 시간 동안 폭우가 쏟아졌다는 사실로 인해 그들의 소신은 더욱 굳어졌다.
>
> 특히 조선 말기에는 민비와 고종이 무속에 빠져 백성의 손가락질을 받을 정도였다. 민비는 무당을 진령군으로 관직을 봉하고 더욱 의존했다. 관우 사당을 동소문 근처에 세워 주고 사당이 완공되자 신하들과 세자까지 함께 가서 참배했다. 진령군은 나라의 평안을 위해 금강산 정기를 한양으로 뿌려야 한다며 온갖 굿판을 벌여 국고를 낭비했다. 민비는 미신에 빠져 진령군이 하자는 대로 행하였다. 그가 한 번 점을 치면 비단 100필과 1만 냥을 받았다. 그로 인해 국고가 바닥이 나기 시작했다.

조선의 유명한 유학자인 황현은 『매천야록』에서 '조선은 귀신의 나라'라고 일갈했다. 한마디로 조선은 악령, 악귀, 귀신, 혼령이 차고 넘치

는 사회였다.[17]

유교, 불교, 도교는 모두 이곳 사람들에게 영향력을 행사하지만 한때 갖고 있던 영향력은 대부분 상실한 상태다. 대부분의 사람은 어떤 종교에 대해서도 신심이 거의 없다. 일종의 철학 체계에 불과한 유교는 조상숭배를 강요하는 법을 통해서 사람들에게 가장 강력한 영향력을 행사한다. 조선 사람들의 머릿속에 가장 강하고 널리 퍼진 미신을 뒷받침하고 있는 이 풍습은 조선 사람들을 쇠로 만든 족쇄보다 더 강하게 구속한다. 만일 가장 철저하게 법의 가장 소소한 부분까지 철저하게 따라서 조상을 숭배하지 않는다면 분노한 영들이 끔찍한 재앙을 가져올 것이라고 믿는다. 이렇게 강요된 복종은 힘들고 지겹지만 단 한 치라도 빼놓아선 안 될 뿐만 아니라 다른 종교를 믿어서 이러한 예식들을 행하지 않는 가련한 자들에게는 재앙이 있을 뿐이라고 한다. 이런 자는 고향과 친구들에 대한 배신자일 뿐만 아니라 가장 성스러운 의무를 저버리는 자가 된다.[18]

불교는 몰락하여 최근까지도 불교 승려들은 도성 안에 들어오는 것이 금지되어 있었고 그들의 신분은 이 땅에서 가장 낮은 백성들과 같은 수준이다. … 가장 무지한 사람들은 아직도 어느 정도 믿고 있다. 이 사람들은 동시에 무수히 많은 각종의 악령, 땅과 공기와 바다에 들끓는 각종 병마, 그리고 각양각색의 신 또는 귀신들을 믿고 두려워한다. 이들 악령과 악마는 기도와 제물들을 바치고 북

---

17   공병호, 상기 동일 자료, pp. 68~72

18   Lilias H. Underwood, 『Fifteen Years among the Top-Knots』, p. 62

을 치고 방울들을 울리는 등 일일이 열거할 수 없이 많은 의식을 통하여 달래야만 한다고 믿는다.

그들이 잡귀들을 대하는 태도를 모르고는 조선 사람들 대부분의 내면 세계를 이해하는 것은 불가능하다. … 조선 사람들이 믿기로는 이 잡귀들은 부를 가져다주거나 아니면 그와 그의 가족을 천 가지 다른 방법, 예를 들어 재산을 빼앗거나 병이 나게 하거나 등으로 해칠 수 있는 능력이 있다고 믿는다. 언제 그 귀신을 화나게 했는지는 절대로 알 방법이 없기 때문에 그의 부인은 늘 공포 속에 살면서 샘이 많고 화를 잘 내는 귀신들을 달래기 위해서 비싼 제물을 바쳐야 한다. 귀신을 믿는 것은 미래의 삶에 대한 즐거움 또는 슬픔과 연관된 것도 아니고 사람들에게 도덕적인 삶을 살도록 하는 어떤 동기를 제공하는 것도 아니다. 그저 공포심만 끊임없이 자극한다. 추산에 의하면 조선 사람들은 매년 250만 달러를 잡귀들을 달래는 데 쓴다고 한다. 한성에만 3천 명의 무당들이 활약하고 있고 한 명당 한 달 평균 10엔을 번다고 한다. 이 정도면 조선의 기준으로는 아주 잘사는 것이다. 이 정도면 잡귀에 대한 미신이 얼마나 조선 사람들의 삶을 지배하는지 알 수 있다. 이는 분명히 이 나라에서 가장 강력한 가장 오랜 미신이다.[19]

6. 남녀차별과 여성 비하 문화

조선에 온 선교사들은 조선인들의 사회적, 도덕적인 미개한 풍습 등

---

19   Daniel L.Gifford, 앞의 책, p.107

을 목도했다. 특히 이들의 삶을 시급히 개변시켜 문명화해야 할 대상은 삶과 정신세계였다. 선교사들은 이러한 사회상에 대한 개변을 기독교 정신과 근대 문명화를 통해 과감하게 도전하였다. 특히 여성들의 비인격화와 차별, 인간의 존엄성 회복은 넘기 힘든 태산과도 같은 것이었다. 그런데도 선교사들은 조선인들에 대한 가능성을 발견하며 새로운 조선을 만들어 가게 되었다.

조선에서는 여자의 이름이 없다. 대부분의 미혼녀가 별명을 갖고 있다. 과년에 이르면 부모만이 그 이름을 부를 수 있고 집안의 다른 식구들은 남들과 마찬가지로 아무개의 딸, 아무개의 누이와 같은 완곡한 표현을 쓴다. 결혼한 뒤에는 여자의 이름은 없어진다. 친정 쪽 친척들은 대개 그 여자가 출가한 고을 이름을 부른다. 때로는 간단히 아무개 남편의 댁이라고만 부른다. 그 여자가 아들이 있으면 예의상 아무개의 어머니라고 불러야 한다.[20]

조선 사대부들은 자신의 아내를 가까이하는 것을 수치로 여긴다. 타인들에게 아내에 관해 관심을 가지지 않음을 의도적으로 과시하며 결혼 후에는 아내를 멀리하여 애첩 얻는 것을 당연시하였다. 부부간의 사랑의 인격적 관계를 소원케 하는 봉건적 유교 의식으로 여인들에게 인격적 수모와 아픔을 주는 문화가 오랫동안 조선인들의 부부 관계를 지배해 왔다.

조선 시대의 봉건적 부부의 윤리 관념은 서로 간의 인격적 사랑이

---

20   Griffis, pp.189~190(재인용)

라는 관계 개념을 비인격적 관계로 왜곡시켰다. 예절상으로는 남편이 아내를 존경하고 적당히 대우하는 것은 허용하나, 아내에게 참다운 애정 표시를 하고 아내를 일생의 반려로 사랑하는 사람은 몹시 조롱을 받았다. 체면을 지키는 남편에게 있어서 아내는 그에게 아이를 낳아 주고 집안일을 살피며 그가 마음이 내킬 때는 그의 정열과 육욕을 만족시켜 줄 운명을 가진, 좀 더 높은 계급의 여자 종에 불과하고 또 그래야만 한다. 양반들 사회에서는 신랑은 신부와 3, 4일을 같이 지낸 후, 그가 아내를 대수로이 여기지 않는다는 것을 증명하기 위해 꽤 오랫동안 떨어져 있어야 했다. 그는 아내를 미리부터 과부 상태에 두고 첩들로 그것을 보충한다. 이와 달리 행동하는 것은 나쁜 취미라는 것이었다. 어떤 양반들은 아내가 죽었을 때 눈물을 몇 방울 흘렸다고 하여 야유를 퍼붓기를 그치지 않는 친구들의 사랑방에서 여러 날을 나갈 수 없었다는 예가 있다.[21]

평양에서 40여 년을 선교활동을 하였던 사무엘 마펫 선교사는 1893년에 사역을 하면서 6년째 되는 해에 미국의 선교본부에 자신이 목격한 평양인들의 여자에 대한 비하 의식이 얼마나 비인간적이고 부도덕한 폐습 있었는지를 이같이 보고하였다.

… 비도덕성이 표현할 수 없을 정도로 만연해 있고 이 도성에서 너무 뻔뻔스럽게 자행되므로 소위 존경할 만한 자들도 딸을 관가에 소속된 기녀(기생)로 등록하는 것을 행운으로 간주합니다. 이는 기생이 됨으로써 이익을 얻을 수 있고 또 그들 가운데에 일부는 관리

---

21   민경배, 『한국기독교회사』, 대한기독교출판사, 1981, p.169

에게 영향력을 행사할 수 있으므로 그들은 수치를 모릅니다. 여러 해 동안 사람들은 그런 공개적인 부도덕성을 보며 성장했기 때문에 그것과 너무 친숙해져서 완전히 무관심하게 되었고 그 사악함에 대한 감각이 굳어져 버렸습니다. 술 취함, 노름, 싸움질, 욕설, 이기심, 잔인함 등을 매일 모든 것에서 모든 계층 속에서 악화된 형태로 보게 되며, 특히 여자와 어린이들이 당하는 고통과 비참함을 생각하면 가슴이 아픕니다.[22]

조선 말기에도 여성들에 대한 차별 의식과 제도는 조금도 나아지질 않았고 선교사들이 여성의 인권 향상과 교육의 필요성을 외치며 학당을 통해 개화에 나서자 성리학에 오랫동안 심취해 있던 봉건적 성리학자들은 이를 전통문화에 대한 도전이라는 그릇된 저항 의식으로 비판했다. 특히 유인석(柳麟錫, 1842~1915)은 전통적인 성리학자로서 개화에 반대하여 성리학 외에는 모든 것을 사학으로 여겼던 위정척사(衛正斥邪) 사상에 얽매여 여성을 교육시키는 것은 금수 짓이라며 경멸하였고 고종의 단발령에 반기를 들고 '을미의병'을 일으키기도 하였다.

7. 조선의 부패와 몰락의 대내외 요인

구미(歐美)의 선교사들이 19세 중반 이후 조선에 선교 사역차 입국하여 조선 왕실의 부패와 일반인들의 무지와 가난의 실상을 보면서 예측한 조선의 미래는 모두 부정적이었으며 일부 외국인들은 조선의 멸

---

22   옥성득, 『마포삼열 자료집 2』, 새물결플러스, 2017.2, pp.191~195

망을 말하기도 하였다. 한 나라의 멸망은 어떤 한 사건으로 인하기보다 오랫동안 누적된 사회적 문제가 그 임계점에 도달했을 때 외세의 충격이 가해지면 일순간에 속절없이 붕괴되는 경우를 인류의 역사에서 볼 수 있다. 조선 멸망의 원인도 결코 그와 다르지 않다.

당시 조선의 상황을 보면 붕당(朋黨) 정치와 세도정치로 권력을 집단화 및 사유화함으로 보편적 사회성이 결여된 현상이 400여 년 지속되면서 정치적 부패로 이어졌고 나라의 성장 동력과 견실함이 부재일 수밖에 없었다. 결국 쇠락한 국력의 결말은 망국으로 이어졌다. 이러한 암흑과 혼돈 중에 희망을 주었던 사람들은 다름 아닌 서구에서 건너온 선교사들이었다. 선교사들은 조선의 멸망을 바꿀 수는 없었으나 피지배층인 백성들에게 정신적으로나 종교적으로 희망과 재기의 가능성을 심어 주었다.

1) 내적 요인

조선의 쇠락과 멸망의 가장 큰 국내적 원인은 권력층의 부패와 고루한 성리학 의식에서 벗어나지 못한 권력층들의 변화와 개혁의 거부 및 미래 지향성의 부족이었다. 오랜 세도정치는 오직 개인과 가문의 부귀양명에 집중함으로 그 부패를 더욱 심화시켰고, 이에 백성들은 좌절감에 빠졌고 국가에 대한 방관과 미신에 더욱 몰입되었다.

고종은 국정에 대한 방향을 잃고 무능했으며, 민비는 외척 세력의 강화와 무속에만 몰입했다. 권력층들은 가렴주구를 일삼음으로 말미암아 백성들의 삶은 더욱 피폐해지며 게을러졌다. 극기야 왕실은 구식군대와 별기군과의 차별 대우로 인한 임오군란(1892)을 자초했고 연이어 전국적으로 농민들이 개혁을 주장한 동학농민항쟁(1894) 등의 다양한 변란이 발발되었다.

사학자 백지원은 조선의 패망 원인을 크게 세 가지로 집약했다. 첫째 국시인 성리학의 폐단이다. 성리학은 사회 참여와 삶의 실용성은 결여된 채 끝도 없는 논쟁과 권위 의식의 강화와 계급 의식의 집단화로 심화되어 가장 반사회적, 반산업적인 농, 공, 상(農工商)의 멸시를 고수했다. 이 당시 일본은 유신정책으로 서구의 산업화에 편승하고 있었고 중국은 양무운동으로 서양의 학문과 기술을 배우는 데에 전력하고 있었다. 둘째는 동기 유발 없는 경쟁의 부재였다. 상업 경제가 부실하고 사회 계급이 세습되는 사회에서는 새로운 문명과 기술이 경쟁적으로 창출될 수가 없었다. 셋째, 권력 투쟁에만 몰입한 사대부들의 당쟁으로 국가와 백성들에 대한 책임 의식은 없이 오직 가문의 명예와 권력에 대한 집착 의식만 남아 있었다. 이들에게 적은 오직 내부의 경쟁자들이었다.[23]

미국의 길모어(G. W. Gilmore) 선교사는 1892년에 출간한 『서울풍물지』에서 내놓은 다음과 같은 '양반망국론'을 제시하였다.

> 조선에서 의심할 여지 없이 국가 발전의 장애물이 되고 있는 전통이 있었는데, 그것은 다름 아닌 양반들이다. 비록 그들의 재산으로 자신의 삶을 영위할 수 없을지라도 생계를 위하여 육체적인 일이나 생산 활동을 하지 말아야 한다. 양반은 굶더라도 일하지 않는다. 친척의 도움을 받거나 아내가 생계를 꾸려 나가는 한이 있더라도 양반은 절대로 그의 손에 흙을 묻히지 않는다. 그 관습이 너무나 철두철미하여 실생활에서 지속적으로 준수된다. 만약 양반이 지위

23   백지원, 『백성편에서 쓴 조선왕조실록 (하)』, 진명출판사, 2009. 2, pp.481~482

와 재산을 잃으면 일반적으로 좀 더 재산이 있는 친척 집에 모든 것을 의탁하면서 다시 벼슬을 얻을 수 있는 운세가 돌아오리라고 믿고 있다.[24]

조선 정부는 친일 개혁 세력에 의해 갑오경장(1894.7~1896.2)을 실행하기 위해 그동안 명나라를 모델로 삼아 400여 년에 걸쳐 구축해 온 성리학의 봉건 체제를 일본의 메이지 유신을 모델로 하는 근대국가 체제로 전환하려 했다. 이를 위해 김옥균, 박영효 등의 일부 급진적 개혁파들이 1884년 12월에 과감한 결의로 갑신정변을 일으켰으나 삼일천하로 끝났다. 1895년 10월, 제2차 갑오경장을 추진하기 위해 주조선 공사로 부임한 이노우에 가오루는 조선의 내부적인 문제점과 그 미래에 대해 본국에 이같이 보고하였다.

> 약하고 고분고분한 조정, 탐욕스러운 관료 계층, 광범위하게 퍼진 부정부패, 재정에 대한 부실한 관리, 붕괴한 화폐 질서, 기술적 낙후 등은 조선을 약하고 외부로부터의 압력을 견딜 수 없게 만들고 있다. 이러한 난맥상을 집중적인 자강운동을 통해 극복하지 못한다면 조선은 일본과 강력한 이웃인 중국과 러시아 사이에서 완충지대 역할을 할 수 없다. 개혁 없는 조선은 열강의 먹잇감이 될 것이다.[25]

---

24   G. W. Gilmore, <서울풍지: 한말 외국인 기록 17>, p.88
25   함재봉, 『한국 사람 만들기 Ⅳ: 친일개혁파 2』, 에이치(H) 프레스, 2022.10, p.31

048

2) 외적 요인

왕실은 냉혹한 국제 관계에 대해 무지했다. 흥선대원군과 고종과 민비는 우선 조선 반도를 둘러싼 강대국의 치열한 패권 경쟁에 대해 능동적으로 대처하지 못했고, 조선의 왕과 사대부들은 기득권을 유지하기 위해 과감한 사회와 정치 개혁에 소극적이었으며 동학란 같은 국내 봉기에 군사적으로 대처하기 위해 청의 군대를 끌어들임으로 일본까지 조선에 파병함으로 왕실의 존재감이 더욱 약화되고 더 큰 불행을 자초하는 악수가 되었다.

외교적 실패 요인으로는 고종이 당대의 패권국이었던 영국보다 대외적으로 영향력이 약한 러시아와 손을 잡은 것을 꼽을 수 있다. 이때 영국은 러시아의 남하 정책을 차단하기 위한 해상 봉쇄 정책을 펼치고 있었다. 그 대표적 사례가 1885년 4월 영국군의 거문도 점령 사건이었다. 이어서 1895년의 을미사변 이후 생명의 위험을 느낀 고종은 러시아의 공관으로 피신하는 수치스러운 아관파천을 택하였다. 그 당시 조선은 새롭게 등장한 근대 제국주의에 대처할 힘이 없었으며 이미 쇠약해진 청나라마저도 더는 조선의 군주국이 되어 줄 수 없었다. 일본은 조선을 장악하기 위해 먼저 영국과 동맹 관계를 맺고 미국과는 1905년 7월 '가쓰라-태프트 밀약'을 맺음으로 두 나라로부터 조선의 지배권을 묵인받았다. 결국 조선 왕조는 1910년, 일본에 병탄(倂呑)되었다.

2장

쇄국 시기의
제너럴 셔먼호 사건과
여명의 조·미 수교

토마스 선교사와
동지사 박규수와의 북경 만남

토마스 선교사

우리나라의 근대사의 시원(始原)을 논할 때는 제너럴 셔먼호 사건과 이 배에 탄 토마스 선교사에 대해서 필수적으로 다루게 된다. 그 이유는 그 당시에 동아시아에서 유일하게 쇄국정책을 고수하던 조선에 이양선(異樣船)이라고 불린 미국 국적의 배가 불법적으로 들어온 그 사건이 16년 후 조선 근대사의 문을 여는 계기가 되었기 때문이다. 이어서 바로 서구의 선교사들에 의해 기독교와 다양한 근대 문명이 유입되어 확산되었다. 특히 토마스 선교사는 최초로 내지까지 들어와 기독교를 전한 선교사였고, 그로 인하여 이후에 들어온 선교사들에 의해 기독교와 서양문명이 전해지고 내국화되어 개신교는 평양에서 전성기를 맞이하게 되었다. 그는 조선 개신교의 첫 밀알이 되었다.

토마스(Robert Jermain Thomas, 1839~1866)는 원래 중국 선교사였다. 그는 런던선교회 소속으로 그해 7월 21일에 중국 상해로 파송되어 사역하던 중에 아내가 풍토병으로 세상을 떠나자 큰 충격을 받고, 선교사직을 사직하고 그곳을 떠나 산동성 엔타이(지프)의 영국 세관에서 통역사로 일하게 된다.[26] 그곳에서 스코틀랜드 성서공회의 파송을 받은

---

26   오문환, 『토마스 목사전』, 대한기독교서회, 2006, p.32

알렉산더 윌리엄슨(Alexander Williamson, 1829~1890) 선교사를 만난 것이 그의 사역과 인생을 바꾸어 놓게 되었다. 그 엔타이항은 외국과 개항한 곳으로 서구의 여러 무역선이 출입하며 교역이 활발한 곳이었고, 조선 반도의 서해안, 특히 백령도와 옹진반도와 가까운 곳이기에 교역하는 배들이 오래전부터 늘 출입하고 있었다.

1865년 여름에 토마스는 윌리엄슨 선교사의 집에서 장사를 하려고 온 조선인 김자평을 만나 대화를 나누게 된다. 김자평은 이 서양인이 천주교 신부인 줄 알았고, 두 선교사는 그가 천주교 신도인 줄 모른 채 대화를 나누었다. 놀랍게도 김자평은 옷 속에 감추어진 묵주와 십자가를 꺼내 보였다. 토마스 선교사는 그에게 조선의 현황을 물어보았다. 그는 조선인과 처음으로 대면하였기에 많은 호기심이 생겼다. 김자평은 노인이었지만 매우 경건한 천주교 신앙인이었기에 토마스의 마음을 감동시켰다. 토마스는 조선에서 그동안 일어난 천주교 박해 사건을 소상히 듣고 조선인들을 위해 복음을 전해야겠다는 각오를 하였다. 토마스는 김자평과 함께 그의 주거지인 백령도를 함께 가기로 하고 사직했던 선교회에 다시 복직하겠노라 편지를 보냈다. 이후 1865년 9월 4일, 김자평의 작은 목선을 타고 백령도에 도착한 다음 4개월 동안 옹진반도의 연안 지역을 다니며 윌리엄슨으로부터 받은 한문 『성경』과 기독교 관련 서적을 배포하였다. 토마스는 백령도에서 조선인들과 접촉하면서 조선어를 배우게 되었다.

그는 선교에 대한 열정으로 조선의 수도인 한성으로 들어가서 복음을 전해야겠다는 무모한 생각을 갖고 목선을 타고 한강을 향해 가던 중에 거친 풍랑을 만나 표류하다가 구사일생으로 살아남아 중국 산해

관(山海關)을 거쳐 1866년 1월에 북경으로 들어가게 되었다.[27]

토마스 선교사는 다시 '런던선교회'와 관계가 회복되어 그동안의 선교보고서를 보내었다. 그가 북경에 체류하는 동안 놀라운 일이 있었는데, 조선의 동지사[28] 중 책임자인 연암 박지원의 손자인 박규수(朴珪壽, 1807~1877)[29]를 만나게 된 것이다. 토마스는 조선의 사신들을 만나기 위해 소개인들을 통해 만나 그들에게 한문『성경』을 주면서 "귀국도 이 책을 받아 그대로 실행하면 많은 복을 받으리라"고 하였다. 담화를 나눈 후 토마스는 마지막으로 "내가 다시 조선으로 갈 터이니 만일 가면 당신이 잘 좀 지도해 주시오"라고 부탁하였다. 박규수도 그렇게 하겠노라고 흔쾌히 약속했다. 그는 조선에 돌아와 1866년 2월(음력)에 평양 관찰사(감사)로 임명받아 부임하였다.

박규수는 토마스로부터 받아 온 한문『성경』을 김옥균에게 주었고 김옥균은 다시 김홍집에게 주었다고 한다. 이들 청년 관리들은 후에 그의 제자가 되어 개화 사상을 갖게 되었고 1884년 12월에 갑신정변(甲申政變)[30]을 일으키는 주역이 되었다.

---

27   김원필, <크리스찬 저널>, 2008.3.28.

28   조선 초기부터 중국에 정례적으로 세 사절단을 보내었는데 그중 동지사라는 사행이 있었다. 이 사행은 동지를 전후해서 출발하여 40~60일 정도 북경에 체류하고 4월 초에 돌아오는 것이 통례였다. 이들의 일행 규모는 250~500여 명에 이르렀고 그 책임 인솔자는 정2, 3품과 그 외의 마부 등 수행원들이었다. 이들의 임무는 청나라의 황제를 알현하고 공문과 각종 예물(조공)을 드리고 칙사 대접을 받고 체류 기간에 그 당시 북경의 서양 문물들을 접하였으며 이에 대한 서적들과 문물들을 가져오기도 하였다. 특히 18세기 후반 신학문인 서학 등 많은 신문물을 수용하고 이를 바탕으로 조선의 변화와 발전에 기여하였다. 대표적 인물이 북학파인 연암 박지원이다.

29   박규수는 평양 관찰사(감사)로 있을 때 셔먼호 사건을 해결하고 우의정에 이르며 쇄국정책 시기에 개혁과 통상을 주장했다. 그로 인해 척사파들과 대립되고 흥원 대원군과도 등을 지면서 재야인사가 되어 1876년 일본과 운양호 사건의 결과로 맺는 조일통상조약에 큰 공헌을 한다. 그는 말년에 조선의 개화파 청년 관직자들을 사사한다. 그 대표적 제자들이 김옥균, 홍영식, 박영효, 서재필, 박정양, 윤치호였다.

30   1884년 12월 4일, 김옥균, 박영효, 서재필, 서광범, 홍영식 등은 개화파로서 수구파인 민씨 일파들을 몰아내고 개화 정권을 통해 입헌군주제를 수립하려 한 무력 정변을 조선 최초의 우체국인 우정국 개원식 때에 민영익을 비롯한 그 일파를 자객을 통해 암살한 사건을 일으켰다. 이러한 도모는 삼일천하로 끝나고 이들 개혁파는 3족이 멸절당하는 비극을 겪게 된다. 이 갑신정변은 한국 근대사의 전환점이 된다.

한편 북경에서 산동성 엔타이(지프)로 돌아온 토마스는 조선으로 가고자 하는 열망이 있었는데, 마침 수개월 전에 만난 박규수가 평양감사로 부임했다는 소식을 듣고는 더욱 조선행을 갈망하게 되었다. 이때 프랑스는 조선에 천주교 신부와 신도들이 무참히 학살당했다는 보고를 받고 이를 징벌하기 위해 프랑스의 함대가 출항을 준비하며 안내인을 구하고 있었다. 프랑스 함대 제독은 토마스를 만나 그가 최근에 조선에 다녀온 이야기를 듣고 그를 데려가기로 작정하였다. 그렇게 출항을 기대하고 있던 토마스에게 갑작스럽게 출항 취소 소식이 전해졌다. 다름 아닌 베트남 남부 지역에서 반란이 생겨 이를 징벌하러 가라는 본국의 지시로 조선의 출항이 취소된 것이었다.

이에 낙심하던 토마스에게 새로운 소식이 들렸다. 미국의 상선인 제너럴 셔먼호(General Sherman)[31]가 1866년 7월에 천진항에 입항한 후 조선과 통상하기 위해 산동성 엔타이항(煙臺)으로 입항하였다. 그 배의 선주는 미국인 프레스톤(W. B. Preston)이었고 영국의 메도스 상사(Meadows Co.)에 위탁하여 그 화물을 전부 인도하고 다시 중국 도자기, 비단, 바늘, 괘종시계, 망원경 등 조선인들이 좋아하는 물건들을 싣고 8월 상순경에 엔타이항으로 온 것이었다. 토마스 선교사는 조선 천주교인들과 함께 조그만 목선을 타고 조선으로 갈 계획까지 세우고 있던 차에 큰 증기선이 조선으로 간다는 정보는 희소식이 되었다. 그 배에는 미국인 선주 프레스톤과 선장 페이지(Page), 조수 윌슨(Wilson)이 타고 있었고 영국인으로는 화물 주인 호가드(Hogarth)와 토마스 선교사

---

31   셔먼호는 미국 남북전쟁(1881~1885) 당시 군함이었으나 전쟁이 끝난 후에 민간인들에게 양도되어 상선으로 개조되었다. 이 배의 선주가 프레스톤이었고, 그는 태평양을 횡단하며 중국과 무역업을 하였다. 배의 이름은 미국 북군의 유명한 셔먼 장군의 이름을 붙인 것이다. 그 당시 상선도 해적을 대적하기 위해 대포 2문 정도는 장착하고 다녔으며 80톤급 증기선이었다. 이 셔먼호에 대해서는 그 사료가 미국 정부의 자료와는 상이한 점이 있다.

가 있었으며 나머지 19명은 아시아계 선원들로 총 24명이었다. 이 배는 1866년 8월 9일 출항하였다.

이때 토마스 주변 친구들은 그의 조선행을 극구 말렸다. 그러나 그의 선교 멘토인 윌리엄슨 선교사는 그에게 상당량의 한문 『성경』을 제공해 주었고 친구 몇 명이 부두에 나와 환송해 주었다. 그는 떠나기 전에 이렇게 기도하였다.

"그러나 평안케만 마옵시고 피를 흘려 죽는 데 이를지라도 주의
사업에 유익이 될 것이면 사양치 않겠나이다."[32]

이 당시 토마스는 조선의 천주교도들이 박해를 받는 엄혹한 상황인 것은 알았지만, 배의 최종 목적지가 어딘지는 모르는 상태였다고 한다. 그가 승선한 목적은 단지 조선 땅에 복음을 전하기 위한 것이었다. 출항 후 첫 기착지가 백령도였고 그곳의 연화동에서 『성경』 일부를 배포한 후, 다시 배는 평양으로 들어가기 위해 대동강 하류인 진남포로 진입하였다. 이 배가 한성으로 가지 아니하고 평양을 향했던 것은 당시의 조선의 쇄국정책과 천주교도 박해 사건을 알고 있었기에 위험이 상대적으로 덜한 곳을 택한 것으로 볼 수 있다.

이 시기 조선에서는 대원군에 의해 철저히 외국과의 통상이 금해졌고, 이에 외국 배가 들어오는 것을 엄히 경계하고 있었다. 대동강 상류에 갑자기 큰 배가 나타나자 경계하던 군대들은 그 배에 대포가 있는 것을 보고 군함으로 인식했다.

그곳에 살던 천주교인 지달해(池達海, 53세)는 그동안 숨죽이며 은신

---

32   상기 동일한 책, pp.72

하고 있었는데, 갑자기 큰 배가 나타나자 천주교 신부를 살해하고 조선 천주교인들을 박해한 것을 응징하고 그들을 구출해 주기 위해 온 프랑스의 배로 착각하고 들뜬 마음으로 그 배를 환영했다. 그는 3년 전에 이미 프랑스 베르네 주교로부터 영세를 받았고 그 아들들도 역시 천주교인이었다. 그는 아들과 함께 천주교 신부를 환영하고 대접해야 한다는 생각에 여름 과실인 참외 100여 개를 준비하고 외부인들의 눈을 피하기 위해 어부로 위장하여 그 배에 접근하였다. 그의 아들 4명과 다른 천주교인 등 모두 10명이 배에 올라 자신들이 천주교인임을 알리기 위해 가슴에 성호를 그으면서 접근하였다.

이들을 맞이한 토마스 선교사는 서양식 다과 케이크를 대접하였다. 대화로는 소통되지 않자 지달해는 미리 준비한 종이와 붓으로 필담을 하였다. 이들은 지식인들이었다. 토마스는 중국어와 한문에 능통하였기에 소통에는 문제가 없었다. 문제는 이 조선인들은 토마스 선교사를 천주교 신부로 생각한 것이었다. 토마스는 자신은 천주교 신부가 아니라고 설명했지만, 저들은 개신교를 전혀 모르고 있었기에 이해할 수가 없었다. 토마스 선교사는 그들을 자신의 객실로 안내하여 한문『성경』과 전도 책자를 선물했다. 그는 헤어지면서 그들에게 영국 은화를 주었는데, 그 동전에 빅토리아 여왕의 상이 있는 것을 보고 그 모습이 곧 성모 마리아라고 생각하며 감동을 받았다.

일행들은 집으로 돌아와 그 은화를 궤짝에 잘 보관하였다. 그러나 바로 저들이 외국 배와 서양인들과 교류한 것을 신고받은 관원들에 의해 온 가족이 다 구금되었다. 그런 고초를 당한 '지달해'는 가족들에게 "이제 천당이 멀지 않았으니 정신을 차리라"고 외쳤다고 한다. 그 가족

중에는 3명은 방면되고 2명은 평양 보통문 밖에서 참수되었다.[33] 이들은 공식적인 평양의 최초 천주교 순교자였다.

✤

셔먼호를 격침시킨 박규수와
순교한 토마스 선교사

제너럴 셔먼호와 동일한 배

셔먼호의 승조원 가운데 선주를 비롯한 백인 5명 중에 토마스 선교사가 주역이 되었다. 그 이유로는 그는 중국어와 약간의 조선어 대화가 가능하였기 때문이었다. 그는 지난해 1865년 9~12월에 백령도와 황해도 연안 옹진반도 지역에서 선교 활동을 하면서 조선인들과 접촉하며 대화를 익혔다. 그런 경험이 있었기에 그 배의 모든 승조원들은 자연스럽게 토마스를 내세울 수밖에 없었다. 토마스 선교사는 자신의

---

33   상기 동일한 책, pp. 75~76

조선을 향한 꿈을 실현하는 좋은 기회였기에 매사에 적극적이었고 선상에서 선도의 역할을 하였다.

여름 장마철이었기에 셔먼호가 대동강을 거슬러 올라가는 데에는 아무 문제 없었다. 토마스는 대동강변의 여러 마을을 들르면서 조선인들에게 『성경』과 전도지를 나누어 주었으며, 도중에는 조선 군대의 저지와 총격을 받기도 하였다. 조선인 관리가 접근해 조선에 온 목적을 물었고 통상 금지의 어명을 준수해야 한다며 셔먼호가 돌아갈 것을 회유하기도 하였다. 하지만 셔먼호는 이러한 제의와 금지를 일방적으로 뿌리치고 평양 양각도와 만경대에 이르러 통상을 요구하였고, 조선이 이에 불응하자 대포를 발사함으로 병졸들과 대동강변에 구경 나온 주민 중에 사상자가 발생하였다. 일부 평양 주민들은 피난을 갈 정도로 평양 도성은 전쟁 분위기로 고조되었다.

셔먼호는 평양 군민들이 일찍이 본 적 없는 큰 배였고, 연기를 뿜어대는 서양 배라는 자체만으로도 조선인들은 두려워할 수밖에 없었다. 대포의 성능도 조선의 대포와 비교가 안 되었다. 평양감사로 부임한 지 약 7개월 정도 된 박규수는 고종에게 급보하여 어찌 대처할지를 물었다. 이에 수렴청정하던 흥선대원군이 격침시킬 것을 명하면서 박규수는 전투를 준비하였고 조선 현역 군인과 전역한 군인까지 징집하여 무력으로 제압하기 위한 작전을 세웠다.

그 당시 장마를 보내고 시간이 지나 강 수위가 낮아지면서 배의 바닥이 모래톱에 얹혀서 움직일 수 없게 되었다. 이렇게 조선군의 전세가 유리해지자 박규수는 밤중에 기름을 뿌린 짚과 유황이 실린 조그만 배를 셔먼호에 접근시켜 불에 타도록 하였다. 결국 불길에 휩싸인 셔먼호에서 더는 버틸 수 없게 되자, 선원들이 배에서 뛰어내렸고 그런 와중에 토마스 선교사는 『성경』을 들고 강변에 나와 있는 군중들을 향해 "야소를 믿으시오!"라고 외쳤다. 대동강 모래사장에 올라온 그들은 관군들과 흥분한 주민들에 의해 잔혹하게 죽임을 당하였다.

이때 박규수는 이들을 살해하지 않고 협상용으로 활용하고자 했으나 흥분한 군중들을 막을 수 없었다. 토마스 선교사는 마지막으로 『성경』 한 권을 가슴에 품고 배에서 뛰어내려 뭍으로 올라왔으나 바로 관군에 잡혔고 박춘권이라는 장교 앞으로 끌려왔다. 이때 토마스 선교사는 그에게 "야소를 믿으시오"라며 『성경』을 건넸다. 그러나 박춘권은 자신의 칼로 토마스 선교사를 참수시켰다.

박규수와 토마스는 약 1년 전에 서로 필담을 하면서 토마스가 조선에 가게 되면 만나자는 제의까지 한 바가 있었다. 두 사람은 강을 두고 서로 얼굴은 대면하지 못하였고 서로의 존재를 알 수가 없었다. 평양에서는 셔먼호를 도적질하러 온 해적선으로 알고 있었다. 일부 평양의 천주교인들은 그 배를 프랑스 배로 알고 있었다. 사건이 종료된 후, 미국 정부가 자국의 군함을 보내어 항의하자, 그제야 조선은 셔먼호가 미국 국적의 배였음을 알게 되었다.

❖

셔먼호로 야기된
조선과 미국의 무력충돌(신미양요)

이 셔먼호 격침 사건은 5년 후인 1871년 강화도에서 미국 군함과 조선군의 국제전으로 비화하여 신미양요(辛未洋擾)로 이어졌다. 미국 정부는 남북전쟁이 끝난 지 3개월이 지난 때에야 자국의 배가 조선에 들어갔다가 격침되고 자국인 선주와 선장이 살해되었다는 보고를 중국을 통해 받음으로 뒤늦게 대처할 수밖에 없었다.

1866년 말 로버트 슈펠트 제독[34]은 셔먼호 사건 진상 조사와 거문도의 해군 기지 설립 조사를 지시받고 조선으로 향했다. 그를 태운 와추세트호는 1867년 1월 23일, 황해도 장연군 앞바다에 정박하였다. 이들은 그곳을 대동강 하구로 오인하였다. 슈펠트는 최대한 조선 왕을 존대하며 통상을 희망하는 문서를 조정에 보냈으나, 조정은 미국이 비록 화목을 구한다고 하나, 그 속뜻을 알기 어렵다며 장연 지역의 현감에게 슈펠트의 요구를 거절하라고 지시했다.[35]

그러나 미국 정부는 다시 미 군함 셰넌도어(Shenandoah)호를 보내어 셔먼호의 생존 선원을 돌려보내라고 요구하였다. 조선 조정은 이미 생존자 선원이 없다고 회신하였다. 이때 미국 정부는 미국인 프레스톤 선주와 선장이 살아있다는 소문을 듣고 이를 믿었기에 그런 요구를 한 것이었다. 셰넌도어호가 대포를 쏘면서 무력시위를 하였고, 조선군도 역시 같이 응사하였다. 이후 아무 진전이 없자 군함은 회항하였다.

이처럼 조선에서 비협조적으로 반응하자, 1868년 패비거(J. C. Febiger)는 생존자 송환과 무력으로 대응한 것에 대한 사과와 처벌을 요구하면서 이에 대한 조선 왕실의 답신이 없으면 미국 군함을 다시 보내겠다고 협박하였다.[36]

이어서 1871년 미국 정부는 조선을 무력으로 개항하도록 결정하고 청나라 주재 미국 공사 프레드릭 로우(Fredrick Low)의 지휘 아래 5척

---

34   로버트 슈펠트는 스스로 조선의 페리 제독이라 자칭하였다, 브루스 커밍스, 『브루스 커밍스의 한국현대사』, 창작과비평사, 2001, p.136

35   김명호, 『초기 한미관계의 재조명 : 셔먼호사건에서 신미양요까지』, 역사비평사, 2005, pp. 174, 175

36   같은 책, p.277

의 군함과 1,230여 명의 해군을 파병하였다.[37]

그러나 사실 1년 전에도 이러한 시도가 있었다. 1870년 프레드릭 로우는 베이징 주재 미국 공사로 부임한 뒤 미 해군 아시아 함대 사령관 로저스 제독과 원정을 수립하여 이듬해 5월에 떠날 것을 계획한 바가 있었다. 당시 미국은 1854년에 일본을 개항시킨 '가나가와조약'의 전례에 따라 조선도 무력시위를 통해 개항시킬 수 있다고 판단한 것이었다. 로우 공사는 청나라의 총리아문을 통해 사전에 조선에게 자신들의 목적을 통지하도록 하였다.

1871년 봄에 발송된 편지에서 로우는 자신을 미국의 조선지사 공사라고 소개하였다. 이는 사실 너무도 일방적인 표현이었고 조선을 무시한 처사였다. 그는 다시 미국의 조건을 조선에 제시하였다. 그 공문에는 제너럴 셔먼호 같은 사건의 재발 방지를 위한 자국의 선박 항해 안전 보장과 일본의 예와 같은 통상조약의 내용이 담겼다. 그는 문서 말미에 "화친(和親)을 구하는데도 갖은 방법으로 거절하면 불목(不睦)을 부를 것이니 또 누구를 탓하겠는가"라며 무력 사용을 암시하였다.[38]

그 공문을 받은 조선은 미국의 요청을 거절하기로 하였다. 그때 박규수는 셔먼호를 격침한 공로를 인정받아 왕실 조정에서 홍선대원군의 최측근이 되어 있었다. 그는 이렇게 답신을 보내며 미국의 잘못을 지적하였다.[39]

> "위험에 빠진 선원을 구하는 것은 우리의 오랜 전통이고 셔먼호는
> 경계를 무단 침범하여 발생한 일이란 것을 누차 해명했는데, 인제

---

37   같은 책, P.137
38   같은 책, pp.279~282
39   같은 책

와서 다시 문제 삼는 까닭을 모르겠다. 미국 상선이 우리나라 사람을 먼저 능멸하지 않았다면 조선 관민이 어찌 먼저 남에게 능멸을 가하겠는가."

통상 요구에 대해서는 "우리는 청의 속방이니 사대(事大)를 하는 신하 된 입장에서 독자적으로 외교를 할 수 없다"고 답변하였다.[40] 이러한 외교적 반응으로 통상 관계 시도가 실패하자, 미국은 조선을 굴종시키기 위해 함대를 조선에 파견하게 되었으며 이로 인해 조선과 미국의 무력 충돌은 피할 수 없게 되었다. 이에 대해 미국 〈New York Herald〉지는 "이교도들과의 전쟁이 일어났다"고 보도했다. 미국 함대는 프랑스 신부 리델을 길잡이로 삼아 로저스 제독 지휘하에 강화도에 도착하여 공격과 상륙작전을 개시하였다. 이때가 1871년 5월 23일이었다.[41] 이 충돌 사건이 조선에서는 신미양요로 기록되었다. 이 전투는 조선 최초 서양 국가와의 전투였고 이로 인해 쇄국정책은 더욱 완고해졌다.

✛

조선의 근대 문명화를 연
'조·미수호통상'

셔면호 사건으로 연유(緣由)된 조미 간에 신미양요가 발생한 지 11

---

40   같은 책, PP. 281~285

41   조경달, 『근대 조선과 일본』, 열린책들, 2015, p.58

년 후인 1882년 5월 22일
마침내 조선과 미국이 수
호통상조약을 맺게 됨으
로 조선은 최초로 서양의
해양 국가이자 기독교 국
가인 미국과 외교 및 통상
관계를 맺게 되었다. 이는
한국 역사 4천여 역사에

조·미수호통상 조약문

큰 획을 긋는 매우 유의미한 사건이었다. 이렇게 큰 외교의 사변적 역
사가 진행되기까지 미국은 일본과 청나라의 외교 라인을 통해 끈질기
게 노력해 왔다.

이에 앞서 일본은 1876년 조선과 수호통상조약을 맺은 바가 있었
다. 이처럼 조선이 개항하자, 미국은 일본을 통해 조선과 동일한 수호
통상 관계를 맺도록 중재 역할을 요청했으나, 일본은 조선에 대한 영
향력을 일방적으로 유지하기 위해 다른 나라가 조선과 국교 관계를 맺
는 것을 원치 않았다. 이에 자국이 나서면 조선에 대한 내정 간섭이 된
다는 명분을 내세워 거절하였었다.

일본도 그 이전부터 조선과 통상 외교 관계를 원했지만 조선은 왜구
오랑캐와는 국교 관계를 맺을 수 없다며 거절해 왔다. 조선은 중국과
속방 관계로 족하며 사대 관계 유지를 국가 정책의 기조로 삼아 왔다.
그러나 일본은 청나라와 외교 통상 관계를 적극적으로 추진하여 마침
내 청일의 대등한 외교 관계를 1871년에 성사시킴으로 자신감을 갖게
되었다. 이즈음 청나라는 국력이 쇠하면서 조선에 대한 지배력도 약화
되고 있었다.

이런 극동 지역 상황의 급변 중에 미국 정부는 조선과의 통상 관계

성립을 위해 청나라의 리홍장(李鴻章, 1823~1901)[42]과 접촉하였다. 리홍장은 일본이 신흥 강국으로 조선 반도에 그 영향력을 행사하자, 이를 견제하기 위해 미국의 요구를 받아들였다. 이뿐만 아니라 당시 조선의 주변 열강 중 러시아 제국이 부동항을 확보하려는 남하 정책을 진행하고 있기에 함께 견제해야만 했다. 미국은 영국의 러시아 세력을 봉쇄하기 위한 대외 전략에 함께 일조하면서 자신들의 통상 확장을 추구하려는 국익 차원도 고려한 것이었다.

리홍장도 동북아의 급변하는 정세를 파악하고 있었기에 미국의 이 요청을 신속히 받아들여 조선을 압박하며 설득하였다. 이때 미국 정부가 내세운 인물이 슈펠트였다.[43] 1880년 여름, 슈펠트와 리홍장은 구체적인 자료를 가지고 조선과 미국의 외교 관계 성사를 위한 노력을 시작했다. 1881년, 다시 두 사람과의 만남을 통해 조선에 미국과 관계를 맺도록 협조를 구했으나, 조선 조정에는 서양 국가에 대한 개방에 격렬한 반대가 있었기에 쉽사리 진척되질 않았다. 그러나 그해 고종은 리홍장에게 조미통상 관계를 원한다는 의견을 개진하며 이를 위한 모든 협상권을 리홍장에게 위임하였다. 그로 인해 청나라가 일방적으로 조약의 내용을 미국과 협의하여 작성한 조미수호통상조약이 만들어졌다. 여기에 고종은 조선이 청의 속방임을 주지하며, 서양과의 외교 관계를 청의 주도하에 이루어지도록 그 간섭과 외교적 주권을 위탁해 버리는 매우 비정상적인 모습을 보였다.

---

42   청조 말기인 1870년에 직례총독으로 임명되어 중신 정치가로 부국강병을 위하여 양무운동을 주도했고 서방과의 외교 통상 관계에 큰 업적을 쌓았다. 국내의 내란을 잘 진압하였고 청의 근대 문명화에 기여하였다.

43   슈펠트는 조선의 개화기를 여는 데 기여한 인물이다. 그는 해군 제독으로 1880년 부산항에 입항하였고 미국이 조선과 양국 간에 조약을 맺도록 협조를 구하기도 하였으나 일본이 이를 거부하자 다시 청나라 리홍장에게 중개 요청을 함으로 조미관계가 성사되었다. 1882년 3월에 그는 미국 전권대사로 조선에 들어와 조선과의 통상조약문에 서명하였다.

이는 그 당시 청나라 이외에는 믿을 나라가 없다는 조선의 생각과 오랫동안 중국과 군신 관계를 유지해 온 그 틀을 유지하고자 하는 안일한 고정 관념에서 비롯된 것이다. 이렇게 조미수호통상조약문은 리홍장의 참모인 마건충(馬建忠, 1845~1900)[44]과 슈펠트 사이에 만들어지게 되었다.

리홍장은 이 조약 문구에 "조선은 청의 속국임"을 명시해 달라고 미국에 요구하였다. 이는 조선은 오래전부터 중화 질서에 편입된 나라로, 미국과 국교 관계를 맺더라도 사대 관계였던 내력을 유지하면서 조선에 대한 지배권을 유지하려는 저의를 나타낸 것이었다. 그러나 미국은 독립된 자주 국가인 조선과 관계를 맺는 것이기에 이를 받아들일 수 없다고 일관성 있게 주장하며 리홍장의 요구를 거절하였다. 그런데 이에 대해 조선은 오히려 청의 요구대로 조선이 청의 속국임을 명시할 것을 함께 요구하였다. 이는 조선으로서는 격변하는 국제 정세에 청의 그늘 밑에 안정을 유지하려는 의중이 있던 것이다. 결과적으로 미국은 조약문에 그 문구를 명시하지 않았지만 이면 협약문에는 적시하였다.[45]

충돌된 또 한 가지 중요한 조약 문구는 종교 문제였다. 조선은 청나라가 서방 국가와 국교 관계를 맺음으로 기독교 유입이 가능해졌고, 그로 인해 서양의 개화사상과 기존 종교 및 전통이 충돌되는 문제를 보았다. 이에 미국과 통상 관계를 맺더라도 기독교가 유입되는 것을 사전에 막기 위해 조약 문구에 교회를 세울 수 없다는 '불입교당(不立教堂)'을 적시해 줄 것을 청에 요청했다. 그러나 리홍장이 이를 거부함으

44   마건충은 천주교인으로서 프랑스 파리 대학에서 중국인 최초로 법학 학사를 받았고 국제법을 배웠으며 1880년 청으로 돌아와 리홍장 휘하에서 양무운동에 활동하였다. 1882년에는 리홍장에 의해 조선에 파견되어 미, 영, 독일과의 수호통상조약 체결에 실무자로 참여하였다. 그는 청나라 말기에 행정가로 교육가, 외교원으로 활동하면서 『적가재기언기행』, 『마씨문통』이라는 문법서도 저술하였다.

45   박명수, <기독일보> 2021.11.23

로 성문화되지 않았고, 후에 미국 선교사들의 조선에서의 선교 활동이 법적으로 보장되는 결과를 낳을 수 있었다. 물론 초기에 조선 정부에서는 선교 활동을 금하였기에 얼마 동안 선교사들은 교회를 세우는 등의 합법적 종교 활동을 할 수가 없었기에 학교와 병원과 고아원을 세우는 데에 집중하였다.

이 역사적인 미국과의 외교 통상조약으로 1866년 셔먼호 사건과 1871년 미국과의 군사 충돌이었던 신미양요 사건이 16년 만인 1882년 5월 22일에 완전히 정리되었다. 이날 조인식은 미 군함 선상의 슈펠트 전권 대사와 조선의 신헌과 김홍집 전권 대사가 참여하여 성사되었다. 청의 대신이었던 마건충은 자국의 군함을 타고 와서 슈펠트에게 청의 군함 선상에서 조인식을 해야 할 것을 강력히 요구하였으나, 슈펠트는 미국과 조선과의 외교사적인 행사임으로 미 군함 선상에서 집행되어야 한다고 주장하며 이를 관철시켰다. 이뿐만 아니라 마건충은 조선은 청의 속국이기에 자신이 그 자리에 입회해야 한다고 주장했으나, 이 또한 거절함으로 양국 간에 조인식이 거행되게 되었다.

이 역사적인 양국의 경사에 미국은 국가 간의 외교 관계를 성사하는 것이기에 각 국가를 상징하는 국기가 게양되어야 한다고 주장하였고, 이에 조선에서는 역관 이응준이 태극기를 급조하여 성조기와 함께 선상에 휘날리게 하였다. 이어서 미국과 조선의 통상 외교 조인식을 축하하는 21발의 예포가 만방에 발포되었다. 조선은 그 예포의 의미를 몰랐기에 이를 미국이 직접 설명해 주었다. 이에 조선은 "국제적 예우를 이렇게 받은 것은 처음이다"라고 감격하였다. 이날은 조선이 외교사적으로는 자주 독립국임을 만방에 선포한 역사적인 순간이 되었고 나아가서 문명사적으로는 근대 문명 시대로 첫발을 내디딘 상징적 날이 되었으며 해양국가와의 수교로 해양으로 진출하는 유의미한 역사가 시작된 날이 되었다.

이 통상조약을 실현하기 위해 미국의 푸트 초대 공사가 입경한 날은 1883년 5월 16일이었고 19일에 비준 교환이 있었는데, 이에 대해 고종은 몹시 고무되었고 미국에 대한 높은 기대감을 가졌다. 일본이나 청국과 동일한 직급의 초대 공사가 파견된 것은 미국이 조선을 두 나라와 동등하게 여겨 외교적 배려를 한 것이었다. 이에 대해 푸트 공사도 "지금 이들은 우리나라(미국)에 대하여 그야말로 최상의 평가를 하고 있습니다."[46]라고 하였다.

푸트가 비준 교환을 하고 난 바로 다음 날인 5월 20일, 고종은 민비와 함께 푸트를 접견하고 그 국서를 친수하여 친밀감을 보였다. 조선으로서는 서양 공사의 국왕 접견이 처음이었다. 또 비준서 교환이 이루어진 지 하루 만에 파격적인 접견과 왕비의 동석에 이어 궁중에서 수차례의 만찬 연회가 있었다. 이는 미국에 대한 높은 기대감을 보여준 것이었다. 고종은 미국 아서 대통령(C. A. Arthur, 1829~1886)에게 친서를 보내며 푸트에 대해 칭찬하는 글을 썼다.

"우리와는 아주 놀랄 만한 관계를 유지하고 있으며, 그는 정직하고 의협심이 있습니다. 그리고 한성에서 일을 수행함에 그는 언제나 우리 조정과 협력 관계를 훌륭히 유지하고 있습니다."[47]

고종은 미국과의 외교 관계의 결정이 청국의 모든 굴레에서 벗어나는 이중적인 계기로 삼으려 했다. 이런 배경에서 조정은 맨 처음 군사

---

46   「United States Foreign Relations」, U.S. Cepartment of State, Washington D.C., 1883, p.245

47   G.M.McCune, J.A. Harrion, op.cit., p.3

고문관의 파견을 미국에 요청하였다. 1883년 10월이었으나, 미국은 푸트 공사 때에 신청한 그 사안을 그의 후임 포크 대리공사의 1886년 12월 사임 때까지 회답을 주지 않았다.

　조선은 미국의 기대와 신뢰를 채워 줄 만큼의 힘과 국익 조건을 갖추지 못했다. 이런 이해의 격차는 친선 관계의 진전과 문명사적 조건을 충족해 줄 수 있는 일들이 실제적으로 그 후에 내한한 선교사들에 의해 현실화되기 시작했다. 즉, 조선 측이 원하는 바를 외교사적 차원과 수단이 아닌 민간 차원의 선교사들이 그 역할을 적극적으로 대신하게 되었다. 그 첫 인물이 바로 알렌 선교사였다. 그는 처음에 미국 공사관의 공의로 부임한 후 3개월 만인 1884년 12월에 발생된 갑신정변에서 자객에게 자상을 당한 왕실의 실세인 민영익을 최초의 서양식 외과 수술로 살려냈다. 이에 왕실로부터 신뢰를 얻은 알렌 선교사는 1885년 4월 10일, 한국 근대사 최초의 상징적 의료기관인 '광혜원(廣惠院)'을 설립하였고, 1887년에는 고종의 하명에 의해 최초의 미국 주재 공사관의 참찬관으로 봉직되어 조미 외교 관계에 틀을 구축하는 데 기여하였다. 3년 후인 1890년에는 역으로 미 정부에 의해 주한 대리공사도 수행함으로 조선의 근대식 문명화에 이어서 외교 분야에도 Planner, Founder, Builder로서 공헌하였다.

3장

조선 근대교육의
기초를 세운 사역

알렌은 1884년 12월에 조선의 근대 문명화의 첫 주자로 들어와 최초의 근대식 병원과 의학교를 창립하였고 3년 후에는 외교관으로 조선의 자주적 외교권 강화에 헌신하여 외교의 자주권 의식을 일깨워 주었다. 그 외에도 전염병 퇴치와 근대식 교통수단 도입으로 실용적인 근대 문명의 디딤돌을 구축하여 문명사적으로 볼 때 조선 개화의 등불을 밝혀 주었다.

그 이후 연이어 들어온 여러 선교사들에 의해 지속적으로 조선 근대 문명화가 더욱 구체화되고 대중화되는 근대 문명화의 제2막이 진행되었다. 그 사역에 아펜젤러와 언더우드와 스크렌톤 모자, 에비슨, 홀 가문 등의 여러 선교사가 근대식 교육기관 설립을 통해 인재를 양육하고, 그들이 시대의 주역이 되어 개화를 자국화할 수 있도록 돕는 교육 사역에 역량을 집중했다.

이들이 전국적으로 실시한 초기 학당과 학교는 조선의 특정 층만이 아닌 일반 평민에서 천민에 이르기까지 모두 근대식 교육을 받을 기회를 제공했고, 개인의 인성과 삶의 질적 향상은 물론이고 근대 문명의 삶을 누리게 하였다. 이 같은 교육 사역은 민족사적으로 한국의 근대화에 크나큰 영향을 끼쳤다.[48]

이 점에 대해 백낙준(白樂濬) 박사는 이같이 평가하였다.

"여러 개신교 선교회의 활동은 이 나라 새 환경의 여러 면에 영향을 끼쳤다. 선교 사업은 우월한 과학 지식을 전해 줌으로써 서양에 대한 인식을 새롭게 하였으며, 서양인들의 믿음직하고 정직한 인격을 알게 하여 주었다. 또한 서양 교육 방법의 실시는 매우 유익하였다.

---

48   강석진,「近現代史로 읽는 북한교회사」, 쿰란출판사, 2022.2.2, p.103

종래 한국의 교육제도는 관리 양성을 위하여 뽑힌 소수의 사람을 훈련시키는 것이었다. 공립학교 교육의 개념과 근대교육 교과 과정의 소개는 선교사들과의 접촉에서 얻어진 것이다. 또 부녀자 교육을 위한 학교 설립도 선교 사업의 뚜렷한 공헌이었다. … 그 외의 큰 공헌은 바로 한글 교육을 시킴으로 한국문화 발전에 크게 기여했다는 점이다. 기존의 학자들은 자국 문자인 한글을 업신여기고 그 대신 한자를 써 왔다. 그러나 선교사들은 『성경』과 기독교 문헌을 한글로 번역하여 한국 고유 문자가 광범위하게 대중화될 수 있게 하였다."[49]

❖

기독교 교육기관의 설립

1. 유치원

서구 근대교육은 유아기부터 체계적으로 이루어지는데, 특히 유치원이라는 가장 기초적인 교육기관에서는 지덕체(智德體)의 교육 과정이 시작된다. 미국 선교사들은 이런 교육 시스템을 조선에 이식하기 시작하였다. 먼저는 청소년과 성인을 대상으로 학당 교육을 시작하여 아동 교육으로 확장시켜 갔다.

조선 최초의 유치원은 1914년에 설립된 '이화유치원'으로, 브라운

---

49   백낙준, 『한국개신교사』, 개정판, 연세대학교 출판부, 2002.10, pp.171~172

리(Brown Lee) 선교사가 교사로서 그 역할을 시작하였다. 1915년에는 '배화유치원'이 소아 예비과로 설립되었다가 1919년에 유치원이 되었다. 1917년에는 '아현유치원'이 개원되었고, 그때 '영화유치원'도 설립되었다.[50]

2. 초등학교

1909년 북장로교 선교부의 보고에 의하면 전국 각지에 589개의 초등학교가 교회에 의해 설립되었다. 그 이전에 언더우드와 아펜젤러, 윌리엄 제임스 홀, 베어드에 의해 고아원과 초등 과정의 교육이 제일 먼저 실행되었다. 이처럼 선교사들에 의해 최초의 학당으로 시작하였던 초등 교육 과정은 1902년 63개교에 845명의 남학생과 148명의 여학생이 있었는데, 1909년에는 589개교에 남학생 10,916명, 여학생 2,511명으로까지 늘어났다. 일제 강점기인 1910년대를 기준으로 관·공립소학교, 민간인에 의해 설립된 사립 초등학교 그리고 기독교에서 세운 소학교의 수가 1/3이 되었다. 이는 선교사들이 세운 교회를 기반으로 하여 초등학교들이 설립된 것이다.

3. 중등학교

선교사들이 입경한 1885년부터 일제 강점기 전 1909년까지 선교사

---

50   손봉호, 윤경로, 임성빈, 『한국 사회의 발전과 기독교』, 예영커뮤니케이션, 2012.7, p.132

들이 건립한 중등학교의 자료 통계를 보면 다음과 같다.[51]

연도	학교명	설립 교파	설립 장소
1885	광혜원(연세대 전신)	장로교	한성(서울)
1885	배재학당	감리교	한성(서울)
1886	이화학당	감리교	한성(서울)
1886	경신학교	장로교	한성(서울)
1894	광성학교	감리교	평양
1894	숭덕학교	감리교	평양
1894	정의여학교	감리교	평양
1895	정신여학교	장로교	한성(서울)
1895	일신여학교	장로교	동래
1896	정진학교	감리교	평양
1896	공옥학교	감리교	한성(서울)
1897	숭실학교	장로교	평양
1897	신군학교	감리교	한성(서울)
1897	영화여학교	감리교	인천
1898	배화여학교	감리교	한성(서울)
1898	맹아학교	감리교	평양
1898	명신학교	장로교	재령
1901	평양신학교	장로교	평양
1903	숭의여학교	장로교	평양
1903	누씨여학교	감리교	원산
1903	정명여학교	장로교	목포
1904	덕명학교	감리교	원산
1904	호수돈여학교	감리교	개성
1904	진성여학교	장로교	원산
1904	곡창학교	감리교	해주
1905	영성학교	감리교	공주
1906	계성학교	장로교	대구
1906	신성학교	장로교	선천

---

51   최명인, "근대학교의 성립", <한국교육사>, 교육출판사, 1972, p.220

1906	보성여학교	장로교	선천
1906	의명학교	안식교	순안
1906	한영서원	감리교	개성
1906	미리흠학교	감리교	개성
1907	낙현학교	천주교	한성(서울)
1907	수피아여학교	장로교	광주
1907	신명여학교	장로교	대구
1907	기전여학교	장로교	전주
1908	신흥학교	장로교	전주
1908	창신학교	장로교	마산
1909	곡정학교	감리회	해주

1909년까지 설립된 전체 기독교계 학교의 통계는 장로교가 501개교, 감리교가 158개교, 성공회가 4개교, 안식교가 2개교, 종파 미수가 84개교, 천주교가 64개교로 모두 813개의 학교였다.[52]

이봉구의 통계에 의하면 1910년 인가된 학교의 수는 2,250개교이며, 이 가운데 823개교가 기독교 계통의 학교로, 전체 학교의 1/3이 넘는다.[53] 이는 조선 개화기의 근대교육에 선교사들의 공헌이 얼마나 지대했는지를 말해 주고 있다.

4. 최고 교육기관인 대학교

이후 선교사들은 점차 고등 교육의 필요성을 느끼고 대학을 설립하

---

52   손인수, "근대학교의 성립", 『한국근대교육사』, 연세대학교출판부, 1973, p.79, p.200

53   손인수의 "선교사의 내한과 미션학교의 설립(한국개화교육연구)"에 1909년의 장로교 노회와 감리교파대회 보고에 의하면 1910년 2월, 기독교 계통의 학교는 장로교가 605개교, 감리교가 200개교에 이르고 있으며 성공회나 천주교 및 안식교 등에서 설립한 학교들을 합하면 기독교 학교가 무려 950여 교에 달하고 있다.

였다. 언더우드는 경신학교를 설립하는 데 그치지 않고 이것을 근거로 기독교 대학교와 신학교의 증설을 추진하였으며, 1915년 여러 어려움에도 불구하고 경신학교 대학부라는 이름으로 기독교 대학을 개교했는데, 이것이 바로 '연희전문학교'의 시작이 되었다. 1897년 평양에 설립된 숭실학교는 중등학교부터 시작되었으며 1906년에 대학부를 개설하게 된다.[54]

1885년 8월 한성의 배재학당을 설립한 아펜젤러는 교회 학교와 일반 학교에 필요한 조선인 교사를 양성할 기회를 찾던 중에 1889년부터 대학 과정의 설치를 구상하였고, 1891년 배재학당(Paichai College)이라는 이름으로 미국 선교본부에 보고서를 제출하였다.[55] 1893년 배재학당은 신학부와 학술부로 나누고 1895년부터 학술부는 다시 영어과와 국한문과로 나뉘었다. 아펜젤러가 순직할 때까지 '배재학당'이라는 명칭이 계속 사용되다가 1911년 감리교와 장로교 선교부가 연합하여 하나의 '연합기독대학'이라 불렀다. 이 학교가 바로 지금의 연세대학교의 모체로, 1917년 사립 연희전문학교로 조선총독부로부터 인가를 받게 되었다.

한편 이북 지역에서는 1897년 미국 북장로교 선교사 베어드(배위량)가 평양에 숭실학당을 설립했다. 이 학교는 처음에는 평양신학교라고 불리다가 1901년에 숭실학당이라 칭하게 되고, 1905년에 대학부를 설치하면서 대학 과정의 교육을 시작하여 1906년 '합성숭실대학'이라는 이름을 갖게 되었다.[56]

54   같은 책, pp.74~76
55   <배재백년사>, 1989, p.64
56   <숭실대학교 80년사>, 1979, p.57

여성교육 학교의 설립은 1886년 스크렌톤에 의해 시작된 이화학당은 프라이(L. E. Frey)가 맡아 하다가 조선 여성 지도자는 국내에서 양성되어야 한다 하여 이를 위해서는 여성 고등 교육 기관의 필요성을 갖고 1910년 대학과를 설치하여 "The Ewha Women's College"라는 명칭이 주어졌다.[57] 이후 지속적으로 성장하여 이화여자종합대학으로 발전하여 세계에서 가장 규모가 큰 여자 대학으로 기네스북에 등재되었다.

한편으로 1885년 알렌에 의해 세워진 왕립병원인 광혜원은 1886년부터 부설로 의학 교육을 실시하다, 1899년 '제중원의학교'로 이름을 바꾸고 1909년에 교명을 사립 '세브란스의학교'로 바꾸었다. 1917년에는 전문학교로서 조선총독부의 승인을 받게 되었다.[58]

이같이 당시 민족지도자들을 양성하기 위해 선교사들에 의해 설립된 대학들은 조선의 고등 교육의 초석을 마련하였으며, 인재와 전문인을 양성함으로 사회와 국가의 발전에 절대적인 영향을 주었다.[59]

---

57   한용진, "기독교계학교에 의한 근대 한국 고등교육 고찰", <교육문제연구> 제6집, 1994, p.190

58   <연세대학교사>, 1971, p.1335

59   손봉호, 윤경로, 임성빈, 『한국 사회의 발전과 기독교』, 예영커뮤니케이션, 2012.7, pp.135~136

기독교 학교가
조선의 교육에 미친 영향

1. 전인교육

구한말 조선의 전통적인 교육은 주로 유교 경전의 독서와 중국의 역사와 문학을 배우기 위한 한문 및 습작 등에 국한되어 있었으며 암기 위주의 지적 교육에 편중되어 있었다. 그러나 선교사들이 세운 기독교 학교의 교육은 과학과 종교와 역사 및 실업 교육, 예술 활동의 장려, 토론회, 음악 경연대회 등 다양한 교과 과정으로 구성되어 있었다. 또한 야구, 정구, 축구, 하키, 등의 운동 경기를 통해 체력 함양과 생활 운동으로 즐기게 하였다. 개성의 호수돈여고(1899)에서는 여고생들이 테니스를 배웠다. 이 당시 여성이 운동을 한다는 것은 상상할 수 없었다. 이러한 교육은 지덕체의 균형을 맞추어 주어 전인교육을 실시함으로 성숙한 전인적 인격 형성과 사회인의 배양에 역점을 두었다.

2. 평등적 대중교육

선교사들이 세운 기독교 학교들의 사상적 배경은 인간 존중과 만민 평등, 박애주의를 기본으로 하는 기독교 사상이었다. 이것은 민주주의의 기본적인 이념으로서 인간이면 어떤 이유를 막론하고 존중받아야 하며, 교육받을 권리가 있음을 말하는 사상이다. 당시 우리 사회는 유교적 윤리 관념에 따른 신분 사회로, 양반과 평민 그리고 천민(노비)이 존재하였다. 교육은 양반의 자제들만이 전국 3백여 개의 향교(鄕校)[60]를 통해 받을 수 있는 전유물이었다.

17세기 말, 조선에서는 실학파의 등장으로 인간 평등사상과 이에 따른 교육의 기회균등 등이 강조되었으나, 실제적인 개혁에는 큰 영향을 미치지 못하였다. 이러한 상황에서 당시의 계급사상을 깨뜨리고 교육 기회균등의 원칙에 따라 양반이나 서민의 자제를 차별 없이 교육시킨 점과 교육의 대상에서 제외되었던 여성들에게 교육을 받을 수 있도록 여학교를 설립한 점, 장애인들을 위한 특수 교육을 실천한 점 등에서 선교사들이 우리나라 교육의 대중화에 크게 기여했음을 알 수 있다. 그로 인하여 문자 해독과 학문의 혜택은 신분의 고하를 막론하고 누구나 누릴 수 있는 것이 되었다.

3. 보편적 여성교육

조선은 왕조 시대가 14세기에 개국되면서 불교를 멸시하고 유교를 숭상하게 되었고, 이에 따라 여성 비하 문화가 조선인의 삶에 자리 잡게 되었다. 이승만은 자신의 어린 시절을 이같이 회상했다.

"내가 여섯 살 때 뜻도 모르며 외워서 천자문을 떼었다. 언덕길을

---

60   향교는 고려와 조선의 지방교육기관으로 유교 교육과 선현의 위패를 모시고 제사를 지내는 두 가지 역할을 맡았다. 오늘날의 지방 국공립대학 혹은 거점대학 및 공립 중, 고등학교의 역할도 겸했다. 1894년 갑오개혁 이후 과거제도가 폐지되고 학제를 개편하면서 향교는 교육기관으로서의 역할은 없어지고 제사를 지내는 기능을 주로 수행했다.

십 리 이상 걸어서 서당을 가야 했다. … 만일 중국 글을 배우는 서당에 가지 않겠다고 하면 나는 종아리를 맞아야 했다. 아, 내가 여자였으면 하고 얼마나 바랐던가! 여자아이들은 서당에 보내지도 않고 그 알 길 없는 글자들을 배워야 하는 아무 의무도 없다. 여자는 아무것도 아니어서 남자아이들과 따로 떨어져 집에만 있어 집안일을 돕고 배우기 쉬운 언문을 배우면 된다."[61]

위 내용에서 알 수 있듯이 어린 여자아이들은 정규적인 교육 없이 늘 집안에서 생활했다. 이러한 상황은 비단 어린 여자아이들뿐 아니라 10세 이상의 소녀들에게도 해당하였다. 여기에 대해 비숍(I. B. Bishop)은 우리나라를 방문한 후의 소감을 다음과 같이 서술하고 있다.

"이 세상의 꽃으로 여겨지는 젊은 아가씨들을 볼 수 없는 나라이다. 그럼에도 여자들은 이 같은 사회조직을 원망하지도 않고 또 자유를 동경한다는 법도 없다. 수백 년 동안의 은폐 생활은 여자의 자유정신을 마멸시켜 버렸다. … 조선에는 집은 있으나 가정은 없다 해도 과언이 아니다."[62]

언더우드는 그 당시의 여성을 어린 나이에 결혼시켜서 시댁으로 옮길 때까지 감금 상태에 놓여 있었다고 서술하고 있다. 구한말의 여성들은 거의 집안에서 주로 생활하였으며 그들의 지위란 매우 보잘것없고 단지 남성을 위한 존재에 불과했다. 이러한 문화에서 여성을 교육하여 남녀평등을 주장하고 여권 신장에 기여한 선교사들이 설립한 여

---

61   손인수(1980), op.cit, pp.129~130
62   같은 자료, p.131

학교는 그야말로 문화의 대변혁이라고 볼 수 있다.

선교사들은 여성들에게 이름을 지어 주어 여성으로서의 정체성을 함양하는 데 중요한 역할을 하였다. 1909년 일제에 의해 민적법(民籍法)이 생기기 전까지는 여성들에게 이름이 없었기 때문에 1880년대에는 여성에게 이름이 없었다. 이러한 상황에서 여학생들이 학교에 들어갈 때 이름이 없어 학교에서는 이들의 이름 짓는 일부터 해야 했다. 스크랜튼 선교사는 학당을 설립하고 근 1년 만에 찾아오는 여자아이들이 이름이 없는 것을 보고 고민하다가 다음같이 하였다고 기록하였다.

> "입학 순서대로 '퍼스트', '세컨드', '서드'로 이름을 지어 주었다. 이
> 것도 열 명이 넘고 보니 말이 길어져 더 이상 붙일 수가 없었다. 하는
> 수 없이 기독교의 세례 이름인 마리아, 루시아, 수산나, 등으로 이름
> 을 지어 주었다."[63]

이처럼 여학교 설립은 여성 교육의 초석을 놓는 계기가 되어 오랜 세월 억눌려 온 여성 사회에 커다란 영향을 미쳤다. 안방에 갇혀 있던 여성을 사회로 인도하는 역할을 하였을 뿐만 아니라 여성으로서의 정체성을 가질 수 있도록 하였으며, 남녀가 평등하다는 의식을 가지게 하였다.[64]

63   김경자, 「초기 한국교회의 여성교육에 관한 연구(1885~1910)」, 장로회신학대학원 석사학위논문, 1980, pp. 60-1

64   한국기독교문화연구소, 「한국교회와 신학의 과제」, 연세대학교출판부, 1985, p.190

4. 무속과 구습 타파 교육

조선인들은 오래전부터 죽음, 질병, 가난, 슬픔 등 살면서 겪는 고통스러운 일이 귀신을 노엽게 했기 때문에 나타났다고 생각하였다. 이런 생각은 사회 저변과 수많은 민담에 고질적으로 팽배해 있었다. 예를 들면 배재학당 건축을 위해 땅을 팔 때 일꾼들은 땅속에 유령과 귀신들이 숨어 있다고 생각하여 그 유령과 귀신들에 대한 두려움으로 매우 떨었다. 또, 옛사람의 이름이 적혀 있는 지석(誌石)의 근처를 지날 때 사람들은 그 지석에 귀신이 있다고 믿었기 때문에 두려움에 떨었다. 심지어는 화장실에도 귀신이 있다고 여겨 밤에는 사용하기를 두려워했다. 이런 미신은 학생들도 귀신의 존재를 두려워하게 했기에, 이들을 가르쳐서 개화시키는 과정이 필요하였다.

그 당시 결혼제도에는 비문명적인 습관 의식이 있었다. 그것은 조혼제도로서 어린 나이에 부모가 일방적으로 정해 주는 얼굴도 모르는 사람과 일찍 혼인하는 제도였다. 조혼제도의 폐단에 대하여 〈대한그리스도인회보〉에서는 다음과 같이 지적했다.

"우리나라에서 혼인하는 데 큰 폐단이 두 가지 있으니, 첫째는 일찍 혼인하는 것이라 … 둘째 폐단은 혼인을 부모가 정해 주는 것이라… 서로가 만난 후에 합당치 아니한즉, 잔약한 여인은 여간 불합리하더라도 그 남편을 따라가지만 사나이 놈은 그 아내를 욱닥대고 두드리며 사불여의하면, 즉 본처를 내어 쫓고 첩을 얻는다. 심지어 살육이 난다. 자수하는 폐단이 종종 있어 온 집안이 화합지 못

하고…".⁶⁵

선교사들은 여학생들이 일찍 결혼하거나 혹은 기독교인이 아닌 사람과 결혼하여 기독교 교육과 그리스도인의 삶을 포기하는 것을 염려하여 조혼이나 비기독교인과의 결혼을 반대하였다. 선교사들은 이러한 결혼 풍습의 비합리성을 시정하고 여학생들이 기독교인과의 결혼을 통해 기독교 교육과 그리스도인의 삶을 잘 영위할 수 있도록 서양의 결혼 풍습을 소개했다. 이 서양의 결혼 풍습에 대한 교육은 기독교 학교에서 이루어졌으며, 기독교 학교 학생은 이 새로운 방식으로 모본을 보여 주었고 여러 모순을 지니고 있던 조선의 결혼제도는 기독교식으로 점차 변모하게 되었다.⁶⁶

---

65   <대한그리스도인회보>, 3권 16호, 1899.4.19
66   이만열, 『한국기독교문화운동사』, 대한기독교출판사, 1987, pp. 241~242 재인용

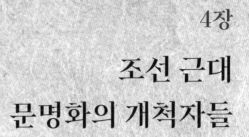

4장

조선 근대 문명화의 개척자들

조선 근대 문명화의
종합 설계자 알렌

1. 최초의 서양 의료인으로 입경한 알렌과 갑신정변

알렌 선교사

1883년 5월 23일에 루시어스 하워드 푸트(Lucius Harwood Foote, 1826~1913)[67] 초대 주조선 공사가 한성에 부임함으로 성조기가 성내에 펄럭이게 된다. 이는 실로 천지개벽의 역사로 볼 수 있다. 조선은 지정학적으로 아시아 대륙의 반도국이기에 오랜 역사 중에 강대국이 일어날 때마다 그 나라의 그늘에서 벗어날 수가 없었으며, 그와 동시에 그 나라의 종교와 학문과 다양한 문명의 영향을 받아 왔다. 그러나 19세기에 들어서서 서양이라는 선진 문명국과 연계됨으로 시대의 조류에 합류하게 되었다.

조선은 미국에 이어서 우여곡절 끝에 1884년 4월 21일에 세계를 지배하고 있는 대영제국과도 통상조약을 정식으로 맺게 되어 해리 파크스(Harry Smith Parkes)가 공사로 입경하여 비준서를 교환하고 주한 영국 총영사로 상주하였다. 연이어 같은 해에 독일, 1884년 7월 7일에 러시아와도 수호통상조약을 맺었다. 이로써 조선은 더 이상 청나라의

---

67   미국이 조선에 파견한 첫 특별 전권공사였고 조선식 이름은 福德 또는 福特이었고 파견 기간은 1883~1885년이었다. 뉴욕 태생이며 그의 아버지는 목사였다. 1883년 8월에는 한옥 2채를 구입해 그중 1채를 미국 공사관으로 사용했다.

독무대가 될 수 없었으며, 이미 일본은 1876년 조·일통상 조약을 통해 조선에 대한 정한론을 암중모색함으로 조선 반도는 아시아와 서구 나라들의 각축장으로 급변하게 되었다.

이러한 불안한 정세 중에 1884년 9월 20일, 조선 제물포에 의사 알렌[68]이 입국하였다. 그는 본래 중국 선교사로 파송되어 난징에 도착하였지만, 현지 적응의 어려움과 선교사들과의 갈등으로 중국을 떠나려던 중 동료 선교사들이 1882년 미국이 조선과 수교한 정보를 주면서 새 선교지를 권면받았다. 알렌은 조선 세관에서 일하고 있는 오스트리아인 요셉 하스(Joseph Hass)에게 한성의 외국인들에게 의사가 필요한지를 묻는 편지를 보내었다. 그리고 6월 8일에 파송 선교회(미북장로교)에 조선으로의 선교지 변경을 요청하는 편지를 보내었고, 그것이 허락되자 9월 20일에 입경하여 푸트 공사를 만나 미국 공사관의 공의로 임명되었다.[69]

푸트 공사는 "아직도 선교의 자유가 보장되지 않은 조선 땅에서 선교사의 신분을 내세우는 것은 위험하므로 의사의 신분이 안전하다"라고 설명했다. 실제로 미국과 영국 등의 공사관 직원들에게도 서양 의사가 필요하기도 하였기에 알렌에게 미국공사관부 무급의사(Physician to the Legation with no pay)로 임명되었다. 후에 알렌은 조선행을 결심한 후 "나는 계략을 써서 조선에 잠입했다"라고 솔직히 고백하였다.[70] 그의 일기장에는 그가 이 같은 처우를 받게 된 이유가 쓰여 있었는데, 그

---

68   알렌(Horace Newton Allen, 1858~1932)은 웨슬리안대학 신학과와 마이애미 의과대학을 나와 1883년 북장로교 선교회에서 중국으로 파송받았으나 그곳 현지의 여러 문제로 다시 조선으로 선교지를 변경하여 1884년 9월에 입경하였다. 그때 조선에서는 선교사 신분을 받지 않았기에 미공사관의 공의로 입경하였고 외국 공관원을 대상으로 활동하면서 점차 그 치료 활동을 넓혀 나갔다.

69   함재봉, 『한국 사람 만들기 III: 친미기독교파 1』, 에이치(H) 프레스, 2020.12, pp.41, 42

70   알렌, 김원모 역, 『(구한말 격동기 비사) 알렌의 日記』, 단국대학교 출판부, 1991.6.5, p.7

의 정착 과정과 당시 복잡한 조선의 형세를 볼 수 있다.

† **1884년 9월 23일(화)**

조선 미국특명전권공사 푸트(福德)를 방문하였다. 거기서 나는 풍채가 좋고 품위 있어 보이는 노부부를 보았다. 미국 공사관에서는 의사가 절대적으로 필요하기 때문에 나는 대단히 환영받았다. 그는 나를 미국 공사관부 무급의사로 임명하면서 나를 도와주겠다고 말했다. 나는 또 한때 조선 정부의 고위직(세관장)에 봉직한 바 있는 묄렌도르프(Paul G. Möllendorff)를 방문했다. 그는 나를 반갑게 맞이하면서 나와 더불어 오후의 차를 나누었다.

† **1884년 9월 24일(수)**

나는 조선인의 느린 행동에 짜증이 난다. 푸트 공사를 찾아가서 내가 거처할 집을 마련해 달라고 요청했다. 그는 다른 사람을 위하여 마련해 둔 집한 채가 있는데, 그 집 바로 곁에 저택이 있다고 말했다. 그러나 푸트 공사 부부뿐만 아니라 영국 영사도 의사는 자기 집 가까이 살고 있기를 원했다. 그는 사람들에 대한 의무를 생각했고 그 의무가 구속력이 있다는 것을 생각하지 않았다. … 나는 이 집을 70만 냥(603달러)에 구입하고 월 15달러 봉급으로 중국인 청지기 한 사람을 고용했다. … 나는 새로 지은 조선호텔에 투숙하였는데, 이곳은 조선보빙사[71]를 태우고 온 미국 해군 기함 트랜톤(Trenton)호의 장병을 투숙시키기 위해 마련한 호텔이었다. 그중 미국 해군무관 버나도우(J. B. Bernadou)도 이 호텔에 유숙하고 있었는데, 그는

---

71   조선과 미국이 수호통상조약을 맺고 미국 방문 사절단인 조선보빙사 전권대신 민영익과 서광범 등 수행원들은 미국 해군무관 포크와 함께 트랜톤호를 타고 6개월간 미국 방문과 세계 일주 항해 끝에 1884년 5월 31일에 귀국했다.

스미스소니언 박물관을 위해 조선 골동품을 수집하고 있는 명석한 인사이다.

알렌은 입경한 후 영국, 독일, 프랑스, 러시아, 일본의 공사관 직원들과 그 외에도 무역업에 종사하는 많은 외국인 등을 대상으로 치료 활동하였고 그들과 친숙한 관계를 맺으며 그들로부터 얻은 많은 정보를 통해 당시 조선의 형세를 잘 파악할 수 있었다. 그의 의료 봉사 활동이 천민에 이르기까지 확장되면서 누구보다도 면밀히 꿰뚫어 보게 되었다.

그가 조선에 들어온 지 약 두 달 후인 12월 5일에 조선 역사의 분기점이 되는 충격적인 일이 벌어졌다. 바로 갑신정변(甲申政變)이다. 이 일로 인해 알렌은 조선의 근대 문명화의 중심에 서게 된다.

그날 밤 알렌은 왕진을 마치고 돌아와 그의 아내 패니(Fannie)와 달밤에 산책을 하고 귀가하여 10시 30분쯤 잠자리에 들었다. 그때 대문을 두드리며 다급한 목소리로 알렌을 부르는 목소리가 들렸다. 알렌이 일어나 응접실로 나가자, 푸트 공사의 개인 비서인 스커더(Charles S. Scudder)가 기다리고 있다가 쪽지를 건넸다. 묄렌도르프가 보낸 쪽지였다. 사람이 죽어 가고 있으니 급히 와 달라는 것이었다. 알렌이 상황을 묻자, 그는 조선 주재 외교사절들의 통리교섭통상사무아문(외교부) 주최 만찬석 중 화재가 발생했다는 소리에 조선의 실권자이자 민비 중전의 조카인 민영익이 사태를 파악하려고 밖으로 뛰어나갔다가 자객의 칼에 맞아 쓰러졌다고 답했다. 자초지종을 들은 알렌은 바로 50여 명이 무장 군인의 호위를 받으며 묄렌도르프의 집으로 향했다.[72]

---

72 함재봉, 『한국 사람 만들기 III: 친미기독교파 1』, 에이치(H) 프레스, 2020.12, p.34

민영익은 유혈이 낭자하였는데 묄렌도르프는 민영익을 보호하여 살리기 위해 자기 집으로 엎어 데려다 놓은 것이었다. 알렌의 일기에는 그날을 이렇게 기록되어 있다.

† **1884년 12월 5일(금)**

… (중략) … 묄렌도르프의 집에 도착해 보니 중상자의 상태로 출혈이 이미 심했고 빈사 상태였다. 이곳에 치료하기 위하여 모인 조선인 의사(한의사)들은 나의 뛰어난 치료 솜씨를 기다리고 있었다. 민영익은 오른쪽 귀 동맥에서 오른쪽 눈두덩이까지 칼자국이 나 있었고 목 옆쪽으로도 상처가 나 있었다. 척추와 어깨뼈 사이로 근육 표피가 잘린 깊은 상처가 나 있었다. 예리한 칼자국이 난 부위는 구부러져 있었다. 경정맥이 잘리거나 호흡기관이 잘린 것은 아니었다. … 나는 피가 흐르고 있는 곳을 명주실로 봉합하고 귀 뒤 연골과 목 부분 그리고 척추도 모두 봉합했다. 팔꿈치에서 팔뚝까지 약 8인치의 깊은 상처도 명주실로 네 바늘 꿰매었다. … 이렇게 환자를 임시로 응급 치료하고 날이 밝으면 환자의 상태가 호전되는 대로 완전하게 붕대로 감아서 치료할 작정이었다. 오른쪽 귀 뒤에 자그만 상처가 나 있었는데 상처 길이가 표피 약 1인치 반이나 되었다. 넓적다리와 오른쪽 무릎에도 길이 약 6인치의 긴 상처가 나 있었는데 이것도 모두 봉합했다.

… 나는 새벽 2시에서 3시까지 한 시간 동안 내 가족을 돌보기 위하여 집에 다녀온 것을 빼고는 밤새도록 그를 치료하며 간호했다. 나는 공사관 수비병의 호위를 받았기 때문에 통행에는 방해를 받지 아니했다. 미 해군 무관 버나도우[73]가 우리 집 경비를 담당하고 있었다. 대궐로부터 사자가 왔는데, 조선 국왕이 푸트 공사에게 내린 각서로 모든 외국인은 대궐로 모여

---

73   그는 해군 무관으로 스미스소니언(Smithsonian Institution)의 조선유물 수집의 특수 임무를 띠고 온 담당자였다.

사태가 진정될 때까지 머물러달라는 전갈이었다. 왜냐하면 1882년 임오군란 때처럼 대량 학살이 자행될 것이기 때문이었다. 우리는 협의한 결과 각자 집에서 머물러 있기로 결정했다. 그러나 일본 수비병의 호위를 요청하자 즉각 채택되었다. 그렇지만 나는 미국 공사관으로 가서 푸트 공사 가족이 대궐로 들어가면 같이 입궐하기로 했다. 영국 총영사 애스톤 내외도 푸트 공사의 집에 와 있었다.

… 나는 다시 환자(민영익)를 돌보기 위해 돌아왔다. 나는 더운 물병들로 그의 체온을 따뜻하게 하고 스푼에 틸프약 열 방울과 얼음물을 곁들여 15분마다 복용하게 하였고 반 시간마다 같은 양의 브랜디(양주)를 마시게 했다. 오전 5시에 맥박은 감지되지 않았지만 그의 상태는 호전되었고 체온이 올라 있었다. 나는 일본 공사관부 외과 의사에게 메모를 보내어 오전 7시에 상처를 붕대로 치료하는 데 도와달라고 하였다. 일본 외과 의사는 내 청을 받아들여 내게로 왔다. 우리는 그의 상처를 함께 치료하기로 했다. 봉합한 부분을 제거하고 석탄산 용액으로 상처 부위를 말끔히 씻어 내고 요도포름을 발라서 필요한 상처 부위를 추가로 봉합했다. 모두 일곱 군데에 상처가 나 있었다. 그중 다섯 군데는 같은 무기나 둔기로 얻어맞은 타박상이었다. 24바늘의 봉합을 모두 완료한 후 고무 고약 여덟 조각으로 붙였다. … 일본인 의사는 민영익을 그의 공관으로 옮겼으면 했는데 나는 그를 옮기지 아니했다.[74]

이 갑신정변은 개화파인 김옥균과 서광범과 홍영익과 서재필 등 개화파가 일본의 협조를 얻어 친청국파이며 왕정파인 민비와 고종의 측근 인사들을 제거하고 새로운 개혁을 주도한 정변 사건이었다. 일본

---

74   알렌, 김원모 역, 「(구한말 격동기 비사) 알렌의 日記」, 단국대학교출판부, 1991.6.5, pp.30~33

의사가 의식 불명에 빠져 사경을 헤매는 민영익을 자신들의 거처지와 공관으로 데리고 가려고 한 것도 그를 살려내어 정치적으로 이용하려는 의도가 있었고, 이를 알아챈 알렌은 이를 거부하고 자기 주도하에 민영익을 치료하며 살려 내려는 분명한 의지를 보인 것이다. 이러한 당시 풍전등화와도 같은 위급한 상황에 대해 알렌의 일기에는 역사의 현장에 있던 그가 매우 소상히, 객관적으로 잘 증언해 주고 있다.

† 1884년 12월 11일(목)

지난 한 주일은 대단히 바쁘고 불안정한 주일이었다. 최초의 암살사건(갑신정변) 발행 후 처음으로 우리는 집에서 조용히 잠을 잤다. 5일 저녁에 나는 다시 불려가서 민영익을 치료했는데, 그는 아직도 묄렌도르프의 집에 있었다. 그날 나는 두 번 그를 치료했고 그다음 날 이른 아침에 한 번 왕진하였다. … 미국 공사 관저에는 우리 이외에도 핼리팩스, 타운센드, 버나도우의 가족들도 대피해 있었다.

민영익 암살사건 발생 시 친청파 6명이 살해되었고, 주한 일본 공사는 공사관을 떠나 조선 국왕이 거처하고 있는 대궐 창덕궁을 장악했다. 표면적으로는 조선 국왕을 보호하기 위한 것이었다. 그러나 이 같은 움직임은 친청사대당(親淸事大黨)의 고위 관리들을 제거하고 180명의 일본 수비병이 조선 왕궁 창덕궁을 장악한 것과 일치하고 있기 때문에 일본이 이 사건과 관련이 있음을 입증해 주고 있다. 청일 양국은 서로 조선 국왕을 자국의 신하라고 주장하면서 국왕을 보호할 의무가 자신들에게 있다고 역설했다. 이런 때에 조선 국왕이 승하했다는 소문이 나돌았고 주한 청국 공사는 조선 국왕 알현을 요청했다. 일본 공사가 이를 거절하자, 청국의 원세개(위안스카이)가 발포하면서 청일 양군 사이에 전투가 벌어진 것이다.

이 교전에서 많은 일본인이 죽었고 청국 군인 100명, 조선인도 약 100명이 희생되었다. 이제 청국군이 일본군 대신 창덕궁과 조선왕을 장악했고, 일본군을 왕궁으로부터 일본 공사관으로 내쫓았다. 우리에게 다시 경고한 것은 이 같은 전투 때문이었다. 우리는 이에 대해 밤새도록 스스로를 지키기 위해 준비했다. 나는 청국인과 일본인 하인들과 함께 윈체스터 연발총을 손질해서 우리 집 재산을 스스로 자위했다. 이는 공사관 직원들이 원하는 것과는 배치되는 일이었다. 왜냐하면 그들은 나의 재산을 자위할 가치도 없다고 생각하고 있었기 때문이다. 성내에서는 간헐적인 전투가 밤새도록 계속되었지만, 우리는 별다른 방해를 받지 않았다. 나는 두 번이나 불려가서 민영익을 치료했다. … 그런데 민영익의 안전을 위해 왕궁으로 이송해 달라는 국왕의 요청이 있어 이에 동의하고 집으로 돌아왔다.

우리는 7일(일요일)에 온종일 경비를 섰다. 오후 4시경 일본 공사관 쪽에서 심한 총격전 소리가 나기 시작하더니, 총소리가 점점 가까이 들려왔고 서대문을 지나 성내 중심에서도 들렸다. 이 총소리는 일본군 잔여병이 공사관을 빠져나오느라 일어난 총격전으로 인한 것이었다. 이윽고 일본 공사관 건물이 불길에 휩싸였고, 친일파 김옥균은 일본 공사 일행과 함께 제물포로 도망했으며, 서구식 가구로 꾸며진 김옥균의 호화 주택도 불타고 있었다. 친청파 일당을 암살하게 했던 김옥균의 측근 중 상당수가 청군에 의해 살해되었다.

지난 96시간 동안 나는 8시간을 제외하고는 잠을 자지 못했다. 그러나 조선 국왕과 민영익은 청국 진영에 있다는 것과 즉시 그쪽으로 오라는 등의 내용이 담긴 쪽지를 휴대한 청국 수비병이 왔을 때 나는 이를 유감스럽게 생각하지 않았다. 나는 그쪽 진영으로 갔다. 곳곳에 시체들이 즐비해 그 사이로 지나가야 했다. 그곳에서는 청군의 장군이 나를 반갑게 맞이해 주었다. 그리고 내가 치료할 환자들이 나를 애타게 기다리고 있었다. 그들을 치료한 후에는 장군과 함께 부상당한 청군을 찾아가 치료하였다. 다리에 탄환이 박힌 병사, 창에 찔린 병사들을 치료하고 장군과 함께 정오 식사를 한후 오후 2시에 귀가하였다.

이제 모든 것이 조용했다. 겜블(Gamble) 함장 휘하 8명의 해병대가 와 있었고 휠러 외과 의사가 영국 군함을 타고 제물포에 와 있었다. 우리는 집으로 가서 조용히 밤을 지냈다. 그다음 날 아침 9시에 버나도우가 청군 수비병과 조선 수비병을 대동하고 제물포로 가서 우리가 피신시켜 보호해 주었던 일본인 난민들을 돌봐 주었다. 나는 휠러 의사와 함께 환자들을 순회진료했다. 휠러 의사는 민영익이 그처럼 중상을 입고도 오랫동안 목숨을 부지하고 있는 데 대해 놀라움을 표했다. 우리는 부상 입은 청군들을 간병하고 왕궁에 주둔하고 있는 청국 부상병들을 진료하기 위하여 대궐로 들어갔다.

… 오후 3시 집에 돌아와 보니 푸트 가족, 애스톤 가족을 비롯하여 모든 공관원이 짐을 꾸린 후 오전 중 제물포로 떠날 준비를 하고 있었다. 그들은 묄렌도르프와 독일 공사 젬브수처럼 우리 가족도 같이 가자고 했다. 미국 공사 일행들이 제물포로 떠나 버리니, 이제 한성에 남아 있는 외국인이란 우리 가족밖에 없었다. 아내와 제물포행 여부를 두고 논의한 결과 다음과 같은 이유로 떠나지 않기로 작정했다.

첫째, 우리는 바로 의료 사역을 위해 이 나라에 왔다. 그러므로 우리의 의무 수행이 그 어느 때보다도 절실히 요망되는 이때 이곳을 떠날 수는 없었다.

둘째, 이곳에서는 먹을 것이 풍족하므로 생활이 편안하다는 것이다. 제물포로 가면 숙소도 문제가 되고 어린아이를 돌보는 문제도 있었다.

셋째, 단기간의 통보를 받고는 떠날 수가 없었다. … 어제(10일) 나는 자기집에서 요양 중인 민영익의 집으로 왕진 치료하러 갔다. 그는 움직이면 건강이 악화되기 때문이었다. 그동안 상처를 꿰맨 바늘실이 떨어져 나가 상처가 크게 벌어져 있었고 그는 통증을 참지 못해 신음하고 있었다. 나는 한 시간 반가량을 이동해 그의 집에서 진료했다. 나는 그에게 모르핀 주사와 피하 주사를 놓았는데, 그제야 통증이 가라앉았다.[75]

민영익은 거의 두 달 동안 사경의 위급한 상태를 반복하다 마침내 의식이 돌아옴으로 죽을 고비를 넘기고 서서히 회복되어 가고 있었다. 왕실의 고종과 민비는 친정 조카이며 자신의 오른팔 역할을 하였던 민영익이 환생해 돌아온 것처럼 기뻐하였고 이에 알렌에 대한 신뢰와 감사의 마음을 전하기 위해 선물을 하사하였다. 비단실로 자수를 놓은, 값으로 따질 수 없는 병풍과 고려자기를 선물로 받았다.

2. 최초의 근대식 서양 병원인 광혜원을 세운 알렌

1) 병원 설립 계획서 제출

1885년 1월 22일 갑신정변이 일어난 지 채 두 달이 안 되었을 때 알렌은 병원 설립을 요청하는 탄원서를 조선 정부에 제출하였다. 그에 대한 기획은 알렌이 했고

광혜원

그 당시 미국 대리 공사직을 맡고 있던 포크(공사관부 해군무관)[76]가 미

---

75   같은 책, pp.33~38

76   초대 푸트 공사는 갑신정변이 일어나자 1885년 1월 10일 갑자기 공사직을 사임하고 본국으로 떠

국 공사관의 명의로 공식 추천장을 써 주었다.

추천장

미국공사관

조선, 서울, 1885.1.27

본인은 미국공사관 의사 알렌 박사가 서울에 병원을 설립하겠다는 제의를 했다는 사실을 알리면서 귀국 정부는 이에 고려해 주시기를 바랍니다. 알렌 박사의 제의는 아주 훌륭한 생각이며 그것은 순전히 비이기적 동기이기 때문에 귀국 국민의 복지 향상에 크게 기여하게 될 것입니다. 본인은 알렌 박사가 최근 서울에서 벌인 진료사업이 훌륭한 성과를 거두었으므로 이제 새삼스럽게 알렌 박사의 성격과 능력에 대해 찬사를 늘어놓을 필요는 없습니다. 알렌 박사의 병원 개설안을 호의적으로 수락해 주기 바라며 이는 곧 미국 국민이 조선 신민의 복지를 향상시키는 우의의 표징이 될 것입니다.*

* 포크 공사는 미 의사 알렌의 병원 설치 제의에 대한 추천을 한문으로 번역하여 외아문(외무부)에 제출하였다.

알렌의 병원 건설안은 다음과 같다.

최근 사태(갑신정변)이래, 본인은 총격전으로 발생한 조선인 중상자 중 인체에 박혀 있는 탄환 제거 수술을 했고, 기타 부상병을 치료했을 뿐만 아니라 일반 환자들도 진료한 바 있습니다.

나버렸다. 그로 인해 포크 무관이 대신하였다.

본인은 본인이 할 수 있는 모든 일을 다 했습니다. 그러나 이들 대다수 환자가 본인의 저택으로부터 멀리 떨어져 살고 있었으며, 더군다나 민영익을 바로 살려야 하고 청국군 부상 병정들까지 치료하는 데 대부분의 시간을 할애해야 했기에 멀리 떨어진 환자 집까지 왕진 치료할 시간이 없었습니다.

어떤 경우에는 부유한 환자들이 기어이 나에게 진료를 받고자 내 집 근처에 있는 방을 빌려 민박해 가면서 진료를 기다리고 있었기 때문에 나는 이들을 손쉽게 매일 진료할 수 있었습니다. 그러나 내 저택에는 이같이 밀려드는 환자들을 수용할 만큼의 적당한 병원 설비가 부족하기 때문에 대다수 극빈 환자들은 되돌아갈 수밖에 없었습니다.

본인은 미국 시민으로서 조선인을 위하여 본인이 할 수 있는 모든 일을 하고자 합니다. 만약 조선 정부가 본인에게 병원 설비를 갖추어 준다면 서양 의술로서 환자들을 치료하고 부상 병정들에게 요양처를 제공함으로써 그 은혜에 보답고자 합니다. 이와 같은 병원 시설을 갖추게 된다면 이는 장차 조선 청년들에게 서양 의학 및 공중 위생학을 가르치는 교육 기관이 될 것입니다. 미국에는 도시마다 한두 개의 병원이 있습니다. 서울에도 병원 한 개 정도는 개설해야 하며, 최소한의 비용으로도 한 개 정도의 병원을 개설, 운영할 수 있을 것입니다.

본인은 조선 정부의 배려로 이 일을 주관하여 경영하되, 이에 대한 보수는 청구하지 않겠습니다. 다만 본인에게 절실히 필요한 것은 좋은 장소에 대형 한옥 한 동과 매년 병원 운영에 소요되는 경상 비용을 제공해 주는 것뿐입니다. 비용이라 하면 등화 및 난방비, 조수 간호원, 노무자의 급료, 그리고 극빈 환자에게 제공할 식사비,

의약품 구입비 등 300달러 정도입니다. 이상의 비용을 제공해 준다면 본인은 6개월 이내에 미국인 의사 1명을 더 고용하되 역시 무급으로 일해 볼 것을 제안할 것입니다. 우리는 미국에 있는 공제조합(선교회)으로부터 일정한 생활비를 지급받고 있기 때문에 봉급은 필요 없습니다. 이러한 종류의 병원은 중국 북경, 천진, 광동 그리고 기타 대도시에도 있으며 특히 그중 2개 병원은 리훙장 자신이 비용을 지급하고 있습니다.

서울에 이러한 병원을 설립한다면 이는 조선 왕실병원(Majesty's Hospital)이 될 것입니다. 그래서 조선 백성이 병이 들면 이곳에 와서 진료를 받게 될 것이며, 이렇게 되면 일반 백성들은 대군주의 자애로운 처사에 더욱 존경하고 흠모할 것입니다.

— 알렌(安連)[77]

알렌의 극진한 치료 끝에 완쾌되어 새로이 생명을 얻은 민영익은 알렌을 평생 못 잊을 은인으로 여기며 감사했고, 자신의 생명을 살려 준 그 은공에 답례하기 위해 알렌에게 거금을 하사하기도 하였다. 그와 알렌의 관계는 사실상 갑신정변을 통해 형제애로 두터워진 것이었다. 이후 민영익은 다시 왕실 업무를 보게 되었고, 알렌의 병원 설립 문제 또한 여전히 지대한 영향력을 가진 그의 손을 거치게 되었다.

그러나 알렌은 당시 청을 배후에 두고 조선 왕실에 막강한 영향력을 과시하고 있던 묄렌도르프의 눈치를 보아야 했다. 왜냐하면 그는 1883년 조선에 통역관 양성을 위한 동문학(同文學)이라는 교육기관을 세운

---

77   상기 같은 책, pp.47~50

바 있었기에 알렌이 병원을 세운다고 왕실에 알리면 그의 계획과 중첩되므로 이를 방해할 수 있었기 때문이다. 알렌으로서는 지혜롭게 그 일을 잘 조정해야 했다. 1월 27일의 일기에는 이에 대해 그의 생각이 잘 묘사되고 있다.

† 1월 27일(화)

오늘 민영익은 나에게 현금 10만 냥을 보내 주었는데, 이는 나에 대한 우애의 표징으로 보낸 것이라고 강조했다. 그는 이 돈을 내 생활비에 충당하여 쓰라고 하면서 손님에게 깍듯하게 내놓은 음식 대접 대신으로 주는 선물로 생각해 달라고 하였다. … 내가 그를 치료해 준 의료 봉사에 대한 의료비와는 아무 관계가 없다는 점을 분명히 밝혔다. 이를 고려해서 나는 민영익이 주는 돈을 받게 되었다. … 그리고 그는 나를 그의 친형으로 모시겠으며 내가 없으면 아무 일도 할 수 없다고 확언하였다.[78]

상기한 병원 건설안은 곧 민영익에게 전달되었고, 이 같은 사실은 널리 알려지게 되었다. 그를 비롯한 모든 조선 친구들, 심지어 왕실의 한의사들까지도 나의 병원 건설안에 찬동했다. 민영익은 오늘 이 문제를 협의하기 위하여 두 사람의 관리를 나에게 보내 왔다. 그는 보통 사람보다도 약간 성미가 급한 열광자였고 또 나는 그의 마음을 상하지 않게 하기 위하여 이 문제를 친히 그에게 언급하지 않기로 했다. 그는 자선 조항에 대해서는 반대하지 않았다. 그러나 병원 건설안은 묄렌도프의 손을 거쳐 제출하고 싶지 않아서 그의 손을 빌리지 않기로 했다(그가 관장하고 있는 기타 모든 업무와 마찬가지로 그는 병원 건설안을 취소, 무효화시킬 우려가 있었기 때문이다). 나는 자선 조항에 대하여 자세히 설명하지 않을까 우려하였다. 그래서

---

78   알렌은 민영익보다 2살 연장자이다.

그다음 날 다음과 같은 편지를 묄렌도르프에게 보냈다.

존경하는 묄렌도르프 씨 귀하

본인은 오랫동안 포크 씨와 협의해 왔던 의료업무 및 병원 건설안 문제를 두고 전날 귀하와 협의하게 되어서 정말로 감명 깊었습니다. 이 병원 건설안은 포크 씨가 나에게 생명 구출의 은혜에 감사해 하는 민영익을 통해 조선 정부에 제출함으로써 완결된 것입니다. 포크 씨는 조선 정부에 제출한 추천서와 병원 건설안을 한문으로 번역하여 오늘 민영익에게 직접 전달했습니다. 귀하께서 영향력을 발휘해 주시기를 간망하는 바입니다.

- 알렌 올림 서울 1885년 1월 27일*

* 상기 같은 책, pp.51~52

　알렌은 조선 최초의 서양식 병원 설립안을 직접 민영익에게 건넸지만 그 결과는 초조히 기다려야 했다. 예상되는 문제인 묄렌도르프의 간교의 수책이 없어야 했다. 2월 18일, 드디어 외무 담당 김충식이 미 공사관을 직접 찾아와서 병원 건축이 승인되었다고 알려 주었다. 이에 대해 알렌은 미 선교본부의 엘린 우드에게 병원 건설 승인을 보고하였고 얼마 후 그로부터 축하 편지를 받았다.

　그는 2월 28일에 병원 건물로 정해진 집을 방문하였다. 그곳은 갑신정변에 참여했던 고 홍영식의 집으로서 흉가가 되어 있었다. 그의 집방은 유혈이 낭자했고 약탈된 상태였다. 그와 가족 3대는 모두 살해되었다.

2) 마침내 세워진 광혜원

조선 정부는 알렌의 병원 건설안을 받아들여 1885년 4월 3일자로 병원 설립을 인가하였고, 그렇게 설립된 병원에서 개원 첫날인 4월 9일 20명의 환자가 치료를 받았다. 병원 명칭은 일반 백성의 병을 널리 치료하라는 뜻으로 광혜원(廣惠院)이라 명명하였다. 이에 관한 업무는 외아문(外衙門)이 전담케 했다. 그러나 그 이름이 그해 5월 9일에는 제중원으로 개칭되었다.

조선의 총리교섭통상 사무어문(외아문)에서 보내온 광혜원의 병원 운영 방침은 매우 세밀하였다.

廣惠院 規則

제1조 광혜원 담당관은 조선 관리 중 선발, 임명하되 병원의 업무를 지휘 감독한다.

제2조 광혜원 담당관은 2명을 임명하되, 그중 1명은 상임직으로 병원경영업무를 담당한다.

제3조 학생 4명을 선발, 병원에 배치한다.

제4조 이들 학생은 병원 의사를 도와주고, 의사의 감독, 지시하에 의약품을 조제, 투약한다. 그리고 외국인 의사가 사용하는 의료기구를 사용하는 방법을 습득한다. 학생들은 환자들을 간호하며 의사의 지시에 따라 진료업무를 담당한다.

제5조 병원 운영의 기록과 병원비용 및 의료 수과 등 업무를 담당할 광혜원 주사 2명을 임명, 파견한다. 이들 주사는 1년에 두 번씩 광혜원 담당관에게 업무 보고를 해야 한다.

제6조 2명의 주사는 반드시 병원 내의 사무실에 상주 근무해야 한다. 이

들 주사는 병원 시설물을 깨끗이 정돈 유지해야 하며 동시에 의사의 소지품(의료도구 등) 보관에 대해서 책임을 져야 한다.

제7조 병원 보안을 위해 수위는 2명을 고용한다. 한 사람은 병원 외무 수직과 각종 신호 업무를 담당하는 동시에 병원 출입증을 발급한다.

제8조 병원에는 잡무를 시키기 위해 하인 5명을 고용한다.

제9조 자기 집에서 진료하기 위해 의사를 호출하는 환자는 그 보수로 현금 5천 냥을 지불해야 한다.

제10조 환자는 다음 4등급으로 분류한다.

 1등급은 개인전용 병실 일당 현금 1천 냥

 2등급은 한 병실에 환자 1~2명을 수용하며 일당 현금 500냥

 3등급은 한 병실에 3명 이상 수용하며 일당 300냥

 극빈환자용 병실은 무료

제11조 모든 의료 수가는 회복 후에만 병원비를 지불한다.

제12조 병원 종업원 전원은 의료업무 수행을 원활하게 수행하도록 안전을 보장해 주어야 한다.*

* 상기 같은 책, pp.76~77

3) 최초의 여성 전용 병원을 위한 여성 의료인 선발

조선 왕실은 제중원(광혜원) 안에 여성 병원을 세우기 위해 의술을 익힐 소녀 학생을 모집하였다. 놀랍게도 양반집의 소녀들은 한 사람도 응하질 않았다. 이 당시만 하여도 여자가 사회 활동을 하는 것과 양반집 규수들이 환자들을 돌보는 일들을 천대하는 문화가 있었기 때문이었다. 이에 조정에서는 황해도와 평안도 지역에서 의술을 익힐 13세에서 16세 사이의 총명한 기생(기녀)을 2, 3명씩 착출하여 한성으로 보내

게 하였다. 이렇게 선발된 기녀 5명이 최초로 의술과 간호학을 학습하게 되었다. 알렌은 1885년 8월 5일 일기에 이를 기록해 놓았다.

† **1885년 8월 5일**

오늘은 우리에게 아주 명예로운 날을 기념했다. 그날이 알렌 부인의 생일이라는 거짓 소문이 나 있었다. 우리는 오늘 기녀 5명을 우리 병원에 맞아들였다. 이 소녀들에게 여자 의학생의 이름을 붙여 주면서 순결한 생활과 의술을 익히도록 하여 간호원이 될 것이다. 알렌 부인은 이 총명한 기녀들을 보고 싶어 했고, 그들 역시 서양인의 집에 가 보고 싶어 했다. 그래서 오늘 나는 조선 최초의 여자 의학생 5명을 우리 집에 초대했다.

김윤식 교섭통상 담당관이 우리 집에 오겠다고 했다. 더군다나 궁중 아악단을 대동하고 온다고 하여 놀랐다. 그뿐만 아니라 한식 궁중요리 두 상을 차려 가지고 오는데, 한 상은 국악단원들을 위한 것이고 또 한 상은 우리를 대접하려고 한 상이었다. 진수성찬으로 차려진 요리상을 중심으로 그 둘레에 좌정했고 기녀들이 젓가락으로 음식을 대접했다. 음식을 다 먹은 후에 우리는 아이스크림과 케이크와 레몬수를 대접했다.

한 기녀가 맛 좋은 술 한 잔을 따르면서 알렌 부인에게 술잔을 올리자 향연은 시작되었다. 헤론 박사 부처, 언더우드 순으로 술잔이 돌면서 술맛을 즐겼다. 그런 중에 한 소녀가 노래를 불렀는데 그 가사가 우리 모두 만수무강을 빈다는 내용이었다. 우리 모두 거실에 앉아 있었는데, 식당으로 통하는 문을 활짝 열어젖히니 거기에 6명의 악공이 국악을 연주할 태세로 앉아 있었다. 이윽고 애조 띤 가락을 연주했다. 한 기녀는 가야금을 타고 있었다. 향연은 오후 3시부터 7시까지 계속되었다.[79]

---

79   상기 같은 책, pp.94~95

조선 왕실에 가해진 갑신정변은 500여 년 왕실의 역사를 종말로 몰아갔으며, 그 현장에서 알렌은 새로운 시대를 열어 가는 선구자적 역할로 출발점에 서 있었다. 국제 정세에서는 새로운 질서로 개편되는 계기가 되기도 하였다. 정치사적으로 봉건 왕조를 개혁하고 새로운 입헌 군주제를 꿈꾸는 급진 개혁파의 김옥균을 비롯한 젊은 관료들이 일본을 등에 업고 정변을 도모한 이 사건은 청국의 적극적인 개입에 삼일천하로 끝나 버렸지만, 한국 역사에서는 이날을 근대사의 출발로 의미 있게 보고 있다.

이 일로 인해 거의 죽기 직전 상태에 빠진 수구파의 대표적 인물인 민영익을 알렌이 서양 의술로 살려냄으로 왕실에서는 서양 의술의 탁월성을 인정했고 알렌에 대한 감사로 그가 원하는 조선 최초의 근대식 병원을 개원케 함으로 한국이 근대화에 첫발을 내디딜 수 있었다. 점차 조선인들은 한의와 무속에 의한 치료에서 벗어나 외과 수술과 과학적 의술의 수혜자가 되었고, 많은 생명을 회생시키는 박애적 역사가 시작되었다.

그가 의료 선교사직을 떠난 후에도 다른 선교사들이 그 바통을 이어 가면서 과학적 의술을 도입하였고, 그것을 토착화하기 위해 남녀 구분 없이 조선 청년들을 의료인으로 배양해 내는 데 집중하기 시작하였다. 그 대표적 선교사들이 윌리엄 스크랜튼, 헤론, 에비슨, 로제타 홀 등의 의료인들이었으며 그 외에도 여러 분야의 선교사들이 이러한 대열에 참여하여 이들을 통한 조선에서의 근대화 토대가 더욱 구축되었다.

3. 조선의 외교 자주권을 수호한 알렌

1887년 6월 29일 고종은 박정양(朴定陽)을 워싱턴 주재 조선 공사관의 주미 특명전권 대사로 그리고 심상학을 유럽에 개설할 공사관의 대사로 임명한다. 이때 고종은 수년 동안 신뢰와 친분 관계를 맺은 알렌을 참찬관(參贊官)에 임명하여 박정양의 고문 역할을 담당케 하였다. 이로써 알렌은 미국에 가서 청나라의 간섭을 차단하고 미 국무성을 상대로 자주국임을 강변하는 데 힘썼다. 고종은 최초로 자국의 외교관인 공사를 미국과 유럽에 파견하는 전문을 이같이 포고했다.

> 영국, 독일, 러시아, 이탈리아, 프랑스 5개 나라와 차례로 조약을 맺어 점차 우의가 두터워지고 있으니 관리를 특파하고 그 나라 수도에 주재시키는 조치를 하지 않을 수 없다. 현판 내무부사 심상학을 전권대신으로 파견하여 영국, 독일, 러시아, 이탈리아, 프랑스의 수도에 가서 편의에 따라 주재하고 겸하여 공사의 직무를 처리하도록 하라. 또 미국과는 제일 먼저 화친을 맺고 상호 관리들을 초빙한 지 1년 정도 된다. 그러나 우리나라에서는 아직도 수도에 주재시킬 사신을 파견하지 못했으니 실상 겸함으로 한다. 협판 내무부사 박정양을 전권대신으로 특파하여 미국에 가서 수도에 주재하면서 공사의 직무를 처리하도록 하라.[80]

위안스카이(袁世凱, 1859~1916)는 조선에서 총독같이 군림하였던 인물로서 고종의 공사파견 전문에 대해 리홍장에게 보고하였다. 그는 조

---

80   『고종실록』, 고종 24년, 1887.6.29, 첫 번째 기사

선 조정이 예산이 없어서 곧바로 공사관을 열 수는 없을 것이라고 하면서도 동시에 한성 주재 외국 외교관들은 만일 조선이 재외 공관을 개설하게 되면 조선이 청의 속국이라는 청의 주장이 약해질 것을 걱정한다고 했다. 이에 대해 리훙장은 조선이 청의 속국임을 잊지 않고 이에 걸맞은 예법과 절차를 준수하도록 하라는 공문을 보냈다.

고종은 1887년 8월 7일 박정양에게 임지로 떠날 것을 명했다. 그날 저녁 리훙장은 조선 조정이 박정양을 파견하기 전에 청의 허락을 받을 것을 요구하는 전보를 보냈다. 이는 조선으로서 매우 굴욕적인 것이었다.

> 금일 주찰조선총리 교섭통상사 위안스카이(원세개)의 조회를 받았습니다. 그 내용이 다음과 같았습니다. 문화전 대학사 리훙장의 전보를 받았습니다. 총서에서 칙지를 받들어 전보를 보내었는데, 조선에서 유럽에 공사를 파견하기 전에 반드시 먼저 지시를 청하고, 윤허가 끝난 뒤에 다시 보내야 비로소 속방 체제에 부합될 것이라고 하셨습니다. 한정부(韓政府)에 이를 신속하게 통지해서 준수하게 하라고 하였습니다. 귀 정부에 이를 조회하니, 부디 살펴보신 후 받들어 시행하길 바랍니다. 마땅히 품청하여 이에 따라 시행해야 할 듯하옵니다.[81]

위안스카이는 고종이 청을 상대로 죄를 지었다면서 청 관리를 보내 한양 도성 밖에서 박정양이 출국하지 못하도록 저지하였다. 알렌은 당시 상황을 다음과 같이 기록하고 있다.

---

81   <淸季中日韓關係史料 第 4卷>, 臺北:中央硏究院近代史硏究所, 1972, pp.2364~2365

전날 저녁 왕실에 인사하고 서울을 떠나 제물포에 도착했다. 박정양 공사는 도성문 밖에서 만나 같이 출발하기로 되어 있었지만, 그는 나타나지 않았다. 나는 혼자서 제물포로 향했다. 다음 날 나는 국왕이 중국의 대리인 위안스카이에게 겁을 먹고 박공사를 불러들였다는 사실을 알게 되었다. 윈세개는 (박정양 파견에 반대하는) 모든 방법이 실패하자 급기야는 만일 조선의 공사가 미국으로 떠난다면 전쟁을 선포하겠다는 리홍장의 편지를 내보였다고 한다.[82]

처음 박정양과의 약속이 어그러지자 눈치를 챈 알렌은 제물포에서 기다리다가 바로 말을 타고 한양으로 달려와 곧바로 미 공사 딘스모아와 조선 주재 러시아 공사 베베르를 만난다. 이에 딘스모아는 어떤 위험을 무릎 쓰고라도 박정양 공사 일행을 출발시켜야 한다고 하였고, 베베르는 각 본국으로부터 훈령을 받을 때까지 기다리자고 한다. 훈령의 내용이 무엇이든 위안스카이는 미국과 러시아가 이 사실을 알고 있다는 사실만으로도 겁을 먹을 것으로 생각하였다. 그다음 주 딘스모아 미 공사는 미 국무장관으로부터 답신을 받았지만, 그 내용이 무슨 내용인지 모르겠으니 다시 보내 달라는 답신이었다. 당시 조선의 전보망이 청나라에 의해 개설되어, 그들이 장악하고 있었기에 전보 내용이 다 탐지된 탓이었다. 청은 그러한 전보문을 혼잡게 한 것이었다.

이에 알렌은 고종을 알현하여 딘스모어 공사를 미국에 급파할 것을 종용하였다. 이 문제로 조정에서는 격론이 벌어진다. 미 공사와 알렌은 고종이 청의 허락을 요청하는 것은 조선의 주권을 포기하는 것이기 때문에 안 된다고 설득하였다. 이에 더하여 미국 공사와 청 주재 미국 공

82   알렌, pp.2364~2365

사 덴비(Charles Denby Jr., 1861~1938)는 한성과 베이징의 청 관료들에게 항의하였다.

미국의 베이야드 국무장관은 덴비에게 '조선이 미국과 체결한 조약에 따라 미국 주재 외교관을 파견하는 데 대한 청 관리들의 방해가 있었다는 사실에 놀라움과 유감을 표할 것'을 명한다.[83]

이에 고종은 결심이 약해지고, 주미 공사 파견을 포기하고 싶어 한다. 알렌은 고종에게 박정양과 함께 미국에 가서 외교 공사업무를 맡아 줄 것을 명받아 이미 한성의 집을 다 처분하고 가족과 함께 떠나고자 제물포에 가 있었기 때문에 더는 지체할 수 없었다. 알렌은 고종에게 늦어도 11월 10일까지는 주미 공사가 요코하마에 도착하여 미국으로 가는 배를 타야 한다고 설득하였다. 만일 고종이 결정하지 못하면, 알렌은 혼자서 11월 20일에서 30일 사이에 미국으로 출항하여 미국 정부에 고종의 뜻을 전하는 한편, 고종이 요청한 대로 미국으로부터 2백만 달러의 차관 협상을 시도하겠다고 하였다.

알렌은 8월 10일 일본 요코하마로 출발한다. 고종은 결국 청의 공식 허락을 받기로 하고 사신을 보내어 리훙장에게 조선 조정이 공식적으로 외국에 주재관을 파견하는 것을 허락해 줄 것을 요청하는 상주문을 올렸다. 알렌의 주된 임무는 박정양을 파견하여 미국으로부터 2백만 달러의 차관을 받는 것이었다. 1887년 9월 26일, 알렌은 고종의 지시로 홍콩에 주재하고 있는 민영익을 만나 여비 2만 달러를 받았고 급기야 청의 리훙장은 미국에 공사를 파견해도 좋다는 허가 전문을 원세개에게 보내었다. 여기에는 세 가지 조건을 달았다.

---

83   Mr. Bayard to Mr. Denby, Department of State, China, October 6, 1887, Documenat 147

하나. 조선 공사가 각국에 도착하면 먼저 중국의 사관에게 가서 보고를 하고, 해당 국가의 외무부를 방문할 시에는 인솔을 받고 지시를 받아야 하며 그 뒤를 따라야 한다.

하나. 긴요한 외교적 교섭 사항이 있으면 조선 공사는 먼저 청국 공사와 협의 후 처리해야 한다.

하나. 관계의 중요한 사안은 먼저 중국 외무 담당관에게 긴밀히 상의해서 그 지시를 받아야 한다.[84]

이런 수모적인 청의 공식적인 허락을 받은 박정양은 드디어 미국으로 출발하게 된다. 원래 떠나기로 한 9월 23일보다 두 달이나 지체된 것이었다. 박정양은 조선을 떠나는 것을 싫어했고 주미공사로 임명되는 것도 사양했다. 제물포를 떠나 요코하마까지 가는 미국 군함 오마하호가 그 일행을 무료로 태워 주기로 했다. 그는 승선하기 직전 뱃고동 소리에 기겁하여 귀신의 울음소리라 하며 "아이고!" 소리를 내며 육지로 도망하였다. 그는 결국 강제로 잡혀서 배에 태워졌다.[85]

이들 일행은 1887년 12월 10일 요코하마를 떠나 미국으로 향하여 12월 28일 샌프란시스코에 도착하였고 거기서 열차 편으로 1888년 1월 9일 오후에 워싱턴에 도착했다. 고종은 알렌에게는 재외 공관 설치에 대해 청의 허락을 받은 사실을 알리지 않았다. 알렌은 여전히 주 워싱턴 공사관 설립과 주재관 파견으로 조선이 주권 국가임을 대내외에 천명하는 결정적인 계기가 왔다고 생각하였다. 조선에서 공사 일행들이 왔다는 소식을 들은 청의 공사관은 박공사가 먼저 자기네를 예방하

84   브루스 커밍스, 『브루스 커밍스의 한국현대사』, 창작과비평사, 2001, pp.2378~2382

85   Colonel Chaile – Long, My Life in Four Continents, Vol 2,(London: Hutchinson and Co. Paternoster Row, 1912, p.348

고 자신들이 미국 측에 소개하여야 한다고 주장하였다. 이에 박정양도 그렇게 해야 된다고 고집하자, 알렌은 미 국무장관을 예방하기 전에 중국의 공사관을 먼저 예방하면 사표를 내고 떠나 버리겠다고 격노하였다. 그리고 만일 자신의 말을 듣지 않는다면 "국왕이 분명 그의 목을 칠 것이다"라고 엄포를 놓았다.

박정양 공사 일행이 베이야드 국무장관을 예방하기로 한 날짜가 1월 13일로 잡히자 중국 공사는 미 국무성 건물 앞에 와서 기다리고 있겠다고 하였다. 그러나 1월 13일 박정양 일행은 알렌의 인솔하에 아침 일찍이 미 국무성을 향한다. 그날은 비도 많이 내리고 있었다. 이어서 1월 17일에는 클리브랜드 대통령을 예방한다. 이에 청의 공사관과 위안스카이는 고종에게 격렬하게 항의했다. 청의 조선 통리교섭통상 사무아문은 공식적으로 박정양의 형태를 비판했지만, 조선 측에서는 그가 자발적으로 행동한 것이라고 변명하였다. 그러면서도 박정양을 소환하라는 청의 요구에는 시간을 끌었다. 이후 1888년에 가서야 박정양을 건강상의 이유로 소환하였다. 이뿐만 아니라 귀국 후에도 명령을 어긴 것에 대해 추궁하지 않았다.[86]

청은 조선의 외교 활동에 대해 매우 민감했고, 비단 미국만이 아니라 다른 나라와의 외교 활동을 통제하고 간섭하였다. 주유럽 공사로 파견된 조신희는 홍콩에서 청의 방해로 2년 동안이나 발이 묶여 공관을 개설하는 데 실패했다.[87]

고종은 조선이 자주적으로 내정과 외치를 하는 것에 위안스카이의 개입을 싫어했다. 그러나 이는 근대적인 의미에서 주권 국가의 군주로 외세의 개입을 거부한 것은 아니었다. 전통적인 조중 관계에서도 조선

86   Larson, p.181

87   공병호, 『이름 없이 빛도 없이 미국 선교사들이 이 땅에 남긴 것』, 공병호연구소, 2019.11, p.197

은 자주적으로 내정과 외치를 하도록 되어 있었다. 그는 조선이 청의 속국임을 적극 인정하면서도 동시에 위안스카이 등이 조선의 내정과 외교에 간섭하는 것을 싫어한 것이다. 하지만 이는 청 역시 마찬가지였다. 리홍장은 조선이 청의 속국이지만 조선이 제3국에 공사관을 설치하고 상주 외교관을 파견하는 것을 문제 삼지는 않겠다고 하였다.

결국 워싱턴의 조선 공사관 개설과 박정양 특명 전권대사의 파견도 조선이 독립국인지 아니면 청의 속국인지의 문제를 해결하지 못하였다.[88] 고종이나 박정양을 포함한 조선 조정의 그 누구도 굳이 이 문제를 해결하고자 하는 의도도, 의지도 없었다. 이들이 보았을 때 양자택일을 하여 중국이든 구미 열강이든 한쪽과의 관계를 어렵게 만들 이유가 없었다. 그 당시로써는 애매한 현상 유지가 최상의 정책이었다. 이후 조선은 청일전쟁(1894~1895)을 통해서 중국 속방에서 벗어나게 되지만[89] 다시 일본으로부터 국권을 빼앗기어 일본의 속방이 되는 역사로 이어졌다. 이처럼 냉엄한 국제 사회에서는 힘의 지배가 있을 뿐이며 약자는 결국 어느 한 편에 서거나 지배를 받아야 했다.

알렌은 조선과 미국과의 외교 관계에서 한국 외교사의 기초를 놓은 일에 헌신하였으며 그 공헌은 지대하였다. 그는 미국 주재 초대 공사관 참찬관으로 초기에 청의 부당한 개입을 최대한 막아 줌으로 조선의 자주적 외교의 필요성을 일깨워 주었고 조선을 대표하는 외교관으로서 매우 능동적으로 처신하였다. 알렌은 3년 후에 미국 정부로부터 주한 서기관으로 임명되어 후에는 총영사와 대리공사 등을 역임하면서 조미 간 외교의 틀을 다졌다. 이에 1904년에 고종으로부터 1등 태극대

---

88   위의 책, p.180

89   백지원, 『백성편에서 쓴 조선왕조실록 (하)』, 진명출판사, 2009. 2, pp.774, 775

수장을 받았다. 1905년에는 미국과 일본 간의 '가쓰라-태프트 밀약'[90] 으로 미국이 조선에서 공관을 철수할 때에 그도 본국으로 돌아갈 수밖에 없었다.

알렌은 미 공사관의 공의로 시작했으나 갑신정변으로 민영익의 생명을 살려내어 입지가 급부상하였고, 민영익과 고종의 참모 역할을 하며 많은 영향을 주었다. 이뿐만 아니라 보건 위생 향상과 전기, 철도, 광산 개발, 조선인의 미주 이민 진출에도 기여했다. 이외에도 조선의 여러 관직을 겸임하기도 하였다. 1886년 6월 14일에는 당상관인 토정대부(정3품), 10월 25일에는 가선대부(종2품)라는 고위직을 맡고, 고종의 어의(御醫)로도 임명되었다.

1886년 3월 29일에는 제중원 부속 국립 의학교를 개교하여 서양식 근대 의학 교육을 시작했다. 이 광혜원(제중원)은 선교사들의 선교 거점이기도 했다. 알렌에 이어 두 번째로 입경한 언더우드 선교사는 제중원에서 조선 의학생들에게 화학을 가르치며 선교 활동했으며, 아펜젤러도 이곳을 거점으로 교육 사업과 선교 사역을 시작했다. 이 밖에도 존 헤론, 감리교 선교사 스크랜튼 부인, 의료 선교사 앨러스 등도 제중원을 중심으로 선교 활동을 벌였다. 알렌을 통해 서양 의술의 유용함을 확인한 조정은 의사와 영어 교사의 파견을 환영한다는 뜻을 여러 경로를 통해 미국에 전했다.

알렌은 고종을 비롯하여 조정의 고관들과 긴밀한 관계를 맺으면서 조선 정치에 강력한 영향력을 행사하기도 했다. 고종은 국사에 중요한 일이 벌어질 때마다 알렌에게 조언을 구하고 그의 의견을 따랐다. 알렌이 "고종은 아이가 자기 아버지에게 의지하듯 나에게 의지한다"고

---

90   1905년 7월 29일 미국의 윌리엄 하워드 태프트 장관과 일본의 가쓰라 총리가 일본 제국의 한국 식민지배와 미국의 필리핀 식민지배라는 양국의 이해관계에 대해 상호 확인하는 밀약이었다.

말할 정도였다. 미국은 춘생문 사건에 관여된 미국 존 실(John M. Shill)을 해임하고 서기관으로 있던 알렌을 주한 미국 공사로 임명했다.

1894년 2월 11일 고종은 자신의 신변에 위험을 느끼자, 알렌 주한 미국 공사에게 "러시아 공사관으로 피신하는 일에 대해 어떻게 생각하느냐"고 질문을 했고, 알렌은 고종의 특사와 러시아 공사의 회동을 주선하여 고종이 궁궐 밖으로 탈출할 수 있도록 도왔다. 이것이 '아관파천'이다.

알렌은 조선을 세계에 알리고자 1893년 4월에 시카고에서 열린 만국박람회에 참가할 수 있도록 적극 주선함으로 조선이 청국과는 다른 문화를 가지고 있다는 점을 세계에 알리는 데에 기여했다. 그때 알렌의 권유를 받은 조선 정부는 시카고 만국박람회장에 조선의 전통 기와집으로 조선관을 건축하고 자기와 자개 공예품 등의 토산품을 전시했으며 국악인 10명을 파견하여 궁중 아악을 연주하여 미국인들에게 조선의 고유 음악을 들려주어 그 존재감을 드러냈다.

임오군란으로 신식 군대 양성 계획이 실패한 후 조선 조정은 장교 양성과 근대식 군대의 훈련을 위해 미국 군사 교관의 파견을 요청했다. 이에 알렌은 퇴역 장군 윌리엄 다이(William M. Dye)를 고종에게 추천했다. 그는 동료 장교 3명을 대동해 입경하였고, 조선 최초의 신식 사관학교인 연무공원(鍊武公院)을 설립했다.

알렌은 루스벨트 대통령과의 대면을 통해 미국이 러시아를 지원하여 일본을 견제하여야 한다는 외교정책을 역설했다. 미국이 러시아를 도와주면 미국의 이권을 수호할 것이고 나아가 조선의 독립이 보장된다고 주장했다. 반대로 일본을 도와주면 일본은 미국을 배신하고 문호 개방 원칙을 폐기하여 미국 세력을 아시아 대륙으로부터 추방할 것이며, 조선을 자신들의 식민지로 삼을 것이라고 주장했다. 이러한 알렌의 주장은 루스벨트 대통령의 친일, 반러 정책과는 정반대되는 견해여서 수용되지 못하였고 갈등 관계로 비화되었다. 알렌은 러일 관계에서 절대 중립을 지키라는 외교 훈령에 대해 항의하다가 본국에 소환되어 파면됐다.[91]

1882년 조미수호통상으로 조선과 미국 간에는 국교가 맺어졌지만 사실상 그 후 조선에 대한 미국의 관심은 줄어들었고 그 의미와 결과도 폄하되었다. 미국으로서는 조선이 자국의 경제적 국익에 도움될 만한 것이 없었고, 지정학적 측면에서도 그 가치를 인정하지 않았기 때문이었다. 특히 루스벨트 대통령 때는 더욱 그러했다. 그는 그 조약에 대해 "정신없는 행동"[92]이라고까지 하였다. 몇 해가 지나도록 그 조약이 어떤 의미를 가졌는지 생각하는 사람 하나 없는 실정이었다. 그러나 선교사적인 측면에서는 선교사들의 헌신으로 한국 근대사의 기적이라고 할 만한 기독교의 발전이 이뤄지고, 각 분야에서 문명사적으로 놀라운 성과를 이룬 사건이었다. 달리 말하면 알렌의 입국과 그가 닦아 놓은 길로 입국한 선교사들이 강력한 미국의 후광과 그 문명의 동력으로 개항기 때에 낙후되고 무력했던 조선에 사실상 동맹 이상의 역할을 해낸 것이었다.[93]

이에 대해 고종은 선교사들이 조선의 각 방면에 기여한 것에 대해 미국을 향하여 "더할 수 없는 신뢰(Very great degree of confidence)"를 갖고 있었다. 한편 루스벨트 대통령은 외교와 정치적으로는 조선을 대수롭지 않게 평가하였다. 오히려 일본에 대해서는 극진할 정도로 높이 평가하였다. 일본의 조선 점유가 거의 확실해지던 1905년에는 이같이

91   김용삼, 『대한민국 건국의 기획자들』, 백년동안, 2015.5, pp.42~49

92   T.Dennel, Roosevelt and Russo-Japanese War, Yew York, Double-day, 1925, p.103

93   민경배, 『알렌의 선교와 근대한미외교』, 연세대학교출판부, 1992.6, p.395

말하였다.

> "우리는 일본을 거역하면서까지 조선 문제에 개입할 수는 없다. 조
> 선인들은 자기들 나라의 방어를 위해서 제 손으로 총 한 발 못 쏘
> 는 사람들이다."[94]

조선인들이 전사의 기질을 가지고 있지 못하다고 경멸한 것이다. 그
리고 얼마 지나서 당시 일본에 체재 중이던 조지 케넌(G. Kennan) 기자
에게 이런 전신을 보냈다.

> 난 처음부터 일본이 썩 마음에 들었소. 난 그들을 위해 사실 할 수
> 있는 일들을 다 해 왔소. … 더구나 그들 일본인은 내가 그렇게 좋
> 아하는 전사의 기질을 가지고 있소. 일본에게 한 가지 꼭 확인시켜
> 주고 싶은 것이 있소. … 일본이 어떤 합법적 주장이든 하게 되면, 그
> 들이 미국의 전적인 지지를 받을 수 있다는 점 말이오.[95]

이런 말을 한 루스벨트는 그 하루 전인 3월 29일, 한성 주재 알렌 공
사가 미 국무성의 지시에 따르지 않고 계속 반일(反日) 자세로 나아가
는 것을 견책하였다.[96] 루스벨트의 외교적 입장은 일본이 조선을 보호
통치하는 것을 미국이 지지한다는 것이었다. 그 배경에는 당시 일본이
러시아의 남하정책을 막기 위해 벌인 러일전쟁(1904)에서 승리함으로
미국의 태평양 대외 정책에 일조하여 아시아에서 가장 신뢰하는 우방

---

94   Roosevelt to Hay, 1905.1.28
95   Roosevelt to G. Kennan, 1905.3.30, T. Dennet, op.cit., p.153
96   김원모, 근대 한국외교년표, p.217

이 된 것이었다.

　그러나 36년 후 동남아 국가들의 자원 확보 정책에 일본이 미국과 국익을 달리하여 하와이의 군사 지역을 공격하면서 태평양 전쟁(1941~1945)을 치르게 되었다. 결과적으로 알렌의 일본을 경계해야 한다는 예측은 정확하였다.

4. 전염병 예방을 위한 최초의 상수도 사업

최초의 뚝섬 상수도국

　알렌은 한성 주재의 서양 공관원들과 일본 및 청나라의 주재원들에게 의료 활동을 하면서 당시 조선의 보건과 위생 환경을 목도하였고, 급히 개선해야 할 문제가 바로 매년 연중행사처럼 발생하는 수인성 전염병이라는 것을 알게 되었다. 특히 1886년에는 콜레라가 무섭게 성내에 전염되어 하루에도 수백 명씩 희생되어 갔다. 이에 대한 근본적 원인은 식수에 있었다. 도랑의 시궁창과 변소가 우물 가까이에 있어 불결한 식수를 먹게 되고, 그 우물을 사용한 지역의 사람들이 집단적으로 콜레라에 전염되어 예방과 치료에 무지할 수밖에 없었다.[97]

　당시 조선인들은 콜레라를 쥐가 전염시킨 것으로 알고 집 대문에 고

97　　H. N. Allen, J. H. Heron, The First Annual Report of the Korean Government Hospital for the Year ending April 10th. 1886(재인용)

양이 그림이 그려진 종이를 붙여 놓았다. 이런 무지한 비위생적 배경을 파악한 알렌은 상수도 공사에 특별한 관심과 정성으로 기술과 자본 도입을 추진하였다. 이에 대해 알렌은 이같이 기록하였다.

> 상수도 사업의 독점권은 콜레라가 만연되었을 때 내가 의료에 종사하면서 특별한 관심을 가졌던 문제였다. 사람들이 길옆 우물에서 식용 물을 긷는 것을 종종 보았는데 우물 벽이 바로 옆에 흐르는 하수도의 벽이기도 하였다. 수도 사업은 다른 어느 사업보다도 필요하지만 철도나 전기 사업처럼 이윤 면에서 잘될 것 같진 않았다. 그래서 몇 년 동안 이 사업을 하겠다고 동조해 온 사람에게 가능한 다른 모든 특허권을 부여한 후에 마침내 일을 진행해 나갈 수 있었다.[98]

상수도 공사의 관할이 영국과 미국회사 'The Collbran(영국) & Bostwick(미국) Company'에 위임된 것은 1898년 2월 15일이었다.[99] 이 공사는 비용이 많이 드는 일이었다.[100] 기독교회는 이 공사에 대하여 특별한 관심을 보였다.[101] 그리고 그 공사 진행 상황과 내용에 대하여 공지시키는 형태로 관심을 표했다. 공지된 내용에 의하면 상수도는 뚝섬에서 하루 물을 1천만 갤런 보급하는 것이었다. 한강변 세 곳에 저수지를 마련해서 성내로 송수하도록 하였고, 송수관은 30인치 파이프였다. 공사 규모로는 그때 인구 약 20만 명의 4.5배에 해당하는 인구를

98   朝鮮見聞記, p.254

99   H. N. Allen, 『Things Korean. Korea : Fact and Fancy』, p.203(재인용)

100   공사비가 약 7백만 원. H. B. Hulbert, 『The Passing of Korea』, New York, Double-day page,1906, p. 159(재인용)

101   'The Seoul Water-works', 『The Korea Review』, 1901년 9월호, p.385(재인용)

예상한 것이었다.[102]

선교사들은 이 공사가 그때로써는 가장 광범위하고 막대한 예산을 들여서 조선의 식생활과 위생 발전을 위해 수행된 점에 관심을 기울였다. 또, 여느 공사와는 달리 그 공헌 면에서 이 상수도 공사는 의미와 가치가 있다고 평가하였다. 그 이유는 이 사업은 다른 어떤 특수 계층보다는 일반 민중이 가장 직접적으로 혜택을 받을 수 있기 때문이었다. 부유한 사람들은 그들 집의 우물이 따로 있어 청결한 물을 사용할 수 있었지만, 일반 민중은 동네 우물을 함께 사용했고, 그 위생 상태가 심각할 정도에 이르고 있었기 때문이다. 이러한 열악한 환경에서 왕실이 막대한 투자를 하게 하여 적극적인 근대화에 앞장서게 하였으며 알렌은 이 근대화 사업이자 조선인들을 위한 보건 위생 사업의 기획자(Planner)였다.

5. 경인철도 제안과 부설

조선과 미국이 수교 관계가 맺어진 후 선교사들은 입경 시에 제물포에서 성내로 들어오기 위해 약 40여 킬로를 걷거나 가마를 타거나 제물포 포구에서 배를 타고 한강으로 들어와 지금의 마포로 당도하여 걸어서 성내로 들어왔다. 당시 당도 시간만 거의 8시간이 소요되었다. 그 외에도 일본과 청 및 서구 나라들과 통상의 증진으로 신속한 교통 운반 수단이 절실하였다. 이에 알렌은 앞장을 서서 철도 부설을 기획하고 추진하였다. 이 철도 사업에는 막중한 예산이 필요하였기에, 왕실

---

102   상기 동일 자료, pp.385~386

(고종)로부터 사업 허가를 받았다.[103] 선교회는 이 철도 부설에 대해서도 특별한 의미를 〈기독교신문〉에서 표명하였다.

경인철도 개통

비단 철도뿐 아니라 하나님 아버지께서 오늘 미국으로 하여금 시키시는 일이 많으니 대한 사람들은 이 철로를 잘 보고 자세히 생각하시어….[104]

미국이 이 철도 부설을 하게 되는 것은 하나님의 섭리가 있다고 그 의미를 부여한 것이다. 선교사들은 교통의 편리와 함께 물자 이동의 증대와 교육적 자극을 생각하였다. 서양 과학 지식에 대해서는 청년 지식인들의 교육열이 높기에 조선의 새로운 모습을 건설해 나갈 것이라는 기대를 가진 것이다. 조선 500여 년의 고루함과 안주가 이러한 근대화로 깨질 것이라고 본 것이다. 그리고 미국인 선교사들로서는 거대한 근대화 작업에 동원된 자국 기업에 대한 긍지와 포부 역시 적지 아니하였다.[105]

알렌은 이 철도 부설권의 인가가 민비의 비극적인 시해 사건과 밀접한 관련이 있다고 판단하였다. 그 시해(1895년 10월 8일)가 있었을 때

---

103   N.H. Allen, 『Things Korean. Korea : Fact and Fancy』, p. 196

104   텬로도, <그리스도 신문>, 1901.7.4.

105   Railroad between Seoul and Chemulpo, Editorial Department, The Korean Repository, 1896년 4월호, pp.169, 178

반일적인 인사 6명이 미국 공사관에 피신하여 생명을 유지한 일이 있었다.[106] 그런데 이들이 아관파천(1896년 2월 11일) 이후 격변 정세에 따라 대개 다 입각하게 되어 권좌에 앉았고, 심지어 자신의 추천으로 친숙한 박정양이 총리대신으로 임명되고 난 다음에 자연히 신세를 갚기 위해 한성과 제물포 간의 철도를 부설하는 공사를 부탁했을 때, 그들이 이를 허락해 주게 되었다는 것이다. 그때 외무대신 이완용과 농상공부 대신 조병직이 연서해서 모오스 철도 사업자에게 〈경인간철도합동서〉를 교부한 문건에는 조약 체결 후 12개월 이내의 착공과 착공 3년 이내의 준공, 그리고 준공 이후 15년이 지난 다음에야 왕실이 소유할 의사를 밝힐 수 있되 그런 의사가 없으면 10년 간격으로 재조정한다는 것 등의 내용이 들어있었다. 또 그 내용은 영어로 작성되었다.[107]

알렌이 모오스가 이 거대한 공사의 착수에 전력을 다하도록 격려하고 후원해 주었다. 자금 조달 차 미국으로 들어간 모오스가 불참한 가운데 1897년 3월 22일 제물포에서 알렌, 타운센드, 기관사 칼리이, 해관의 라프트, 제물포 시장 및 조선인 수백 명이 운집하여 기공식을 올리고 실제 일꾼들이 일을 착수하기까지 하였다.[108]

그러나 미국의 은행가에서는 조선의 형세가 기업의 전망에 보장을 하지 못한다고 분석하여 공사 대금 지불을 지체하였다. 이에 모오스가 일본에 들렀을 때 그는 계약 위반의 강력한 문책과 함께 철도 부설권을 양도할 것을 유혹받았다. 일본 외무성의 미국인 고문 데니슨(H. W.

106   이완용, 조선견문기, p.2

107   조선철도사, 조선총독부 철도국, 제1권, 1937년판, pp.55~56, 일제는 알렌이 이때 황실에 10만 불, 관계 대신에게 5만 불씩 헌납하였다고 기록함. 그러나 그 용도에 의혹이 있었던 것으로 기록되어 있음. 윤치호 일기, 4권, pp.143, 147, 150

108   The Seoul-Chemulpo Railroad, Editorial Department, The Korean Repository, 1897년 3월호, p. 113(재인용)

Denison)이 그 알선 역할이었다. 결국 일본은 5만 불을 지불하고 그 철도 부설권을 양도받았고[109] 1897년 5월 8일에는 일본인 경인철도 인수조합과 양도 계약을 맺었다. 1899년 9월 19일, 33km인 경인철도가 개통되었다. 이 당시의 경인철도 개통식에 대해 〈독립신문〉은 이같이 보도하였다.

> 화륜거 구르는 소리는 우레와 같아 천지가 진동하고 기관차의 굴뚝 연기는 천공에 솟아오르더라. 수레 속에 앉아 영창으로 내다보니 산천초목이 모두 활동하여 닿는 것 같고 나는 새도 미처 따르지 못하더라.

그리고 1900년 1월에 이전의 공사비 변상조로 일화 170만 엔을 받고 경인철도에 관계된 모든 권한을 완전히 양도해 버렸다.[110] 일본이 국익 차원에서 조선의 첫 철도 부설권을 양도받음으로 결국 조선 최초의 철도 부설이 일본에 의해 완성되게 된 것이다. 이는 조선 측에서나 알렌으로서나 자존심이 상한 일이었다. 일본의 이러한 결정은 사업상의 수익을 위해서가 아닌 조선을 지배하기 위한 정한론이 작용한 것이라는 사실이 그 후 조선의 역사로 증명되었다.

6. 전차 부설과 운영

1891년, 미국의 주한 임시대리공사였던 알렌은 고종과의 긴밀한 관

---

109   Allen to the Secretary of State, U.S.A. 1898년 5월 23일자(재인용)

110   조선철도사, 조선총독부 철도국, 제 1권, 1929, pp.207~233

계에서 조선에 전기 사업과
시내 전차 부설을 계획하며
실행하게 된다.

조선 최초의 전차

당시 조선의 일부 인사들
이 일본과 서구의 여행을 통
해 도시의 전기화와 전차 운
행을 직접 보고는 큰 자극을
받았고, 이에 알렌이 고종에게 고문 역할을 하였다.

전기 사업에 대한 강력한 추진 의사를 가진 고종은 왕실의 재정 고
문이 교체되면서 10만 달러의 여유 자금이 생겼고, 이 사업이 수익이
될 것이라 판단하여 이를 시행하게 되었다. 고종은 민비의 묘소가 있
는 홍릉을 자주 방문하였는데 이런 행차마다 발생하는 큰 비용과 번거
로움을 전차의 부설로 해결할 수 있을 거라는 생각도 크게 작용하였
다. 자신의 왕실용으로 사용하는 것 외에도 일반 백성들이 교통수단으
로 활용하면 충분한 공익성과 편리함을 느낄 것을 고려한 결정이었다.
그렇게 남대문에서 홍릉까지 전차 노선을 부설하는 공사비로 10만 달
러를 투자하게 된다.

이를 구체화하기 위해 고종은 알렌의 소개로 미국인 콜브란과 기술
지원에 대해 교섭한 끝에 1898년 2월에 황실에서 40만 원과 35만 원
을 출자하고, 이학균과 콜브란, 보스트워크 간의 계약으로 한성전기회
사(漢城電氣會社)가 탄생되었다.[111] 후에 한미전기회사로 개칭한다는 전
제였다. 이 회사의 첫 번째 사업은 예정한 대로 전차 부설이었다. 이들
은 일본인 기술자를 초빙하여 그해 10월 17일에 공사를 시작하여 12
월 25일에는 종로와 동대문을 거쳐 청량리(홍능)에 이르는 7.5km의 단

---

111   『경성전기주식회사 20년연혁사』, 1929

선 궤도 및 가선 공사를 준공하였다. 1899년 5월 17일에는 전차 8대와 황제의 어용 귀빈 차 1대로 성대한 전차 개통식이 거행되었다.

그 후 노선은 용산까지 연장되었다. 놀랍게도 고종은 이 전차를 거의 사용하지 않았다. 일반인들이 타는 전차의 모습과 고종이 타는 전차의 모습이 거의 같다는 게 그 이유였다. 그러나 백성들에게는 대중적인 교통수단이 되어 하루 승차 인원이 2천 2백여 명이 되었고, 이는 그 당시 한성 인구의 1%에 달할 정도였으니 시골에서도 이 전차를 타기 위해 상경하였다고 한다.

그러나 전차가 처음부터 사람들에게 문명의 이기로 받아들여진 것은 아니었다. 개통 즈음에 가뭄이 지속되자, 사람들은 전차가 땅의 습기를 모두 빨아들였기 때문이라고 믿기도 하였다. 또 동대문 발전소가 용의 허리에 해당되는 곳이어서 그 전깃줄이 비를 오지 않게 한다고 믿기도 하였다. 그 후에는 여러 교통사고로 인명 피해가 발생하여 흥분한 주민들이 전차를 뒤집어엎고 불에 태우기도 하였다. 이뿐만 아니라 인력거인들이 생업에 지장을 받자 전차 운행을 조직적으로 방해하기도 하였다. 재정적으로는 계속 적자를 보다가 1920년이 넘어서야 수익을 내기 시작하였다.[112]

이 당시 황현이라는 문인은 그의 저서에서 이같이 기록하였다.

이 전차는 선교사나 기독교에는 각별한 관계가 있었다. 알렌과 왕실과의 친밀은 그의 입국 바로 그 첫날부터 일이요, 민비와의 관계 역시 선교사들과 선교사 부인 및 여자 선교사들에게서 잊힐 수 없는 인간의 정으로 굳혀져 있었다. 여기에 반일의 주도로 몰려 시해

---

112   출처: 우리역사넷 홈페이지

된 민비, 그리고 고종의 민비에 대한 끝없는 추모심이 있었기에 그에게 홍릉행의 편의를 마련하고 아울러 한성의 대중교통 편의를 백성들에게 제공한 것이었다.[113]

7. 왕실에 도깨비불이 들어오다

1883년 조선에서 민영익과 유길준 등이 미국과 수교 관계를 맺은 것에 대한 답방으로 미국을 방문하여 여러 산업 시설과 에디슨 전등회사를 들렀다. 이때 밤에 도시와 집을 밝히는 전깃불을 보고 이해하기 어려워 "이는 분명 '도깨비불', '물불', '건달불'이다"라고 하였다. 후에는 전구를 '불구슬'이라고도 하였다. 고종은 이에 자극을 받아 궁에도 전깃불이 들어오도록 에디슨 전기회사에 전기 도입을 위한 서신을 보내었다. 이에 에디슨은 감동하여 이같이 말하였다.

"동양의 신비한 왕궁에 내가 발명한 전등이 켜지게 된다니 꿈만 같다."

에디슨은 1886년 자기 회사의 기술자를 보내 건청궁 앞 우물과 향원궁 사이에 발전소 건물을 세웠다. 발전기가 작동될 때 천둥소리처럼 큰 소리가 나자 궁내 조선 사람들은 놀라 뛰쳐나갔다고 한다. 일부 양반층 조선인들은 '전깃불은 오랑캐의 것이니 그 아래에서 제사를 지내면 안 된다'고 생각했다. 전깃불의 밝기는 100촉광의 서치라이트 2개

---

113 황현은 구한말의 재야 문인으로서 『매천야록』 3권, 광무 3년, 국사편찬위원회, 1971, p.237

를 설치한 것으로 최초의 전구였다. 이어서 경복궁 안 각 방에 전등을 설치하였으며 1900년 5월 하순에는 콜브란과 보스트윅사가 설립한 한성전기회사에 의해 일반 민가에도 전등을 설치하였다. 전깃불이 일반인들에게 보급되자, 노인들이 담배에 불을 붙이려고 불빛이 나는 전구를 빼내어 소켓에 담배를 꽂아 퓨즈가 나갔다고 한다. 이 당시 전력이 불규칙하여 전구에 불이 자주 나갔기에 '건달불'이라는 별명도 붙었다.

1898년 1월에 '한성전기회사(漢城電氣會社)'가 설립되고 난 후 전등, 전차, 전화로 사업이 확장되었다. 그다음 해에는 전차가 운영되었다.[114] 알렌은 조선 근대화 문명의 상징적인 전기 도입과 전동차의 운행에도 크게 기여함으로 조선을 암흑의 세계에서 문명의 세계로 견인한 조선 근대 문명사의 Planner, Founder, Builder가 되었다.

8. 알렌의 사역을 계승한 언더우드와 아펜젤러

언더우드와 아펜젤러 선교사는 알렌이 기초를 놓은 조선 문명화 사역에 후임자가 되어 근대 문명화의 수레를 이끄는 주역이 되었다. 알렌은 1887년 고종으로부터 주미공사의 참찬관으로 봉직되어 외교관으로 미국과 조선의 외교 관계에 중책을 맡았고, 1890년부터는 다시 주한대리공사를 맡아 1905년까지 이어갔다. 이때 하나님께서 시의 적절하게 그들을 후임자로 세우신 것이었다. 두 사람은 알렌의 사역을 계승하여 조선의 다양한 근대 문명화에 대를 이어 헌신하게 되었다.

---

114   blog.kepco.co.kr

이들은 1885년 4월 5일 부활절에 제물포에 입항하여 이 땅 근대 문명화의 두 기둥을 세웠다. 언더우드 선교사는 미북장로교 선교부로부터 파송되었고 아펜젤러 선교사는 감리교 해외선교부로부터 파송되어 같은 배를 타고 조선에 들어왔다.

아펜젤러는 독일계 이민자 가정에서 자랐고 언더우드는 영국에서 이민 온 배경을 갖고 있다. 아펜젤러는 화란의 개혁교회와 메노나이트교, 장로교를 경험한 후 감리교로 전향하였다. 언더우드는 영국에서 회중교회를 경험하였고 미국에 와서 화란 개혁교회(Reformed Church)에 출석했으며 그 전통의 뉴 브른스윅(New Brunswick) 신학교에 다니면서 구세군교의 봉사활동을 하였다. 언더우드는 조선에 와서도 그러한 고아를 위한 구제 사역을 하였다.[115]

언더우드는 1884년 봄에 신학교를 졸업하고 그해 11월에 화란 개혁교회의 뉴브른스윅 노회에서 목사 안수를 받았다. 하지만 그는 목회보다는 선교에 관심을 가졌기에 인도 선교사로 나갈 것을 준비하였다. 그러던 중 북장로교 해외선교부원이었던 맥윌리암스(D. McWilliams)가 조선 선교를 위해 5천 달러를 헌금함에 따라 미북장로교의 선교사로 1884년 7월 28일에 공식 임명을 받게 된다. 그렇게 언더우드는 아무 연고도 없던 북장로교회와 인연을 맺게 된다.

아펜젤러는 감리교 신학교인 드류신학교(Drew Theological Seminary)에서 공부하고 1884년 미감리교 선교회로부터 파송되어 조선에 입국하여 첫발을 디디며 이렇게 기도하였다.

"우리는 부활절 이곳에 도착했습니다. 오늘 죽음의 철장을 산산

---

115   Lillas H. Underwood, 『Underwood of Korea』, pp.38, 82(재인용)

이 깨뜨리시고 부활하신 주께서 이 나라 백성들을 얽어맨 결박을 끊으시고 하나님의 자녀가 누리는 빛과 자유를 허락해 주시옵소서."[116]

언더우드는 조선에 입경하여 그의 일기에서 이같이 기도문을 기록하였다.

주여! 지금은 아무것도 보이지 않습니다. 주님, 메마르고 가난한 땅, 나무 한 그루 시원하게 자라 오르지 못하고 있는 이 땅에 저희들을 옮겨 와 앉히셨습니다. 그 넓은 태평양을 건너온 그 사실이 기적입니다. 주께서 붙잡아 뚝 떨어진 이곳, 지금은 아무것도 보이지 않습니다. 보이는 것은 고집스럽게 얼룩진 어둠뿐입니다. 그들은 왜 묶여 있는지도, 고통이라는 것도 모르고 있습니다. 의심부터 하고 화부터 냅니다. 조선 남자들은 속셈이 보이지 않습니다.

그러나 주님, 순종하겠습니다. 겸손하게 순종할 때 주께서 일을 시작하시고, 그 하시는 일을 우리들의 영적인 눈이 볼 수 있는 날이 있을 줄 믿습니다. 믿음은 바라는 것들의 실상이요 보지 못하는 것들의 증거라고 하신 말씀을 따라 조선의 믿음의 앞날을 볼 수 있게 될 것을 믿습니다. 지금은 우리가 서양 귀신, 양귀자라고 손가락질받고 있사오나 저들의 영혼이 하나님의 것임을 깨닫고, 하늘나라의 한 백성, 한 자녀인 것을 알고 눈물로 기뻐할 날이 있음을 믿나이다. 지금은 예배드릴 예배당도 없고 학교도 없고 그저 경계와 의심과 멸시와 천대함이 가득한 곳이지만 이곳이 머지않아 은총의 땅이 되리라는 것을 믿습니다. 주여! 오직 제 믿음을 붙잡아 주소서! 사나 죽으나 오직 그리스도의 영광을 위하여![117]

언더우드와 아펜젤러는 신학생 시절에 폭발적인 선교의 반향을 일으키고 있던 '학생자원운동(SVM, Student Volunteer Movement for Foreign Mission)'에서 처음 만났다. 19, 20세기 미국 개신교가 해외에 파견한 모든 선교사의 반 이상은 이 운동에서 모집되었다.[118] 따라서 다수의 내한 선교사가 다닌 프린스턴, 유니온, 맥코믹, 드류 등의 신학교는 그 교단적, 신학적 다양성에도 불구하고 경건과 선교의 열망이라는 19세기 복음주의적 특색을 공유하였다.

아펜젤러가 신학교 졸업반이었던 1884년에는 미감리교회 해외선교부가 일본 맥클레이 선교사의 요청을 받아들여 조선선교를 시작하였다. 선교회장은 예일대 의학부 출신의 스크랜튼(W. B. Scranton, 메리 스크랜튼의 아들)으로 정해졌다. 1885년 2월 3일, 아펜젤러는 샌프란시스코에서 아라빅(Arabic)호에 승선했고 그 배에는 스크랜튼 부부도 타고 있었다. 24일 만인 2월 27일에 요코하마항에 도착한 아펜젤러는 도쿄에 머물면서 맥클레이 선교사와 선교사 회의를 열었으며 그때 파울러 감독에게 조선선교회의 부감리사 임명을 받았다. 3월 23일에 요코하마를 떠나 나가사키에 도착한 아펜젤러는 그곳에서 다시 언더우드와 재회하였다. 3월 31일에 미츠비시의 조선행 정기선 마루호를 타고 조선으로 향해 4월 5일에 제물포항에 선교의 첫발을 함께 내디딘 것이

---

117   본헤럴드, www.bonhd.net/ > articleView

118   류대영, 『초기 미국 선교사 연구(1884~1910)』, 한국기독교역사연구소, 2001, p.51. 류대영의 연구에 따르면 1905년부터 1909년까지 한국에 새로 입국한 미국 선교사는 135명으로 추산되는데, 이 가운데 81명이 SVM을 통해 지원한 선교사들이었다. 이들 지원자는 거의 4대 교단(북장, 남장, 북감, 남감)을 통해 한국에 들어왔다.

다.[119] 이날이 한국교회사의 원년으로 기록되었다.

두 선교사가 제물포에 도착할 당시는 5개월 전에 발생한 갑신정변의 여파로 한성의 정세가 매우 혼란스러웠고 청군과 일본군 간에 총격전도 벌어졌다. 이에 불안해진 서구 여러 나라의 공관원들이 제물포로 피신해 있었다. 당시 아펜젤러는 아내의 임신으로 함께 일본으로 돌아갔고, 홀로 들어온 언더우드는 위험을 무릅쓰고 입경하였다. 이 당시에 알렌에 의해 세워진 조선 최초의 근대식 병원인 광혜원이 운영된 지 2개월이 지났다. 언더우드는 그곳에서 조선인 의학도들에게 물리와 화학 등을 가르치며 알렌에게 든든한 동료가 된다. 사실상 언더우드는 알렌이 세운 병원으로 인해 사역을 할 수 있었다. 이 당시 선교사라는 단독 신분으로는 조선에 들어올 수 없었기에 그 병원의 교사 자격으로 입경한 것이었다.

미 감리교 선교회에서 파송되어 일본에 체류하고 있던 스크랜튼 선교사는 아펜젤러 부부가 다시 일본으로 회귀하자, 선교회로부터 조선 입국을 허가받아 사실상 감리교 선교사로서 조선 최초의 여성 입국자가 되었다. 스크랜튼은 입경하자마자 바로 알렌과 언더우드를 도와 의료 사역을 시작했다. 광혜원의 의료 사역은 장로교와 감리교의 교파를 초월하는 연합 사역으로 시작된 것이었다.[120]

아펜젤러는 그해 8월에 다시 조선으로 입경하여 사역을 시작하였다. 그는 한성 주재원 외국인들을 대상으로 『성경』공부를 시작하였다. 그 당시는 선교사 신분과 활동이 금지되어 있었기에 외국인들만을 대상으로 예배와 『성경』공부를 해야 했다. 사실상 이들은 신앙공동체로 형성된 것이었다. 1886년 초부터는 매 주일 일본인들을 모아 『성경』공

119   연세대학교 신과대학 동문회, 『인물로 보는 연세신학 100년』, 동연출판사, 2015.8, pp.34~36
120   서정민, <언더우드와 제중원 공동체>, 언더우드기념사업회 편, 연세대 출판부, 2011, p.86

부를 진행하였고, 그해 가을에 참가자가 12명이 되어 장소를 일본 영사의 집으로 옮겼다.[121]

1886년 4월 25일 부활주일에는 역사적인 한국 최초의 세례식이 거행되었다. 그때 집례를 보좌한 이는 언더우드였다. 성례식의 주인공은 스크랜튼의 딸 2명과 일본인 등 3명이었다. 이후 1886년 7월 18일에는 조선 최초의 조선인 세례식이 노춘경(盧春京)에게 은밀하게 거행되었다. 이에 대해 아펜젤러는 자신의 일기에 이같이 기록하였다.

> 지난 일요일, 7월 18일 오후 언더우드 형제가 한성에서 처음으로 개신교 선교사로서 세례를 노씨에게 베풀었다. 나는 세례식을 도와주는 기쁨을 누렸다. 이 사람은 새로운 교리를 듣고는 알렌 박사로부터 복음서 한 권을 몰래 가져다가 조심하면서 열심히 읽고 더 많은 교훈을 받기 위해서 언더우드를 찾아갔으며 또 일요일에는 우리의 기도 모임에 참석했는데, 이번에는 스스로 자원해서 세례를 받고 크리스천이 되기를 청원한 것이다. 세례식은 엄숙한 관심으로 가득 찼다. … 우리는 그를 불러 새 생명을 주신 주께서 그를 보호해 주시기를 기도했다.[122]

그들의 처음 사역은 협력 관계로 시작되었지만 점차 또 신속히 각자의 독립된 사역으로 분화되었고, 특히 최초의 근대식, 기독교식 교육 사역 분야에 지대한 공헌을 하게 되었다. 그러나 알렌에 뒤이어 들어온 언더우드와 아펜젤러, 그 외 여러 선교사는 선교 고유의 사역인 복음을 전하는 사역을 두고 조선 정부와 긴장 관계를 이어가야 했고, 알

---

121   1886년 미 감리교 연례보고서 및 1886년 9월 14일자 아펜젤러의 일기
122   1886년 7월 24일자 아펜젤러 일기

렌으로서도 이들 선교사에게 위험한 사역에 대해 절제를 요구하면서 갈등이 고조되기도 하였다. 알렌은 이때 미국 주재 조선 공사관의 참찬관으로 있으면서 조선으로부터 오는 소식을 접하였고, 1888년 6월 11일자 서신에서 이같이 피력하였다.

최근 조선에서 오는 보고들은 조선 정부가 선교사들 때문에 상당한 고통을 겪고 있다는 내용입니다. 우리의 공사도 저에게 편지를 써서 그들은 통제하기 어렵고 법을 어기기로 작정한 사람들이라고 하였습니다. 언더우드와 아펜젤러 목사가 주요한 선동자이고 다른 사람들은 그들을 제지하려고 노력하였지만 되질 않습니다. 그들은 대중 전도집회를 열고, 조선어로 설교하고, 회심자들에게 세례를 베풀고 있습니다. 이것이 예수회 신부(천주교)들을 자극하였으며, 그래서 그들 역시 떠들썩하게 일하고 대중적인 장소의 높은 곳에 대성당(명동성당)을 짓고 있습니다. 그래서 정부가 그들을 점잖게 타일러 기다리라고 하였습니다. 그들은 반면에 아주 무례했습니다. 저는 조선에서 거둔 선교 사역의 놀라운 성공에 어느 누구 못지않은 큰 자부심을 갖고 있으며, 적지 않게 공헌하였습니다. 그러나 언더우드는 제가 주의하라고 권면하는 것을 직접적인 반대라고 여기고 헵번 여사에게 제가 조선에서의 그들의 사역을 방해하기 위해 노력하고 있다고 보고했다는 것을 알고 있습니다. 이제 저도 같은 차원에서 설명을 드려야겠습니다. … 그들은 해외에서 온 사람들로서 의료와 교육을 위한 선교사들이라는 것을 알고 있고, 그들을 환영하고 있습니다. 그러한 일이 많아지고, 그 일의 결과들이 종교적인 특별한 가르침을 받아들일 수 있게 사람들의 마음을 준비시킬 때가 되면 반대는 사라지게 될 것입니다. '육영공원'[123]의 교사들이 올해 계약을 갱신하는 데 실패한다면, 그것은 전적으로 언더우드와 아펜젤러 목사, 또 그들과 함께한 동료들 때문일 것입니다. 조선에 대한 전망이 결코 그리 평탄하지 않습니다. 모든 일이 순조롭게 진행되고 있지만 한성의 폭도가 교회 건물에 손상을 입힌다면 말할 것도 없이 당연히 전적으로 선교사들에게 책임이 있는 것입니다.[124]

이같이 조선에서의 초기 선교 활동은 조선 왕실과의 긴장 관계와 경계 상황이 계속되었고, 알렌과 다른 선교사들과의 관계도 매우 우려스러운 대립이 지속되었기에 조선 왕실은 이들의 선교 활동을 암묵적으로 묵인할 뿐이었다. 그리고 1897년, 고종이 대한제국을 선포한 후에야 비로소 선교 활동이 공식적으로 보장되었다.

❖

언더우드의 사역

선교사들이 아직 입국하기 전, 조선에서 파견한 수신사 사절 중 한

---

123   1886년(고종23)에 설립된 한국 최초의 근대적 명문 귀족 공립학교. 양반 자제들을 선발하여 통역관으로 양성을 하고자 시작되었고, 미국인 교사 3명을 초청하였으며 이 무렵 배재학당, 이화학당, 경신학교가 설립된 것도 국립학교가 세워진 배경이 되었다.

124   김인수, 장로회신학대학교 부설 한국교회사연구원, 『알렌의사의 선교·외교편지(1884~1905)』, 쿰란출판사, 2007.9, pp.282~284

사람인 박영효[125]는 1885년 조선에 들어가기 위해 일본에서 준비하고 있는 스크랜튼 선교사 등과 만나 자신이 생각하는 기독교의 중요성을 이같이 피력하였다.

> 우리 백성이 지금 필요로 하는 것은 교육과 기독교화입니다. 선교
> 사들과 그들이 세운 학교를 통하여 우리 백성을 교육하고 향상시
> 켜 주어야 합니다. … 우리의 재래 종교는 지금 기운을 다했습니다.
> 기독교로 개종할 수 있는 길은 환히 열려 있습니다. 기독교 교사와
> 사업가의 일단은 우리나라 어느 구석에도 필요합니다. 우리가 합법
> 적인 개종에 앞서 우리 백성은 먼저 교육을 받아야 하며 기독교화
> 해야 합니다.[126]

조선에 들어온 선교사들은 박영효의 호소가 얼마나 절박한 것이었는지 실감하게 된다. 이에 언더우드의 최초 사역도 교육 사역으로 시작되어 후에는 대학 건립으로 이어지게 되어 그는 대한민국 근대교육 분야의 기획자(Planner), 초석자(Founder), 건립자(Builder)가 되었다. 시작은 매우 미약했지만 결과는 창대하였고 지금도 지속되고 있

언더우드 선교사

다. 당시 조선의 형세에서 교회를 세우는 건 불가능하였다. 조선 정부

---

125   박영효(1861~1939)는 구한말 관직을 갖은 정치인으로, 개혁의 급진파로 김옥균과 함께 1884년
갑신정변을 주도했으며 일본의 세력을 이용하여 청나라의 간섭과 러시아의 침투를 방어하고자 했다. 그 당
시 그는 기독교의 영향을 긍정적으로 평가했고 조선을 개변시킬 수 있는 것을 기독교로 보았다. 그는 일찍
이 평양 관찰사를 지냈던 북학파 박규수의 영향을 많이 받기도 하였다.

126   김명구, 『한국 기독교사 1-1945년까지』, 예영커뮤니케이션, 2018.6, p.132

는 불립교당(不立敎堂) 정책을 고수하고 있었기 때문이다. 이에 조선에서의 최초 선교 사역은 의술을 베푸는 사역으로 시작하였고 그 후 교육 사업으로 확장하면서 기독교화(Christianization) 사역의 기초를 쌓아갔다.

알렌, 아펜젤러, 언더우드, 스크랜튼, 베어드 등 다수의 선교사가 문명화(Civilization) 사역을 시작으로 선교 사역의 기초와 환경을 구축해 나갔다. 그 당시 선교사 중에는 초대교회식으로 전도와 교회 건립만이 선교 사역이라고 인식하는 이들도 있었다. 반면 그와 상반되게 현지의 문맹과 우상 숭배, 비위생적 주거 환경과 보건 등의 사회 환경적 조건을 개혁하며 근대화를 위한 사역에 집중해야 한다고 주장하는 선교사들도 있었다. 그 당시 조선이라는 나라의 봉건적 사회상과 조선인들의 그릇된 인습의 개혁에는 근대적 문명 사역이 선제적으로 절실하였다.

1885년 후반기에 합법적으로 사역한 교육 활동은 1886년에 들어 조선 왕실(정부)로부터 정식 인가를 받은 교육기관으로 발전하게 된다. 고종과 왕비는 특별히 광혜원, 배재학당, 이화학당 등의 교육 기관 명칭과 함께 하사금을 제공하였다. 언더우드가 시작한 교육 사역의 첫 학생은 천민인 고아 두 명이었다. 이 학당은 언더우드학당(1885)으로 시작해 예수학당(1902), 구세학당, 민노아학당, 경신학교(1905)로 개명되면서 근대식 교육 기관으로 발전하게 되었고 경신학교 대학부가 후일에 연희전문학교(1917)로 독립되었다. 그 후 세브란스 의학전문학교와 통합되어 연세대학(1957)으로 발전하게 되었다.[127]

사실 초기에는 미 선교본부에서 이 교육 기관에 대해 반대하였고 주변 선교사들로부터도 인정을 받지 못해 한때 폐쇄되기도 하였다. 1888

---

127   출처: 위키백과

년에는 조선 정부가 언더우드에게 육영공원을 맡아 운영해 달라 요청했으나 기독교 교육을 할 수 없다는 이유로 사양했다. 이런 상황에 그는 우선 초등 교육에 힘썼다. 이는 곧 전도에 가장 효율적이라고 여겼기 때문이었다. 그가 쏟은 교육 열정은 20세기 들어오면서 그 결실을 보게 된다. 1902년에는 63개의 장로교 선교회 학교에 845명의 남학생과 148명의 여학생이 있었고 1909년에는 589개의 학교가 있었으며 10,916명의 남학생과 2,511명의 여학생을 배출하여 조선인들의 근대 교육을 성취해 나갔다.

당시 그 학교를 통해 배출된 걸출한 민족지도자들이 조선의 근현대사에 크게 기여했다. 대표적 인물로는 김규식[128], 안창호, 〈조선일보〉 언론인 방우영, 사학 건립자 건국대학 유석창, 세종대학 주영하, 전주대학 강흥모, 개신교 사상가 류영모, 카이스트 총장 강성모 등으로 법조계와 운동계의 지도자, 수많은 목회자와 독립운동가들이 배출되었다. 이 학교의 교사들로는 함태영, 최남선, 신채호, 윤치호, 양주동, 이광수, 이상재 등으로 우수한 교사진들은 우수한 인재들을 배출하였고, 나아가 그들은 한국의 근현대사에 크게 기여하였다.[129]

---

128   그는 어린 시절 불우하였다. 고아가 되어 언더우드가 경영하는 고아원(예수학당)으로 보내졌다. 1894년에는 한성 관립영어학교를 입학하였다. 그는 서재필을 만나 <독립신문>의 기자로 활동하였다. 1896년에는 언더우드의 후원을 받아 미국 유학을 하여 1900년에 미국 버지니아주 로노크대학에서 공부하였고 4개 국어에도 능통할 정도로 수재였다. 1904년에는 프린스턴대학에서 영문학 석사학위를 받고 귀국하였다. 1904년부터 1913년까지 언더우드의 비서로 있으면서 YMCA 학교 교사, 경신학교 교사, 배재학당과 연희전문학교의 영어 강사 등을 지냈다. 1910년에는 새문안교회 장로가 되었고 일제의 강점기에는 독립운동에 투신하여 중국으로 망명하였다. 상해에서 신한민국임시정부에서 외무부 차장으로 추대되었다. 1919년에는 미국으로 건너가 이승만과 함께 독립운동 자금을 모금하는 데에 힘썼다. 1924년에는 다시 상해로 돌아와 김구와 함께 일을 하였다. 그런 중에 러시아와 만주, 미국을 다니며 교민을 상대로 독립운동을 하다 다시 중국으로 돌아왔다. 1944년부터 1945년까지 임시정부 부주석을 하였다. 해방 후 1945년 9월 7일 조선인민공화국의 외교부장에 선임되었지만 이를 거절하였다. 1945년 11월 3일 상하이에서 김구, 장준하, 안미생 등과 같이 환국하여 험난한 건국 활동에 기여했다. 그는 한국의 근현대사의 영욕을 함께한 풍운아 같은 삶을 살았다.

129   출처: 나무위키

언더우드의 교육 선교 활동의 정점은 대학 설립이었다. 그는 당시의 조선 사회가 개화되지 못한 것이 필요한 지식을 배우지 못했기 때문이라고 판단했다. 양반, 중인, 평민, 천민, 노비의 신분제도가 철폐되어 누구나 학문과 지식을 넓히면 사회를 변화시킬 것이라고 여겼다. 또한 이런 사회 변화에 앞서 사람의 마음을 개량하여야 하며 그러기 위해서는 기독교 신앙이 중요하다고 생각하였다. 이를 실현하기 위해서는 기독교 정신을 심는 교육 기관의 설립이 필요하다 판단하였던 것이었다.

언더우드는 뉴욕대학을 모델로 하여 일본의 동경대학보다 더 좋은 대학을 세우려 하였다. 그가 본격적으로 대학 설립에 심혈을 기울인 것은 1906년이었다. 그는 이남의 한성과 이북의 평양 두 곳에 대학이 필요하다고 주장했고, 미 선교본부와 한성 주재 선교사들도 이에 동조하였다. 그러나 평양 주재 마펫 선교사 등은 이를 반대하였다. 장로교와 감리교가 연합하여 평양숭실학당에서 대학부가 운영되고 있기에 평양에 기독교인들이 더 많다는 것이었다. 숭실학교는 1905년에 대한제국으로부터 대학 인가를 받았으나, 1910년 한일합방이 되어 다시 조선총독부로부터 인가를 받아야 했다. 그 후 1925년에야 숭실전문학교로 인가를 받았다.

선교사들은 대학 설립을 한성(경성, 현재의 서울)에 할 것인가, 평양에 할 것인가를 두고 10여 년을 다투게 된다. 언더우드는 조선인들이 한성을 더 원한다는 것을 알았다. 한성이 조선의 수도이자 정치, 경제, 문화, 외교, 지리상의 중심이기 때문이다. 그러나 전체 선교사의 3분지 2가 평양을 선호하였다. 일본 총독부의 사립학교 규칙 개정으로 인해 학교 채플에서 종교의식을 갖는 것도 문제가 되었다. 총독부가 조선에서 기독교가 전파되는 것을 두려워하여 기독교 사립학교에서 예배를 드리는 것을 법으로 금지하였기 때문이었다. 내부의 반대와 외부의 억

압으로 대학 설립이 지연되었다.

언더우드는 동료 선교사들의 극심한 반대에도 불구하고 본국의 해외선교부 지도자 및 주한 남북감리교 선교회원들과 보조를 같이하여 동료들을 설득하고 설립을 추진해 갔다. 그런 어려움 때문에 그는 안식년 차 미국에 갔을 때 미국 전역을 다니며 대학 설립 모금을 하였다. 그 결과 약 5만 2천 달러라는 거액이 모금되었고 그의 형 토마스 언더우드(John Thomas Underwood)[130]가 거액을 기부하여 대학부지 기금이 마련되었다.

그는 마침내 1915년 경신학교 대학부란 이름으로 개교하여 YMCA 건물에서 강의를 시작하였다. 학교는 1917년 4월 7일 일제 당국과의 마지막 교섭 단계가 돼서야 대학령이 없다는 이유로 사립 '연희전문학교'라는 인가를 받았다. 그러나 그 내용에서는 문과, 상과, 농과, 신학과, 수학 및 물리학과, 응용화학과를 두고 'Chosen Christian College'라는 영어 명칭을 취하였다.

그 후 1923년에 '경성제국대학' 설립을 위해 총독부가 대학 설치령을 만들자 연희전문학교 측에서는 본교와 세브란스 의전, 감리교신학교, '피어선성경학교'를 묶어 종합대학으로의 설립 인가를 신청하였다. 그러나 총독부는 조선에는 경성제국대학 하나로 충분하다는 이유로 대학 설립 청원을 반려하였다. 언더우드가 바란 종합대학은 해방 후 1946년 그의 아들 호러스 호톤 언더우드(Horace Horton Underwood) 때에야 연희대학교(Chosen Christian University)로 설립되었다. 이 대학은

---

130 그는 그 당시 유명한 타자기회사, 'Underwood'의 설립자요, 발명가로서 상당한 부를 축적하고 있었으며 그의 동생 언더우드가 조선에서 선교 활동하는 것에 많이 후원하였다. 그 외에도 다른 선교사들의 후원자가 되었다. 그는 동생 선교사가 대학부지 20만 평 구입에 필요한 5만 3천 달러를 후원했고 후에 10만 달러를 보내어 현재의 연세대학교 본관 건축에 큰 도움을 주었다. 이뿐만 아니라 학교에 필요한 타자기도 많이 후원하였다.

한국 근현대사 지도자들의 산실이 되었고, 학문의 요람이 되어 현재 한국 산업화와 문명사의 기초가 되었다.

1. 한글 『성경』 번역과 문맹 퇴치

1443년 세종대왕의 훈민정음이 창제된 이후 400여 년이 지난 시기, 한글은 마치 버려진 문자처럼 천대받고 있었으며 아녀자들이나 천민들이 사용하는 문자로 여겨졌다. 조선 왕실의 공문에는 여전히 한문이 사용되고 있었고, 왕조 실록 또한 마찬가지였다. 이뿐만 아니라 미국과 최초로 수호통상의 조약문도 역시 한문으로 작성되었다. 한글은 국적 없는 글자나 다름없었다. 그러했던 한글이 전 국민의 글자로 범용되고 애용되고 대중화된 것은 선교사들이 한글 『성경』을 번역하여 제작하고 대중에게 보급하면서부터였다.

한글 『성경』 번역과 제작과 보급에 가장 헌신적으로 기여한 선교사가 언더우드였다. 이 같은 번역 사역은 곧 한글의 대중화로 이어져 문맹의 조선을 문명의 조선으로 이끄는 데에 크게 기여하게 된다. 그는 조선에 들어오기 위해 잠시 일본에 머무르는 동안 이수정[131]이 한문 『성경』에 한글로 토를 단 『성경』으로 한글을 처음 배웠다. 당시 조선에

---

131   이수정(1842~1886)은 1882년 9월에 일본에 수신사로 가게 되었고 토요코요 외국어 대학의 조선어 교수직을 맡게 되었다. 그는 그곳에서 일본 최고의 농업학자인 츠다센 교수를 만나 그를 통해 기독교를 접하게 되었고 한문 『성경』을 보면서 큰 감동을 받았다. 1882년 12월 25일 성탄예배를 드리면서 세례받는 것을 결심하고 1883년 4월에 세례를 받는다. 그는 조선어 『성경』 번역을 착수하게 되었고 이에 녹스 선교사가 적극 지원하여 『토한한신약전서』를 1884년에 발간하였다. 이수정은 조선으로 들어가는 선교사들에게 한글과 조선어를 가르쳤으며 미국 감리교 본부에 조선에 선교사를 보내 줄 것을 요청하는 편지를 보냄으로 미국의 선교사가 조선에 들어오는 계기를 만들어 주었다.

는 이미 존 로스(John Ross, 1842~1915)[132] 선교사와 조선 청년들이 함께 한글로 쪽 복음을 번역 제작하여 조선 곳곳에 보급하고 있었다. 그러나 그『성경』에는 여러 오류가 있었고, 본문에는 평안도식 사투리와 한문 용어, 오역이 많았다.

언더우드는 1887년 2월에『성경』전서를 번역, 출판, 보급하기 위한 '상설성경위원회'를 구성하였고 이를 그해 4월에 '한국상설성경위원회'로 개명하고 그 밑에 '번역위원회'와 '개정위원회'를 두었다. 이어서 1893년에는 '상설성경실행위원회'를 구성하였다. 이 번역 작업에 언더우드를 비롯하여 감리교파 아펜젤러, 스크랜튼과 존스, 북장로교파인 피터스, 게일, 남장로교파인 레이놀즈 등과 조선인 감정삼, 이원모, 이승두, 서경조 등이 참여하였다. 언더우드는 조선에 온 지 몇 년 안 되어서 원어민에 가까운 조선어를 익히었고 구사하였다. 피터스는 우크라이나 출신 유대인으로 히브리어에도 능통하였다. 그로 인해 구약 번역에 정확성과 정통성을 갖추게 되었다. 레이놀즈 또한 평양장로교 신학교의 조직신학 교수로 히브리어에 실력파였다.

조선어 성경

132   존 로스 선교사는 만주 심양에서 선교하면서 조선 복음화에 필요성을 갖고 봇짐장사꾼들이었던 서상륜, 이성하, 백홍준, 김진기 등을 만나 제자 교육을 시켰다. 또, 1882년부터 한글『성경』번역을 시작하여 누가복음 쪽 복음을 번역하고 1887년에는 신약을 한글『성경』으로 완간하여『예수성교전셔』를 제작하였다. 1884년에는 이성하와 백홍준을 통해 조선어『성경』을 의주 지역에 들여보내 보급하고 전도하도록 하였다.

조선어 『성경』 번역에는 큰 애로가 있었는데, 원문 단어와 의미가 같은 한글 단어가 없는 경우였다. 원어의 '빵'은 '떡'으로 대체하였고, 어떤 짐승은 조선에 없어서 한문 『성경』에 있는 이름을 그대로 인용해야 했다. 그중 하나님을 뜻하는 중국어 '상제(上帝)'나 '천주(天主)'가 조선의 신 개념과 차이가 있어, 그대로 상제로 할 것인지 아니면 조선인들이 오랫동안 사용해 온 하늘에 계신 '하늘님'으로 할 것인지부터 '천사'를 조선어 '선녀'로 쓸 것인지 등의 중요한 용어에 관한 문제도 있었다. 이 모든 『성경』 용어는 기도와 토의를 통해 확정되었다. 번역 분담에 언더우드는 누가복음과 시편 일부를 맡았고 번역 전체를 총괄하였다.

『성경』 번역본이 출간되기까지 엄격한 과정을 거쳤고, 마침내 1906년 신약전서가 출간되었다. 이때 처음 간행된 하나님의 말씀은 노동자의 하루 임금보다 비싸게 정가가 책정되었는데도 첫 2만 권 모두가 예약으로 팔렸다. 구약까지 완간된 것은 1911년이었다. 그해 조선성서공회회관이 건립되었을 때 언더우드는 그 초석을 놓았다.

1907년에 한국교회가 평양대부흥운동을 체험했을 때는 아직 '『성경』 전서'가 없었다. 이 당시 『성경』을 소지한 성도는 일부였다. 보급이 충분치 않았고 『성경』을 해독할 수 있는 식자층이 극히 일부였으니, 『성경』의 가격이 고가였던 이유가 있었다. 당시의 대부분 기독교인이 『성경』 없이 사경회를 통해 들음으로 믿음을 더해 갔다. 이에 언더우드는 교회마다 야학을 세워 기독교인들이 한글을 깨쳐 『성경』을 보고 이해하고, 영의 눈을 뜨도록 하는 일에 정성을 쏟았고, 그 외의 선교사들 또한 교회마다 야학과 부설 학교를 세워 문맹률을 낮추는 데 크게 기여했다.[133]

---

133   연세대학교 신과대학 동문회, 『인물로 보는 연세신학 100년』, 동연출판사, 2015.8.30, pp.95~98

선교사 중에도 초기 언더우드 아펜젤러 등에 이어서 그 후 조선에 입경한 선교사들은 조선인들이 자국의 글자를 읽고, 쓰고, 소통하도록 비기독교인들에게도 한글을 보급하였고, 한글이 대중적인 문자로 토착하는 데에 큰 기여를 하였다. 점차 한글이 『성경』과 찬송가, 일반 문서를 망라하는 생활화된 문자로 정착되었다.

그 당시 한글로 된 서적을 손에 들고 다닌 사람 대부분은 기독교인들로서 그들에게는 더 이상 조선 문자가 천대받는 언문이 아니었으며 한글은 그제야 조선인들이 소유한 그들의 문자가 되었다. 어느 교회에서는 전교인의 3분지 2가 문맹에서 벗어나 언문을 읽고 쓰기 시작했다. 심지어는 50대가 되는 노인들도 열정을 갖고 배우므로 까막눈에서 개명되었다. 이렇게 되기까지 선교사들의 많은 헌신이 있었고 미국 선교부의 재정적 지원이 있었기에 서양의 책과 같은 제본된 책들을 그들이 손에 들고 다닐 수 있게 된 것이다. 이러한 문서를 통한 기독교의 운동이 그 영향을 광범위한 영역까지 확장되었다. 이어서 한글 문학 서적과 잡지와 신문으로 이어졌다. 이는 조선인들의 개화와 근대 문명화로 진보되어 갔으며 어둠에 앉은 백성이 광명한 문명 세계를 보게 된 것이었다.[134]

1909년까지 장로교회 자체에 의해 운영되는 학교를 포함해서 전국에 796개교가 설립되었는데, 국가에 의해 설립된 학교는 60여 개에 불과하였다.[135] 이들 학교는 선교사들과 교회에 의해 운영되어 초등부에서는 한글을 읽고 쓰는 초보 교육을, 중고등부에서는 근대식 과학, 영어와 체육 등의 전인 교육을 실시하였다. 이러한 균형 잡힌 교육이 가능했던 것은 전적으로 한글의 범용 덕분이었다.

---

134   헤리 로즈, 최재건 역, 『미국 북장로교 한국 선교회사』, 연세대학교출판부, 2009.2, p.99
135   손봉호, 윤경로, 임성빈, 『한국 사회의 발전과 기독교』, 예영커뮤니케이션, 2012, p.134

2. 최초 신문 발간을 통한 개화

최초 한글 독립신문

조선의 최초 한글 신문 발간은 서재필에 의한 〈독립신문〉으로, 1896년 4월 7일에 발간되어 민족 운동사와 개화에 영향을 주었다. 그러나 〈독립신문〉은 장수하지 못하고 1899년에 폐간되었다. 그 후 기독교의 대중적 복음 전파와 계몽적 정보를 대중화한 신문인 〈그리스도신문〉이 1894년 4월 1일 언더우드에 의해 창간되었다. 이는 문서 선교의 수단이기도 하며 그 당시 조선인들을 향한 계몽적 매체가 되었다. 이처럼 언더우드는 한국의 출판문화에서도 선구적인 기여를 했다. 그는 한글『성경』번역 제작과 보급에 힘썼고 사전과 찬송가 제작에도 창시자 역할을 하였다. 그는 선교 전략으로 이같이 인쇄 매체를 통한 사역에도 심혈을 기울여 신문과 잡지 발간을 함으로 한국의 근대 문명화에 크게 일조하였다.

언더우드는 1888년 조선성교서회(Korea Religious Trac Society)의 설립을 제안하고 준비했다. 이 일은 그가 사전 출판을 위해 일본에 체류하는 일로 지연되다가 1890년 6월 25일에 성사됐다. 서회가 창립된 후 가장 먼저 발행된 첫 작품은 웨일스 출신 중국 선교사였던 그리피스(Griffith. J)가 지은 간단한 교리서인『성교촬리(聖敎撮理)』였다. 순 한글에 내려쓰기로 편집된 이 교리서는 기독교 교리 소개와 함께 기독교인은 그가 속한 나라에 대해 충성하고 전통문화에 대해 긍정적인 태도를 가져야 한다고 강조하는 내용이 담겼다. '조선성교서회'는 한국 최초의 근대적인 출판사로 '대한기독교서회'의 전신이다.

언더우드가 발간한 〈그리스도신문〉은 2개월 앞서 아펜젤러가 간행한 〈죠션그리스도인회보(Korean Christian Advocate)〉와 함께 한국 기독교 신문의 효시가 된다.

〈그리스도신문〉은 주간 신문으로 매주 목요일 8면씩 순 한글로 간행됐고, 국배판 크기로 4호 활자를 사용했다. 면마다 3단 종서의 형태를 이루고 있었다. 광고도 싣고 캠페인도 벌이며 근대 매스컴의 역할을 선보였다. 신문의 발행과 편집을 담당한 사람은 언더우드였지만 사무 일을 빈튼(Vinton)이 맡았다. 이 신문은 언더우드 형의 선교기금으로 간행되어 운영됐다. 이런 재정적 지원이 있었기에 3년으로 단명한 〈독립신문〉에 비해 30여 년이라는 긴 세월 운영이 가능했다. 국내의 인사와 동료 선교사들이 집필진을 이뤘고 그들의 글을 한글에 능통한 언더우드가 번역하여 실었다. 창간호에서는 신문 발행의 목적과 방법에 대해 이같이 밝혔다.

> 이 신문이 백성을 도우려 함이요. 착하고 참된 것만 하려 하니 일
> 이 참되고 바른 것만 기록함이요. 아무 때라도 어그러지는 일을 알
> 면 바로 말함이요. 옳은 일은 참 능함이니 이 신문은 더욱 옳은 것
> 을 좇으며 밝게 하자 함이니….

창간 논설에서도 "조선 나라와 백성을 위하려는 것이고"라고 목적을 분명하게 세웠다. 기독교 신앙 전파가 간행의 목적이었지만 당시 교인의 숫자가 얼마 되지 않았기 때문에 교인만이 아닌 조선의 지식인과 일반 민중에게까지 교육, 정치, 경제 지식을 제공해 그들을 계몽하고 생업에 도움을 주고자 했다. 예를 들면 근대식 '감자 농사짓는 법', '소

를 강하게 키우는 법', '위생법' 등 삶에 실제적인 도움이 되는 내용을 담았다. 따라서 신문은 기독교인뿐 아니라 일반 국민까지 독자가 되었다. 창간 연도의 신문 내용을 분석해 보면 교회 통신 74회, 공업 진흥 100회, 농업 개량 99회, 일반교양과 세계 소식 105회를 이뤘다. 1899년에만 177만 6천 쪽을 인쇄했다고 선교본부에 보고했다. 당시 이 신문은 전국 13도 370여 명의 고급 관리층들이 구독했다. 궁궐에서도 2부를 받아 보았을 정도였다. 신문 대금 수금은 정부의 도움을 받았다.

이 신문은 1905년 7월 1일부터 교회연합 차원에서 감리교의 〈죠선그리스도인회보〉와 통합하여 〈그리스도신문〉이라는 이름으로 1907년 9월 27일까지 발행했다. 게일 선교사가 주간을 맡았고 1907년 언더우드가 건강 회복 차 스위스로 떠날 때까지 사장으로 일했다. 신문은 1907년 11월 13일 〈예수교신보(The Church Herald)〉로 개명돼 발행했다. 이후 1910~1914년 장로교단에 의해 〈예수교회보(The Christian News)〉가 발행되었을 때도 언더우드는 이 일에 적극 협력했다. 언더우드는 신문 발간에 이어 잡지 발간을 시도함으로 한국의 문화 발전에 큰 업적을 남겼다. 1905~1906년에는 헐버트가 주간하던 〈코리아리뷰 (The Korea Review)〉의 편집을 맡기도 했다. 「The Korea Mission Field」라는 선교사들의 영문 월간지도 언더우드의 주간으로 시작됐다. 그의 부인은 문서 사역에 재능과 열심을 보여 1906년부터 1914년까지 이 잡지의 편집 주간으로 활동했다.

언더우드는 신문사를 통해 영어나 한문 책자들을 번역해 간행했다. 한문 서적으로는 『대부지명』, 『상제진리』, 『권중회개』, 『중생지도』, 『복음대지』, 『예수교문답』 등 여러 종류의 전도 문서를 간행했다. 그 외에도 많은 전도 문서를 간행해 '언더우드 출판물'이란 제하에서 이 문서들을 광고하기도 했다. 그의 이러한 출판문화 발전에 대한 노력은 그 당시의 계몽과 개화의 메신저 역할을 함으로 한국 근대화의 초석이 됐다. 그 바탕에는 한국 사랑이 있었다. 언더우드는 1901년 안식년을 기해 조선을 떠나면서 4월 25일자 〈그리스도신문〉에서 "대한도 내 조국이라"고 기술하였다. 출판문화에 관여한 그의 글들은 오늘날 한국학 연구에서 훌륭한 자료들이 되고 있다.[136]

3. 대를 이은 한국 사랑과 헌신

언더우드의 아들 호레이스 호튼 언더우드(Horace Horton Underwood, 1890~1951)의 한국 이름은 원한경으로서 그가 한성에서 태어난 것이 너무 기뻐 한성에 경사가 났다는 뜻으로 작명되었다. 호튼은 청년이 되어서 미국 뉴욕대학에 입학하여 교육학과 심리학을 공부하고, 1912년 9월에 미북장로교회 파송 선교사로 다시 입국하여 그의 아버지가 세운 경신학교에서 교사로 섬겼다. 1916년, 그의 아버지가 갑자기 소천하자 미국에 건너가 짐을 정리하고 다시 들어와 1917년에 연희전문학교 교수가 된 이래, 1920년대에 문과 과장직과 부교장직을 맞다가 1934년에 3대 교장이 되었다.

호튼 언더우드는 아버지 언더우드가 편찬한 책들을 개정하는 작업을 했는데, 1915년에 『한영문법(韓英文法)』을 개정하고, 1917년에 『한영자전(韓英字典)』을 개정해 영한사전인 『영선자전(英鮮字典)』을 1925년 출간했다. 이어서 같은 해에 뉴욕대학에서 「한국의 근대교육(Modern Education in Korea)」이라는 논문으로 박사학위를 받았다. 특히

136   국민일보 미션라이프, 최재건 연대 교수, 2014.9.16

이 논문에서 그는 일본이 행하는 교육을 통해 한국인과 일본인 사이의 차별을 주목했고, 한국인들의 지적 수준을 낮게 보는 서구인들의 글을 비판하며 상대적으로 높은 한국인들의 교육적 자질을 강조했다.

그는 아버지의 뒤를 이어서 한국의 독립을 위해 전국 각지를 돌아다녔다. 1919년 3.1 운동 때는 제암리 양민 학살 등의 일제 만행을 세계 언론과 교회 기관에 알렸다. 1942년에는 조선총독부로부터 강제 출국을 당했지만, 1945년 다시 미 육군 통역관으로 와서 미 군정 책임자인 하지(John R. Hodge) 장군의 고문을 맡았다. 1947년에는 다시 연희전문대학으로 복귀했다. 그러나 안타깝게도 그가 대한민국의 건국을 돕던 1949년 3월 17일, 그의 부인(Ethel V. W. Underwood, 1888~1949)이 좌익 청년에 의해 피살을 당하였다. 그는 몹시 충격을 받고 미국으로 귀국하였으나 한국에 전쟁이 발발되자 다시 돌아와 민간 고문단 자격으로 아들 3명과 함께 자진 참전하여 한국인 사랑을 생명을 걸고 사수하였다. 호레이스 호튼 언더우드는 1951년 2월 20일 부산에서 과로로 순직하였다.

언더우드의 3세인 호레이스 그랜트 언더우드(Horace G. Underwood, 1917~2004)는 1939년 뉴욕의 해밀턴대학을 졸업하고 내한하여 연희대학의 교수로 재직하였고 1941년 강제 추방당한 후 다시 6.25 전쟁 시 미 해군의 해병사단 정보부에서 근무하게 되어 1956년에는 경신학교 이사와 왕립 아세아학회 회장을 겸임하였다. 언더우드 가문은 4대를 이어서 100여 년에 걸쳐 조선의 근대화와 한국의 현대화, 자유화를 위해서 헌신하였다.[137]

---

137   김재현, 『한반도에 심겨진 복음의 씨앗』, KIATS, 2015.7, pp.66~68

❖

아펜젤러의 사역

1. 조선 최초의 근대식 교육기관 배재학당

배재학당(培材學堂)은 1886
년 8월 3일 아펜젤러가 한성
에 최초의 근대식 중등교육기
관으로 설립한 것이다. 그는
1885년 7월에 입경하여 자신
보다 1개월 앞서 들어온 스크

배재학당

랜튼 의사의 집 한 채를 빌려 두 칸짜리 방의 벽을 헐어 조그마한 교실
을 만들었다. 그곳에서 수업이 시작되면서 한국 근대학교의 역사가 최
초로 시작되었다. 1886년 6월 8일, 고종은 배양영재(培養英材)의 줄임
말인 배재학당이라는 교명과 후원금을 내렸다. 아펜젤러는 당시 상황
에 대해 다음같이 말한다.

"우리의 선교 학교는 1886년 6월 8일에 시작되어 7월 2일까지 수
업이 계속되었는데 학생은 6명이었다. 오래지 않아 한 학생은 시골
에 일이 있다고 떠나 버렸다. 또 한 명은 6월이 외국어 배우기에 부
적당한 달이라는 이유로 떠나 버리고 또 다른 학생은 가족의 상사
가 있다고 오지 않았다. 10월 6일인 지금 재학생이 20명이요, 실제
출석하고 있는 학생은 18명이다. 이 배재학당의 설립 목적으로 우
리는 통역관을 양성하거나 학교의 일꾼을 양성하려는 것이 아니요,

자유의 교육을 받은 사람을 내보내려는 것이다."[138]

학당훈(學堂訓)은 "큰 인물이 되려는 사람은 남을 위해 봉사할 줄 알아야 된다"고 해 기독교적 교훈(마 20:26~28)으로 봉사적 인물을 양성하려 하였다. 교과목으로는 한문, 영어, 천문, 지리, 생리, 수학, 성경 등이 있었고 그 외의 과외 활동으로 연설회, 토론회와 같은 의견 발표의 훈련을 시켰으며 정구, 축구 등의 특활 교육을 통하여 지덕체의 균형 있는 전인교육에 힘썼다. 이러한 교육 제도는 오랫동안 서당과 학당에서 실시해 온 교육 방법이었던 일방적 교시와 훈계가 아닌 학생으로 하여금 문제의식을 느끼고 자신의 생각을 드러내며 급우와 토론하고 선생에게 질문하는 서양식 교육으로 결과적으로 학생들의 학습 참여 의식이 높아지고 이는 학구열로 이어졌다.

배재학당은 1887년 3월 14일 왕실(정부)이 공인한 중고등학교로 발전했다. 학교의 목적은 조선교육제도의 본질적 특징과 연계하여 서구 과학과 문학의 교육 과정으로 학생들을 철저히 양육시키는 것이었다.[139] 이러한 교육을 통해 첫 학생 중 4명은 1년 후에 전신국에 기용되어 곧 주사(종6품)로 승진했다.

이 학교에서 영어를 배워서 벼슬을 한다는 소문이 나자 학생들이 전국에서 몰려왔다. 이로 인해 1887년 8월 5일에 학교로 사용할 가로 76자, 세로 52자 크기의 1층 르네상스식

아펜젤러 선교사

---

138   동일 자료 pp.202~204

139   The First Annual Report of the Pai Chai Hak Tang, 1888~1889(Seoul : Trilingual Press, 1889), p. 3~4

벽돌 건물을 지어 정초식을 했다. 머릿돌 아래에는 다음 물건을 담은 상자를 넣었다. 동전 100냥, 일본 은화, 영어 『성경』 1권, 독일어 「마가복음」 1권, 설계자 계약서 사본 1부, 1887년 6월호 미국 북감리회 잡지 3권과 특히 'Gospel in Lands' 6월호의 고종에 대한 기사, 아펜젤러의 조선 교회에 대한 글과 정동 선교구역 그림 2장, 윤치호의 신앙 고백문 등이 그것이다.[140]

1887년 9월부터는 학생들에게 신학 교육을 실시하였고, 1893년부터는 정규적인 신학 교육도 함께 이뤄졌다. 학년은 두 학기로 나누었다. 수업료는 종전의 물품 대신 돈으로 받았고 입학과 퇴학의 절차를 엄격히 규정하여 근로를 장려하였다. 1893년 8월에 열린 미국 감리회 한국선교회 19차 연회에서는 아펜젤러를 배재학당 학장 겸 신학부 교장으로 임명하였다. 지금의 배재중고, 배재대학, 신학부는 감리교 신학교의 모체가 된다.[141]

조선 정부와 배재학당의 협정문

1. 정부는 이 학교의 모든 규칙과 규정을 엄격히 준수할 200명의 학생을 보낸다.
2. 학생들은 영어, 지리, 수학, 과학 등 학교를 책임지고 있는 교사들이 결정한 여타 과목의 수업을 받는다.
3. 학생 입학, 퇴학 및 징계는 전적으로 외국인 교사가 일임한다.
4. 2월 1일 개학과 함께 탁지부는 학부에 200달러를 전달하고 그 돈은 학생들의 책과 문구류 등의 비용으로 학교에 보낸다. 만일 개학 시

---

140   옥성득, 『첫 사건으로 본 초대 한국교회사』, 짓다, 2016.10, pp.141~142
141   출처: 위키백과

에 200명 정원이 다 채워지지 않은 경우에는 50달러를 일시불로 지급한다. 학생 수가 50명에 도달하면 이후 200명까지 10명마다 10달러씩 추가 지급한다. 일본 은화나 지폐 중에서 정부가 선택하여 지불한다.

5. 매월 말일 그달 출석한 학생에 대한 바르고 상세한 일람표를 외부로 보내고 그것을 다시 학부에 보낸다.

6. 교육 과정을 이수할 능력이 없거나 교칙을 위반한 이유로 인해 퇴학되지 않는 한, 학생은 반드시 3년 동안 학교에 다녀야 한다.

7. 외국인 교사는 200명의 학생을 가르치는 데 3명이 필요하든 4명이 필요하든 급료를 받지 않는다. 학생 50명마다 1명의 조선인 강사를 채용하고 그 선택은 외국인 교사가 받되, 이후 해마다 5달러의 인상된 월급을 받는다. 만일 강사가 업무에 충실치 않을 경우 그 해고는 정부에서 한다.

8. 이 협정서는 5부를 복사하여 학부, 외부, 탁지부, 미국 공사관, 그리고 학교 당국 등에 보관한다.

조선 건국 504년 1월 26일
외부로 위임받아 이 협정을 체결함
외부 서기 현 채
배재학교 대표 교장 H.G. Appenzeller*

* The Gospel in All lands, 1895년 6월호 p.355

† **1895년 10월 4일, 배재학당 보고서**

배재학당은 9월 11일에 개학하였다. 그날 학부대신이 우리를 방문했다. 신입생들이 매일 찾아오고 있으며 현재 학생 수는 109명으로 그 가운데 66명이 영어부에, 43명이 한문부에 있으며, 38명은 한문과 영어를 같이 공부한다. 우리는 발전된 과정에 접어들었으므로 옆에서 바라보는 것이 부적절하지 않을 것이다. 학교가 공식적으로 시작된 것은 1886년이었고 학생

수는 1886~1887년에 38명⋯ 1894~1895년 등록학생 수는 169명이다. 조선 정부는 학생 수를 채워 주었고 학교명의 이름도 지어 주었다. 기록에 의하면 생도 중 33명이 상하 직위를 막론하고 벼슬을 얻었다. ⋯ 1년 동안 15명의 학생이 교회에 출석하였고 조선인 교사들은 모두 기독교인이다. 신입생의 성실성을 시험하기 위해 우리는 그들에게 6개월간 1,000냥을 맡기고 그 기간이 지나면 그 돈을 되돌려 받았다. 나는 이 규칙이 성실하지 않은 학생들을 제외한 다른 생도까지도 오지 못하게 막고 있는 건 아닌지 잘 모르겠다.[142]

배재학당은 외세의 침탈로 암울했던 구한 말에 개화의 등불과 같은 역할을 하기 시작했고, 엘리트 인재를 양성하는 교육의 장이 되었다. 배재학당에서 공부한 아펜젤러의 제자들은 개화파 정치 운동의 본류가 되어 자주·민권 의식을 각성하게 되었고 자강운동의 횃불을 높이 들었다. 아펜젤러의 교육 목표는 조선의 젊은이들에게 기독교 전파와 동시에 서양의 민주주의 정치와 사상, 발전된 근대식 문화를 전파하는 것이었다. 때마침 갑신정변 쿠데타 실패 후 미국에 망명하여 고급 교육을 받은 서재필과 윤치호가 배재학당에 합류하면서 민주주의, 민족주의, 계몽주의 교육이 더욱 강화되었다.

당시 배재학당에서는 교과목뿐만 아니라 민주주의, 자유, 인권, 기독교 신앙 등을 함께 가르쳤다. 헐버트가 교사로 부임하면서 철봉대를 설치하여 체조를 가르쳤고, 1900년에는 테니스가 시작되었다. 학생들은 1896년 11월 21일 독립문 정초식에 참석하여 〈조선가(애국가)〉를 불렀는데, 스코틀랜드 민요인 〈올드 랭 사인〉 곡조에 윤치호가 가사를

---

142   김낙환, 『아펜젤러 행전 1885-1902』, 청미디어, 2014, pp.219~220

지어 붙인 곡이었다.[143]

배재학당은 대가를 낼 줄 모르는 자에게는 도움이 없음을 생도들이 깨닫게 하기 위하여 자조(自助)정책을 시행했다. 자조부를 설치하여 학교 구내를 순찰하고 지키는 일을 학생들이 맡았다. 돈이 없어 학비를 못 내는 학생들은 학교 구내에 있던 '삼문출판사'의 제본소에서 아르바이트를 했고, 이승만이나 이충구처럼 영어가 뛰어난 학생들은 조선에 부임한 서양인들에게 조선어를 가르쳐 돈을 벌기도 했다. 자조정책은 엄격하게 운영되어 누구든지 열심히 번 돈으로 월사금(학비)을 냈으며, 제 손으로 벌지 않는 학생에게는 도움을 주지 않았다. 이러한 제도의 도입에는 조선인들이 오랫동안 노동을 천박하게 여겨 오고, 열심히 근면하게 사는 삶의 가치를 모르는 것이 그 배경이 되었다. 당시 조선인들은 오히려 무위도식하는 삶을 자랑으로 여겨 왔다. 이러한 문화는 조선의 성리학이 미친 영향으로, 이들은 학문만을 최대의 가치로 여겼다. 학생들은 근면의 미학을 실습을 통해 알게 되었다. 그런 면에서 배재학당은 지덕체(智德體)의 산실이었다.

2. 최초의 출판문화 사역을 통한 개화

아펜젤러는 1894년 5월 4일 조선에서 처음 보는 기독교 서적과 외국 서적을 판매하는 작은 규모의 서점을 열어 운영하기 시작하였다. 그 당시에 대원군과 같이 외국인에 대해 혐오심을 가졌던 사람들 중에는 외국인들에게 죽음을 선포하고 외국과 조약 체결을 주장하는 사람

---

143   윤성렬, 『도포 입고 ABC 갓 쓰고 맨손체조』, 학민사, pp.101, 2004

들을 향하여 저주를 퍼붓는 포고문[144]이 새겨진 척화비가 있음에도 불구하고 새로운 개화의 빛을 비추어 온 땅에 퍼지게 하였다. 이처럼 그가 사역하던 시기에는 쇄국정책이 사라졌음에도 외국인에 대한 혐오감과 배척이 여전하였다.

그런 상황에도 아펜젤러는 올링거(F. Ohlinger)[145] 박사가 시작했던 인쇄소의 설비를 확장하고 제본소를 증설함으로 지식을 전파하여 조선의 지식인들(양반계층)을 계몽할 수 있는 문명 수단을 갖추게 하는, 곧 기독교 문명의 훌륭한 대행자의 활동을 전개하였다. 이것이 감리교의 출판사로 훗날 여기에서 「Korean Repository」, 「Korea Review」 잡지가 인쇄되었다. 1892년부터 1906년까지 계속된 이 월간지는 조선에 관해 무지를 일소하는 데 기여하였다. 올링거 선교사 부부가 시작한 「Korean Repository」는 1년간 연재되었다. 1898년 이후 육영공원의 교사였던 호머 헐버트(Homer C. Hulbert)가 뛰어난 능력으로 「Korea Review」를 이어갔다.

대부분의 논설은 아펜젤러가 작성했는데 그는 매우 명쾌하고 직설적인 문장으로 조선의 실태를 기사화하였다. 조선 정부는 정직하고 현실적인 개혁과 사람들의 개화, 개명을 두려워하였기 때문에 여러 번 미국 공사관을 통하여 미국인들의 자유로운 활동을 제한해 줄 것을 요청했다. 그러나 동요할 줄 모르는 천성을 지닌 아펜젤러는 불 켜진 촛불을 확고하게 계속 잡고 있었다. 그의 잡지는 발매 금지를 당하기 위해 존재하는 것이 아니라 사실과 진실을 대중에게 알리기 위해 존재하

---

144 대원군이 병인양요 후 전국에 세워 둔 척화비로 외국 오랑캐들과 접촉하거나 협약을 맺는 것은 매국이라 하며 쇄국정책을 더욱 강화하였다.

145 올링거(1845~1919) 박사는 중국선교사로 있다가 1887년에 조선에 와서 8년 동안 조선의 인쇄, 출판 등 문서 운동에 큰 공헌을 남겼다. 삼문(중, 한, 영)출판사를 세우고 1890년에는 죠선성교서회의 책임자가 되었으며 1892년에는 「Korean Repository」를 발간하였다.

는 것이었다.

이 학회는 짧지만 활동적이었던 존속 기간 동안 3권의 훌륭한 회보를 발간하였다. 처음부터 아펜젤러는 학회를 운영하는 데 한몫을 담당해 왔다. 그는 학회를 위해 극동 문제에 관한 서적을 수집하는 일을 계속해 나갔을 뿐만 아니라 그 조직의 사서 및 간사 역할까지도 하였다.[146]

3. 첫 국제학교 운영

배재학당은 국가 인재 양성 기관 역할도 했는데, 그 과정은 다음과 같다. 1883년 보빙 사절로 미국을 방문하고 귀국한 민영익은 고종에게 서양 문명을 받아들이기 위해 근대식 학교 설립을 건의했다. 그 결과 통역사 양성을 위해 1883년 8월 독일인이며 조선 최초의 세관장이었던 묄렌도르프가 '동문학'을 설립했다. 교사로는 미국에서 교육받은 중국인 오중현(吳仲賢)과 당소위(唐紹威), 영국인 핼리팩스(T. E. Halifax)를 초빙하여 영어를 가르쳤다. 초대 주한 미국 공사 푸트가 입국하자 고종은 그에게 영어를 가르칠 미국인 교사 초빙을 요청하였다.

이 소식을 전해 들은 미국 북장로교회 해외선교부의 엘린우드 총무는 국무성 장관 프레링 후이센에게 편지를 보내 "기독교 신앙을 가진 사람들이 조선에 교사로 갈 수 있도록 선발해 달라"고 요청했다. 이 요청을 받은 미 국무성은 목회자 양성 기관인 뉴욕의 유니온 신학교 출신 청년 호머 헐버트, 조지 길모어, 달젤 벙커를 조선에 파견할 교사 요

---

146   이만열, 『아펜젤러: 한국에 온 첫 선교사』, 연세대학교출판부, 2007.10, pp.202~204

원으로 선발했다. 세 사람이 1886년 7월 4일 조선에 도착하자 고종은 1886년 9월 23일 동문학을 '육영공원(Royal English School)'으로 개편하였다.

지금의 서소문동 서울시립미술관 자리에 설립되었던 건물이 바로 조선 최초의 관립 근대학교이다. 학급 운영은 2개의 반으로 편성되어 좌원(左院)은 현직 관료 중에서 선발하였고 우원(右院)은 15~20세의 양반 자제 중 각각 35명이 선발되었다. 이완용, 김승규, 윤명식 등이 좌원의 첫 입학생이었다. 초기에는 의무적으로 모두 기숙사 생활을 하게 하였고 후에는 집에서 등교하였다. 학교에서는 무료로 침식과 책, 학습 도구, 그리고 매달 담뱃값 명목으로 6원씩을 지급하였다.

그러나 학생들은 신학문에 대해 이해와 학습 열기가 부족하였다. 심지어는 하인을 대신해 보내기도 하였다. 많은 학생의 결석이 발생하고 질서가 문란해지고 재정 부담이 가중되어 결국 육영공원은 폐지되었다. 그 대신 1895년 12월 관비생 50명을 선발하여 배재학당에 입학시키고 매월 은화 1냥씩 보조하되, 교과 과정에 대해서는 간섭하지 않기로 배재학당과 계약을 맺음으로 교육을 위탁하였다.[147]

이 당시 헐버트는 학생들이 풍전등화의 상태에 있는 나라에 대한 고민이 없고, 오로지 자신들의 출세와 가문의 명예를 위해 학업 하는 것을 두고 한탄하였다. 아펜젤러도 조선이 제국주의 침략 앞에 놓인 것에 대해 누구보다도 슬픈 동정심을 가지고 있었으며, 조선의 독립운동에 동조하여 독립협회 조직의 활동에도 깊이 관여했다. 독립협회 창설 때는 기독교 지도자들과 배재학당 교수들은 물론, 배재학당 출신 학생들이 회원으로 대거 참여했다. 아펜젤러는 배재학당의 위치가 치외법

---

147   김용삼, 『대한민국 건국의 기획자들』, 백년동안, 2015.5, pp. 53~56

권 지역이라는 점을 이용하여 학생운동에 가담한 학생들을 피신시켜 주었다. 배재학당 출신인 윤성렬 목사의 증언에 의하면 만민공동회 회원들이 체포 위기에 처했을 때 도피처로 배재학당이 이용되곤 했다.[148]

4. 『성경』 번역을 통한 한글 보급 대중화 사역

1885년 4월 5일, 아펜젤러와 언더우드 선교사가 조선에 처음 들어올 때 저들의 손에는 이미 조선어로 번역된 『성경』이 들려 있었다. 이들이 조선에 오기 전에 일본에 몇 달 동안 체류하고 있을 때 이수정의 『현토한한성서(懸吐漢韓聖書)』도 출간되어 있었다. 또, 당시 조선 땅에는 1884년부터 만주의 존 로스(John Ross) 선교사[149]와 조선 청년 서상윤, 백홍준 등에 의해 조선어로 번역된 『성경』이 부분적으로 보급되어 있었다. 그러나 선교사들의 활동과 조선인 권서들의 헌신적인 전도로 보다 많은 조선인이 『성경』을 필요하게 되자, 더욱 정확한 『성경』 전서의 번역이 절실하게 되었다. 이에 언더우드와 아펜젤러 선교사가 책임자로 선정되어 '성서번역위원회'를 조직하여 1887년에 『마가의 전한 복음서 언해』를 일본 요코하마에서 출간하였다.

아펜젤러는 1890년에 존 로스가 번역한 『예수성교누가복음』을 수정한 『누가복음전』과 『보라달로마인셔』를 편찬하고, 1892년에는 『마태복음전』을 번역하였다. 『마태복음전』은 언더우드와 스크랜튼이 시작한 작업을 아펜젤러가 이어받아 완성한 것으로 기존에 일본에서 진

148   윤성렬, 앞의 책, pp.183~186

149   존 로스(1842~1915)는 스코틀랜드 출신의 장로교 선교사로서 만주 봉천에서 선교활동을 하면서 조선 선교에 비전을 갖고 조선 의주 출신 봇짐 장사꾼들이었던 서상륜, 김응기, 이성하 등을 제자로 삼아 최초로 조선어 『성경』을 번역하였고 출간하여 이들을 조선에 파송하여 『성경』을 전하도록 하였다.

행된 이수정 번역본이나 중국 만주(심양)에서의 존 로스 번역본을 수정한 것이 아닌 국내에서 이루어진 순수 조선어 번역이라는 점에서 의미가 있다. 아펜젤러는 1902년 6월 17일 목포에서 예정된 성서번역위원회의에 참석하러 가던 중 해상에서의 충돌 사고로 침몰하는 배에서 조선인 소녀를 구하고 자신은 빠져나오지 못해 순직하였다. 이에 대해 동료 선교사인 게일은 그의 죽음에 대해 "순교의 피는 교회의 씨앗이다. 그는 자기 생명을 『성경』 번역에 바쳤다. 이제 우리는 그 일을 위해 온 힘을 다해 매진해야 할 것이다"라고 추도하며 그가 생명과 『성경』을 바꿨다고 말했다.[150]

이렇게 희생을 치르면서 조선어로 번역된 『성경』은 교회와 미션스쿨을 통해 한글의 대중적 보급에 크게 공헌하여 문맹의 세계에서 문명의 세계로 이끄는 데에 결정적인 역할을 하였다. 이에 대해 최초의 근대 한글 소설을 쓴 이광수는 1917년 한글 『성경』의 의미와 공헌에 대해 이같이 평가하였다.

> 한글도 글이라는 생각을 조선인에게 준 것은 실로 야소교(예수교회의 음역)이다. 귀중한 신구약과 찬송가가 한글로 번역되어 이에 비로소 한글의 권위가 생기고 또 보급된 것이요. … 석일(오래전)에 중국 경전의 언해가 있었으나 소위 토만 달았을 뿐이오. 만일 후일에 조선 문학이 건설된다 하면 그 문학사의 제1항에는 신구약의 번역이 기록될 것이외다.

한편 이덕주 감신대 명예교수는 이렇게 평가하였다.

---

150   김재현, 『한반도에 심겨진 복음의 씨앗』, KIATS, 2015.7, pp. 72~74

한글 『성경』은 평민이 사용하는 언어를 평민이 이해하는 문자로
붙잡았다는 점에서 당시 봉건적 사상을 변화시키는 데 일정 부분
영향을 줬다.

인간을 하나님의 형상을 따라 창조된 평등한 존재로 규정한 『성경』
의 내용이 봉건적 혈통 신분제를 뛰어넘는 새로운 질서를 받아들이는
기제로 작동했다는 것이다.[151] 즉 한글 보급은 신분차별 문화를 타파하
는 데에도 기여한 것이다.

선교사들에 의해 번역된 『성경』은 종교성을 떠나 조선의 문학사의
측면에서도 초석이 되어 한글 문학인들을 배출하는 데에 결정적인 역
할을 하였고 한글을 깨친 일반 대중은 비로소 조선 문학의 대중화에
참여하게 되었다. 예를 들어서 춘원 이광수와 일본 유학파인 많은 시
인 중 윤동주(「하늘과 바람과 별과 시」), 김동인(「감자」, 「배따라기」), 박태원
(「흐르는 강물처럼」), 최인훈(「광장」), 이명우(「불신시대」) 등으로 한글로 된
시와 소설은 한국에 계몽문학의 시대를 열었다.

5. 아펜젤러와 이승만

대한민국의 초대 대통령이었던 이승만이 배재학당과 인연을 맺은
것은 1895년 4월이다. 당시 이승만은 과거 시험에 10여 차례 낙방하
고 결혼하여 아들까지 둔 청년 선비였다. 이때만 해도 뇌물이 아니면
시험에 합격하기가 어려운 시대였다. 이승만은 과거를 통해 가문을

---

151   임영주, "한글 성경, 한글 대중화에 결정적 영향", <경향신문>, 2011.4.7

빛내는 입신양명(立身揚名)을 꿈꾸는 양반 가문의 청년이었다. 그러나 1894년 갑오개혁으로 과거제도가 폐지되자 자신이 추구했던 목표를 상실한 이승만은 한동안 방황하다가 신긍우(신흥우 둘째 형)의 권유로 배재학당에 입문하였다. 이승만은 그 당시 양반 차림의 도포에 큰 갓을 쓰고 굽 높은 나막신을 신고 첫 등교를 하여 학당장인 아펜젤러를 만났다.

아펜젤러는 이승만의 스승이자 후일 이승만이 한성 감옥에 수감되었을 때[152] 그의 석방을 위해 백방으로 노력했던 은인이다. 이승만의 석방을 위해 아펜젤러와 알렌, 언더우드, 게일 등도 힘을 썼다. 1900년 겨울, 고종은 언더우드 선교사에게 적당한 시기에 이승만을 석방하겠다고 약속했지만 지키지 않았다. 이렇게 되자 아펜젤러를 비롯해 에비슨, 벙커, 헐버트, 게일 선교사 다섯은 1901년 11월 9일 내부협판 이봉래에게 고종 황제로 하여금 지난 겨울에 약속한 대로 이승만에게 특사로 베풀도록 영향력을 행사해 달라는 진정서를 제출했다. 특히 아펜젤러는 감옥에 갇힌 이승만을 극진하게 돌보았으며 이승만의 가족에게도 담요와 땔감을 보내며 그들을 보살폈다.

이승만이 배재학당에 입학할 당시에 아펜젤러, 달젤 벙커(Dalzell A. Bunker, 1853~1932), 프랭클린 올링거(Franklin Ohlinger, 1845~1919), 한국 문화 전문가이자 독립운동의 은인 호머 헐버트(Homer Hulbert, 1863~1949), 윌리엄 노블(William Arthur Noble, 1866~1945), 조지 죤스, 윌리엄 스크랜튼, 리처드 하크니스 그리고 엘라 아펜젤러 부인, 베르타

152 　이승만은 1899년 1월에 박영효와 관련된 고종 황제 폐위 음모 사건에 연루되어 1904년 8월까지 5년 7개월간 한성 감옥에 투옥되었다. 그가 구금된 직후 주한 미국공사였던 알렌이 이승만의 석방을 요구하였지만 거부당하였고, 1899년 1월에는 탈옥을 시도하다 실패해 종신형을 선고받았다. 1904년 8월 9일에 특별 사면령을 받고 석방되었다. 그해 11월 민영환과 한규설의 주선으로 조선의 독립을 미국에 청원하기 위해 미국으로 건너갔다. 그 당시 이승만은 영어를 가장 잘하는 청년이었다.

올링거 부인, 매티 노블 부인 등이 학생들의 교사였다.

배재학당에 많은 학생 중에서도 특히 이승만은 아펜젤러로부터 많은 신망을 받았다. 졸업 후 1898년 5월 4일부터는 이승만을 비롯한 여러 사람이 주동이 되어 국내 최초의 일간신문인 〈매일신문〉을 발행했다. 사장은 양흥묵, 주필은 이승만, 기자는 최정식이었다. 당시 신문 인쇄용지가 귀해서 주한 미국 공사관으로부터 신문 용지를 후원받기도 했는데, 〈매일신문〉은 후에 〈제국신문〉과 〈황성신문〉의 뿌리가 되었다.[153] 이승만은 개화기 조선을 대표하는 최초의 언론인이자, 기자였고 최초의 일간지 발행인이었는데, 언론인의 길을 아펜젤러가 열어 준 것이었다.

아펜젤러 부부를 비롯한 언더우드, 스크랜튼 가족 등 미국 선교사들이 한성에 정착하면서 조선 사회에 의미심장한 개화의 바람이 불기 시작했다. 조선 최초의 근대식 학교가 설립되어 자유와 천부적인 인권, 기독교 사상이 보급되었고, 문맹 퇴치와 함께 서양 음악이 널리 보급되기 시작했다. 또 조선은 여성 인권에도 눈을 뜨게 되었고, 근대 의술을 기반으로 한 과학적인 환자 치료가 본격화되었다. 이뿐만 아니라 근대식 출판사가 설립되어 신문과 서적이 발간되는 등 문명개화의 문이 선교사들을 통해 활짝 열리게 되었다.[154]

6. 대를 이은 아들 닷지 아펜젤러

헨리 닷지 아펜젤러(Henry Dodge Appenzeller, 1889~1953)는 아버지

153   김낙환, 앞의 책, pp.232~233
154   김용삼, 『대한민국 건국의 기획자들』, 백년동안, 2015.5, pp.50~52

의 대를 이어 사역을 이어 갔다. 그는 조선의 근현대 역사의 격동기를 몸소 다 겪은 2세 선교사이다. 그는 조선에서 태어난 최초의 선교사 자녀로서 그의 고향은 조선이다. 아버지 아펜젤러가 안식년을 맞아 10살이 되던 해 미국으로 건너가 그곳에서 홀로 남아 고등 교육을 받았다. 그는 12살 때 아버지가 군산 앞바다에서 해상 사고로 순직하였다는 비보를 듣고는 하나님께 의로운 질문을 던진다.

> "하나님께서는 누구보다도 우리 아버지를 잘 아시지 않습니까? 고국인 미국을 떠나서 그 힘든 조선으로 간 것을 너무도 잘 아시지 않습니까? 우리 아버지는 하나님을 사랑했고 조선을 사랑했습니다. 그리고 조선을 위하여 거의 쉬는 날 없이 열심히 일하였습니다. 우리 아버지의 나이 44세, 아직도 얼마든지 일할 수 있는 나이입니다. 조선에서는 할 일이 너무도 많다고 하시며 아버지는 늘 바쁘게 그리고 부지런히 일하셨습니다. 그런데 하나님, 왜 우리 아버지가 그렇게 이 세상을 떠나야만 했습니까? 하나님! 우리 아버지는 왜 그렇게 가셔야만 했습니까?"

아들 닷지는 그때부터 아버지와 조선을 생각하게 되었고 조선이라는 나라는 그에게 지워지지 않는 숙명이 되고 말았다. 그는 1907년 프랭크린 마샬 아카데미를 졸업하고 프린스턴대학에 진학하여 1911년에 졸업했고, 1915년에 드루신학교를, 1916년에 뉴욕대학을 졸업했다. 1917년에 조선의 선교사로 임명받고 내한하여 1918년 감리교 선교사 노블(William Noble)의 딸 루스 노블과 결혼하고 3년 동안 인천 지방에서 선교 사업을 하다가 1920년 1월에 배재학당의 제5대 교장이 되었다.

그해는 3.1 운동이 일어난 그다음 해였던 만큼 교내외의 공기는 매우 험악했다. 1920년 3.1독립운동 선언 제2주년을 맞이하여 일본 경찰대는 학교 안팎으로 삼엄한 경계를 펴고 교내까지 경찰관을 투입하였다. 그러나 배재학당 학생 전원은 3월 1일부터 일제히 등교를 거부하고 동맹휴학을 하는 동시에 3월 2일에는 수백 명의 학생이 모여 독립만세를 부르짖었다. 급보를 받은 경기도 학무과 직원들과 경찰이 총동원했으나 학생들은 재빨리 흩어진 후였다. 이 사건으로 아펜젤러 교장은 곤욕을 치르게 되었다. "교장 책임하에 사건의 전말을 조사하고 학생들을 의법 처단하라"는 것이었다. 그러나 아펜젤러 교장은 끝끝내 불응하며 자신의 의견을 피력하였다.

> "나에게 책임은 없다. 도지사의 지시 사항은 충실히 이행되었고 경찰관이 직접 감시를 맡고 있지 않았는가? 학생들의 자유까지 내가 간섭할 수는 없다."

이 일로 결국 아펜젤러 교장은 교장 인가 취소를 당하고 말았다. 1939년, 아펜젤러는 교장직을 내려놓고 본국 호놀룰루 제일감리교회 목사로 임명되어 1945년까지 봉직하고 1948년 로스앤젤레스 감리교회 담임목사로 시무하였다. 그리고 1950년에 조선으로 돌아와 6.25 전쟁을 함께 겪으면서 조선의 피난민들을 위해 '기독교세계봉사회'의 한국 책임자로 봉사하던 중에 건강이 악화되어 1953년에 미국으로 돌아가 치료를 받다가 그해 12월 1일에 하나님의 부르심을 받았다.

그는 임종 직전에 "내가 죽으면 한국 땅에 묻어 주오"라고 유언하였다. 그는 유언에 따라 1954년 10월 18일 양화진 외국인 묘원에 안장되었다. 그의 묘비에는 "영원하신 팔이 네 아래 있도다"라는 「신명기」

33장 27절이 새겨졌다. 그는 아버지의 유해가 없는 묘지(C11, 12) 옆에 잠들었다. 1986년, 그의 아내 루스 아펜젤러의 유해도 그의 곁에 묻혔다.[155]

❖

서양 의학의 초석을 놓은 에비슨

1. 언더우드를 통한 에비슨의 조선행 결단

에비슨(Oliver R. Avison, 1860~1956) 의료 선교사는 한국의 근현대의학과 의료교육의 창설자이다. 그는 1893년 6월에 조선으로 오기 전까지 토론토 의과대학의 교수이자 의사였으며 대학 내에 의료기독청년회(YMCA)를 조직하여 활동하였다.

1890년 제중원의 제2대 원장이었던 혜론 의료 선교사가 콜레라에 걸려 순직하면서

에비슨 선교사

병원은 존폐의 기로에 서게 되었다. 제중원(최초 병원명은 광혜원)의 설립자였던 알렌은 선교사직을 사직하고 고종의 요청에 따라 워싱턴에 초대 주미공사에 이어서 조선 주재 미공사관의 임시 공사로 활동하고 있었다. 그 당시 언더우드 선교사는 1892년 안식년을 맞아 미국에 머

---

155   길원필, 『내 사랑 코리아 (초기선교사 30선)』, 탁사, 2002.12, pp.112~114

물면서 제중원을 맡아 섬길 의사 선교사를 찾기 시작했다. 그는 「The Missionary Review of the World」에 '전도자와 의사의 연합사역'에 관한 글을 기고했다. 이 기고문에서 언더우드는 선교가 의료 사역과 결합하여 진행될 때 얻게 되는 큰 효과를 강조하면서 조선에 의료 선교사가 절대적으로 부족함을 역설하였다.

이 무렵 언더우드는 에비슨의 초청으로 토론토대학의 YMCA에서 강연을 한 후 그들 부부와 식사를 하면서 에비슨에게 조선에 와서 의료 선교사로 활동할 의사가 있는지를 물었다. 에비슨은 숙고 끝에 조선의 제중원을 맡아 의료 사역을 하겠다는 결심을 굳혔다. 에비슨은 자기가 소속된 캐나다 감리교회에서 조선 지원과 파송에 대한 프로그램이 없음을 알고도 포기하지 않고 미국 북장로회의 선교부로부터 후원을 받아 내 조선으로 향하게 되었다.[156]

에비슨은 4명의 자녀와 함께 부산항에 도착한 후 그곳에서 언어를 약간 익힌 후 다시 제물포를 거쳐서 한성에 입경하였다. 에비슨의 부인은 음악을 좋아하였기에 조선 땅에 최초의 피아노를 갖고 들어왔다. 피아노가 집에 옮겨진 후 온 가족이 모여 찬송가 〈삼위를 찬양함〉을 불렀다. 이 당시 에비슨의 부인은 만삭이었고 얼마 후 출산하였으며 그 후에도 계속 자녀를 낳아 모두 열 자녀가 있었으나, 조선에 와서 두 명을 잃어 양화진 외국인 묘원에 묻었다. 장성한 자녀 중에 부산에서 태어난 아들은 후에 의사가 되어 아버지와 함께 제중원에서 평생 의료 사역을 하였다.

---

156   김재현, 『한반도에 심겨진 복음의 씨앗』, KIATS, 2015.7, pp.47~48

2. 조선에서의 첫 제중원 사역과 문제점

에비슨이 제중원에 부임했을 때는 그 병원의 운영을 지속해야 하는 지에 대해 선교사들 간에 의견이 양분되어 있었다. 여기에는 몇 가지 문제점이 있었다. 이러한 문제에 대해 북장로교 선교부에 보고를 하였고 그 결정을 기다렸다. 그들은 최종적으로 제중원이라는 국립병원과의 관계를 계속 이어 간다고 결정하였고, 그 병원의 책임자로 에비슨을 임명하였다. 에비슨은 기뻤다. 왜냐하면 그가 조선에 오게 된 꿈이 실현될 수 있었기 때문이었다. 그의 중점 사역은 조선인들의 보건 위생을 계몽하고 조선인 의사들을 교육시켜 자국인들의 치료를 자립적으로 할 수 있도록 만드는 것이었다.

1893년 11월 1일이 그가 제중원 왕립병원에서 첫 시무를 하게 된 날짜이다. 건물은 조선식 가옥이었고 방 하나가 가로 5m, 세로 5.5m 정도였으며 여러 개의 방으로 구성되어 있었다. 앞마당은 대기실 역할을 하였다. 환자들은 한쪽 문으로 들어와서 진찰과 치료를 받은 다음에, 약을 받아 다른 쪽 문으로 나가도록 되어 있었다. 의료 기구와 약품들은 볼품이 없었지만, 에비슨이 갖고 온 약과 도구들을 합치면 그럭저럭 괜찮은 것이었다.

조선 왕실은 1년에 1,500달러 상당의 금액을 하사해 주었으며 그 돈은 조선 관리인(주사직)을 통해 지불되기로 하였지만 대부분은 본래의 목적에 사용되기 전에 없어져 버렸다. 그 관리는 과거급제에 합격되어 왕실에서 임명된 공직자였으나 국가의 재원이 부족하여 봉급을 받지 못했고, 이에 병원의 관리비를 인건비로 자체 소모한 것이었다.

치료 과정에는 여자 간호사가 필요하였으나 조선에서는 여자가 남자의 몸을 만지거나 얼굴을 보이는 것을 예절상 허락지 않았기 때문에 여자 간호원은 기생 출신이나 과부나 첩 출신으로 채용하였다. 그녀들은 오랜 시일이 지나서야 인정받게 되었다.

에비슨 선교사가 조선인 환자와 소통할 때는 통역사가 필요했는데, 이 통역사들은 양반 출신이었으나, 조선 문화에서는 양반은 노동하지 않는 것이 당연하며, 일하는 것이 양반의 품위를 떨어트린다는 고정관념이 있었다. 그들은 통역할 때면 하류층 환자들에게는 호통을 치면서 말하였고 환자들 또한 그런 말에 굽신거리며 당연하게 받아들였다. 심한 경우는 어느 심부름하는 소년이 조선 글로 된 쪽지를 갖고 와서 보이자 크게 화를 내면서 자신을 무시한 것이라며 다시 한자로 쓰인 쪽지를 갖고 오라며 발길질을 하여 보냈다.

병원의 관리들은 비가 오면 나오질 않았다. 이들의 근무 문화는 비가 오면 관가에 나오질 않고 집에서 시간 보내는 것을 당연시함으로 병원 근무에도 그렇게 했다. 이 병원에는 환자 치료 규모에 비해 왕실에서 파견한 관리들이 불필요하게 많았기에 도움보다는 방해가 되었고 관리의 효율 면에 많은 지장을 주었다. 한번은 언더우드와 함께 지방 출장 치료와 봉사를 하는 동안에 그 병원의 조선인 관리들은 일본 의사들에게 그 병원 건물과 시설을 사용하게 하고 그 비용을 사적으로 착취하였다. 이에 에비슨이 병원을 그만두겠다며 짐을 챙겨 나가자 저들은 사색이 되었다. 만일 그 사실이 왕에게 알려지면 자신들을 엄벌을 받기 때문이었다.

에비슨은 병원의 많은 문제점을 과감히 개혁해 나갔다. 1명 이외의 불필요한 주사급직과 35명의 하인을 모두 돌려보냈다. 나아가서 건물 관리권을 선교회에 넘겨 줄 것과 선교사들이 자비로 건물을 의료 활동에 적합하게 개조하도록 할 것 등을 요구하고 관철시켰다.[157] 제중원의 의술을 통한 선교 활동이 점차 용인되었고 그로 인해 매일 아침이면 예배와 주일 예배를 병원에서 드리게 되었다. 또, 진료를 기다리는 환자들에게 전도 책자와 『성경』을 나누어 줄 수 있게 되는 놀라운 변화를 이끌어 내었다.

3. 에비슨이 본 조선인들의 위생 환경과 삶의 실상

에비슨은 캐나다 의료전문지에서 이같이 서술하였다.

† **「The Canadian Journal of Medicine and Surgery(1900년 5호)」**

한 나라의 질병에 대한 연구는 그 사람들의 습관과 사회 상태, 도시의 위생 설비, 그리고 그 나라의 지형과 문화 등에 대한 탐구를 포함한다. 조선에 있는 외국인 의사가 가장 먼저 마주치는 것은 그들의 집이 작다는 것이다. 그것들은 단층이고 햇빛을 가려 주는 폭이 2ft(60cm)보다 긴 처마를 갖고 있으며, 약 5ft의 높이의 담장으로 둘러싸여 있는데, 그 속에는 종종 크기가 기껏해야 15~20m² 되는 마당이 있다. 이 마당은 종종 거리보다 낮게 위치해 있으며 그것을 가로질러 노출되어 있는 도랑이 지나는데, 비가 오면 갖가지 폐물이 씻겨 들어간다. 방은 1~3개 정도인데, 대개 7~8ft이지만 크기가 두 배일 수도 있다. 하나의 방이 식당, 거실, 침실로 이용되며 그 결과 방에는 가족의 옷을 넣는 장롱, 밤에 침대로 이용되는 누비이불과 얇은 요가 있지만, 그것들은 낮에는 말아 방의 한쪽에 쌓아 놓으며, 공간이 그만

---

157   Allen DeGray Clark, 『에비슨 전기』, 연세대출판부, 1983.4, pp.241~249

큼 빼앗는다. 창문으로도 사용될 수 있는 문이 있고 거기에 유리 대신 창호지를 부치는 격자로 만들어진다. … 이 방에서 부모와 아이들 가족 전체가 더 따뜻할수록 종종 더 많은 다른 친척이 바닥에서 잠을 잔다.

… 그래서 개인의 청결은 조선인의 뚜렷한 특징이 아니다. 그들은 겨울철이나 여름철에 많은 목욕을 하지 않으며, 그래서 그들의 피부는 겨울철에는 때가 축적되어 자유로운 발열이 불가능하다. 또, 그들은 주로 밥과 매우 적은 양의 고기로 이루어진 음식을 빨리 먹으며, 음식의 양이 너무 많아 소화 불량이 너무도 흔하다. 성관계가 불결하고 난잡하여 치료를 받으러 온 성병 환자 중 많은 사람이 치료를 필요로 한다.

도랑에는 거리와 집의 모든 쓰레기가 놓여 있으며 종종 유익한 비가 와서 씻어 내려갈 때까지 그곳에 있게 된다. 화장실은 집 혹은 마당 옆에 튀어나온 도랑 위에 놓여 있으며, 분뇨가 도랑으로 떨어져 새로 도착한 외국인에게는 거리 광경과 냄새가 가장 뚜렷한 특징으로 기억된다. … 이웃의 우물은 흔히 거리 옆에서 이 도랑의 2~3ft 이내에 위치해 있으며, 대개 대단히 낮기 때문에 샘물의 저장소보다는 종종 표면의 물과 도랑에서 스민 물의 저장소가 된다. 반면에 야채상은 종종 도랑의 물로 갓 뽑은 상추와 순무의 흙을 씻어 내 실제보다 더 청결하게 보이도록 하며, 그래서 대개 요리하지 않고 먹는 야채는 놀랍게도 도랑의 촌충과 회충의 알을 조심하지 않고 먹은 사람의 소화기로 옮겨지게 한다. 이 장내 기생충의 존재는 너무도 일정하여 조선인은 그것을 생활의 일부로 여기며, 그것들이 많아져 고통스러운 복통으로 괴롭힘을 받게 될 때만 불편을 겪는다고 생각한다. 그것에 대해 저들은 "벌레가 올라오고 있다"라고 표현하기도 한다.

나는 우리 진료소에서 사용하기 위해 20파운드의 산토닌을 구입하는 데, 너무도 유용하여 한의사가 그것을 가져다가 즉시 2천 개의 기생충 알약을 만들어 우리에게 보낸다. … 말라리아는 때때로 조선의 많은 다른 질병과 관계되며, 그 질병을 연장시키는 요인으로 보여 우리는 다른 형태의 치료로 완쾌되지 않지만 퀴닌 투여로 즉시 치료되는 많은 예의 설사 및 이질, 전신 권태, 두통 및 신경통 환자를 진료하였다. 위에 이야기한 것으로 독자들은 조선의 많은 질병이 더러운 질병들에 속한다는 결론을 내릴 수 있을 것이며 그것은 사실이다.

말라리아 이외에 가장 유행하는 발열은 발진티푸스 및 재귀열, 그리고 약간의 발진성 발열이다. 장티푸스는 알려졌지만 분명히 드물며, 이 나라에서 발진티푸스가 그 자리를 대신하고 있다. 이것은 오래된 홍반열이며 조선인이 걸리는 가장 무서워하는 질병 중 하나이다. 확실히 1896년까지는 발진티푸스 열병 환자를 마을 외곽의 고립된 곳에 볏짚으로 세운 매우 작은 천막에 옮겨 놓고 죽거나 살기를 기다렸고, 필요한 접촉의 위험을 감수하며 혈연 혹은 애정으로 엮인 친척이 그들을 살폈다.

나는 종종 이 천막들을 방문하였는데, 작은 구멍으로 기어들면 그곳에는 다른 사람이 앉을 공간이 거의 없기에 바닥의 돗자리에 누워 있는 환자 가까이에 있어야 했고, 환자에게 나는 냄새에 거의 질식할 뻔하였다. 그러한 상태에서 회복된 사람이 있을까 궁금하였다. 그러나 열병 환자의 방을 환기시키는 것을 두려워하였기에 그들은 자신의 집을 떠나고 싶어 하였을 것이다. 가난한 계층은 종종 도시 외부로 환자를 운반하여 성벽 근처의 길가에 뉘어 놓을 뿐이지만, 어쨌건 그들은 더 많은 공기를 숨 쉬었기 때문에 아마도 천막 방의 이점을 확보한 사람들보다 더 좋은 환경이었을 것이다.

어느 해 여름, 나는 그들을 돌보기 위한 목적으로 설립된 병원에 버림받은 사람들을 모으는 데 주로 시간을 보냈다. 조선인들은 홍반열이 더 치명적이라는 것을 인식한 것 외에 발진티푸스, 재귀열 및 이장열을 구별하지 않는다. 그래서 나는 모두 같은 종류가 아니지만, 위의 세 형태로 병이 발달한다는 것을 알게 되었다. 더 좋은 음식, 신선한 공기, 그리고 강장제 치료가 그들에겐 익숙하였던 사망률을 크게 낮추었다. 우리는 대부분 홍반열이 있는 환자의 사망이 가장 흔하다는 것을 발견하였다.

나는 재귀열을 이야기하고 있지만 혈액을 검사할 기회를 가졌을 때 유감스럽게도 현미경이 없었기에 증상만으로 진단을 하였고, 이에 다소 조심스럽다. 그러나 다른 의사들도 같은 진단을 내렸고, 아마도 그것은 맞을 것이다. 하지만 나는 미래에 더 정확한 지식을 바탕으로 확실한 진단을 내릴 수 있게 되기를 희망한다. 결핵은 집이 작고 주변 환경이 매우 비위생적이며, 잠자는 숙소가 과도하게 밀집되어 있어 의심할 여지없이 큰 재앙을 일으킨다. 어쨌건 조선의 어느 곳에서 환자가 발생하더라도 이 질병은 우유를 사용한 결과는 아닌데, 젖소는 짐을 끄는 동물로 사용될 뿐 사람들이 어떤 형태건 우유를 먹지 않기 때문이다. 폐, 뇌막, 및 복막 등 모든 형태의 결핵성 질환이 발견되지만. 뼈 조직의 결핵은 우리 병원에서 수술받는 환자의 상당한 비율을 차지한다. 이들의 대부분은 결핵성이며 척추, 모든 관절, 그리고 여러 장골 및 편평골을 포함한다.

연주창 역시 대단히 흔한데, 오랫동안 치료받지 못하고 내버려두거나 치료를 하였더라도 한의사가 더럽고 자극적인 방법을 사용하여 더욱 악화된 상태로 우리에게 찾아왔다. 위에서 암시한 바와 같이 성병은 대단히 유행하고 있지만, 이곳에서 유행하는 몇몇 종류만 있는 것이기에 특별한 처방은 필요하지 않다. 피부 질환은 다른 나라에서와 같은 비율로 흔하며 습진이 가장 많고 다음은 옴이다. 우리는 동량의 소석회와 황을 물에 넣고 끓여 만든 황화칼슘 용액으로 이루어진 골든 워시의 효과가 가장 완전하고 빨라 다른 치료제를 찾지 못하였다.

나병은 조선 반도의 남부에 강력하게 퍼져 있다. 의료 교과서에서 기술된 통상적인 변이, 즉 결절형, 무감각형 혹은 신경성 나병, 그리고 혼합형 등이 존재한다. 풋내기 의사는 이 질병을 특히 초기에 진단하기 어렵지만, 분명한 증상이 있기 때문에 경험이 그것을 인식하는 데 큰 도움을 준다. 이 중 처음으로 드러나는 증상은 아마 무감각형이다. 이것은 고립된 점으로 나타나며, 거의 항상 발견할 수 있고 일반적으로 의심되는 환자에서 전두 아래쪽 피부가 두꺼워지면서 이른바 얼굴이 '사자 같은' 표정을 띠게 되는 특징으로 의심할 수 있다. 이처럼 나이 든 표정을 짓는 것은 강력한 특징으로, 20세 된 남성이 종종 50세의 모습을 보인다. 이것은 얼굴 피부에 이른바 결정성 물질이 침착되어 주름지고 두터워져 발생한다.

… 성홍열과 디프테리아라는 나타나지만 유행하지는 않으며, 홍역은 이곳에서 일반적으로 만연되어 있고 백일해 역시 상당히 흔하다. 아시아 콜레라는 풍토성이 아니지만 몇 년마다 유행이 된다. 나는 그 유행을 한 번 겪었는데, 경험을 되풀이하지 않는 것이 좋을 것이다.

… 조선인들의 자살은 대단히 흔히 시도된다. 아편의 수입과 판매는 금지되어 있지만 때로 중국인이 갖고 들어오며 그래서 이것이 자살 목적으로 흔히 사용된다. 방법의 선택은 시기에 따라 다른 것 같다. 여러 달 동안 내가 요청받은 거의 모든 경우는 아편을 사용한 것이었다가, 이후 여러 달 동안은 농축 양잿물을 사용한 것이 되었다. 이것은 분명 그들이 채택할 수 있는 가장 두려운 방식인데, 큰 고통이 유발되고, 서서히 죽게 되며, 생명을 건졌더라도 식도의 흉터 조직이 점진적으로 수축하여 서서히 기형과 무서운 사망을 일으키기 때문이다. … 그들은 해부학 지식을 갖고 있지 못하며 따라서 결코 수술을 시행하지 않는데, 그런 방면에서 서양 의사는 전문적 지식을 갖고 있다. 많은 사람의 마음에는 자신들의 방법을 선호하는 편견이 아직도 강하며, 또 많은 사람은 한의사의 노력에도 불구하고 생명이 위험하다고 느낄 때만 서양인 의사를 찾아온다.[158]

---

158   박형우, 『올리버 R. 에비슨 자료집 IV(1899~1901)』, 선인, 2021.1, pp.316~325

4. 콜레라 창궐의 퇴치

1895년에 콜레라가 유행하였을 때 에비슨 박사는 조선 정부로부터 이 유행병을 퇴치해 줄 것을 전격적으로 요청받았다. 그는 정부로부터 이에 대한 퇴치 자금을 위탁받아 그 담당 관리에게 맡겼다. 이에 다른 의료 선교사들도 힘을 보태었다. 전염병 퇴치 계몽을 위한 한국어 팸플릿을 조선 백성들에게 배포하였다. 콜레라와의 싸움을 7주 동안이나 치열하게 진행하였다.[159]

한성 도성에서만 하루에 300여 명이 죽었고, 그 외 경기도 지역에서도 약 3만여 명이 죽은 것으로 보고되었다. 에비슨은 2년 전에 언더우드 선교사가 사용하였던 집을 구입하여 그곳을 '프레데릭 언더우드 피난처(The Frederick Underwood Shelter)'라고 명명하였다. 그곳은 교파를 초월하여 의사들과 간호사들이 버림받은 환자들을 돌보는 장소로 계획된 곳이었다.

콜레라가 유행하던 기간에 170명의 환자가 그 피난처에 수용되었고, 그들 중에서 죽은 자는 60명에 불과하였다. 그곳은 다른 곳에 비교해서 뚜렷하게 낮은 사망률을 보였다. 1895년 8월 22일에는 김윤식 관리가 조선 정부를 대표해서 미국 공사에게 편지로 이런 내용을 전하였다.

> 나는 언더우드 박사와 그의 친구들이 콜레라를 다스리기 위해 막대한 의료비와 수고를 베풀어 많은 환자를 치료한 데 대해 우리 정부의 깊은 감사를 전하게 된 영예를 얻고 있습니다.[160]

---

159 「Quarto Centennial Papers Read before the Korean Mission」, 1909, p.36
160 L.H.Underwood, 「Underwood of Korea」, pp.130, 143

5. 제중원에서 세브란스병원으로 발전

1893년 11월 1일부터 에비슨은 고종의 시의를 겸하면서 제중원에서 의료 활동을 하였다. 이때부터 에비슨은 준정부 고관으로서의 대우를 받았고 사적으로도 쓸 수 있는 가마가 배당되었다. 가마를 드는 네 사람은 보통 가마꾼과는 다르게 특별한 제복을 입은 사람들이었다. 고종은 그만큼 에비슨의 치료 활동에 대해 신뢰와 사랑을 가졌으며 특히 백성 치료에 그 필요성을 절감하고 있었기에 그의 활동에 많은 감동을 표하며 외국인 의사에 대해 최고의 예우를 해 준 것이었다.

에비슨은 조선에서 격무와 환경 차이로 많은 불편과 고통을 겪었다. 그는 쇠약해진 심신을 회복하기 위해 1899년을 안식년 삼아 캐나다로 돌아갔다. 1900년 봄에는 뉴욕에서 열린 에큐메니칼선교대회 (Ecumenical Conference of Mission)에서 '조선의 의료선교 업무의 협조'라는 주제로 강연을 했는데, 마침 선교에 많은 관심을 가지던 미국 클리브랜드의 석유 사업가 루이스 세브란스(Louis H. Severance)가 이 강의를 듣고 감동을 받아 에비슨의 의료 사역에 대해 재정 후원을 하면서 1904년, 남대문 밖에 근대식 서양병원이 건립되었다. 이 사역에 그의 아들 존 세브란스와 딸 엘리자베스도 거액을 기부하였다. 1909년부터 조선총독부의 교육 개정령에 따라 '제중원의학교'는 '사립 세브란스의학교'로 이름이 바뀌어 운영되었고 1913년에는 '세브란스연합의학교'는 정식으로 교단들의 연합 교육기관이 되었다.[161]

---

161   김재현,『한반도에 심겨진 복음의 씨앗』, KIATS, 2015.7, pp.48~49

6. 조선 최초의 7인 의사 배출

에비슨은 캐나다에서의 안식년
을 마치고 1900년에 조선으로 돌아
와 그동안 중단되었던 의료교육을
재개했다. 그는 화학, 약물학, 해부
학 등을 강의했고, 1906년 세브란
스병원 간호원 양성학교를 설립한
쉴즈(Esther L. Shields)는 간호학을
가르쳤다. 에비슨은 학교의 학칙과

세브란스 최초 7인 졸업생

교과 과정, 졸업 시험과 의사 자격증 수여를 관장하는 의무위원회를
만들어 현대적 의학 교육을 위한 제도 개선에도 힘썼다. 그 예로『그레
이 인체 해부학, Henry Gray's Anatomy of the Human Body)』(1899)
의 한글 번역을 시작으로 에비슨은 김필순과 같은 한국 학생의 도움을
받아 해부학, 생리학, 화학, 세균학, 약물학 등의 의학 서적을 번역하고
편찬하여 전문 의학도와 그 외에도 의료에 관심 있는 조선인들에게 서
양의 발달된 의학 지식을 대중화시켰다. 이로써 그는 실제적으로 조선
의 의학을 근대화시킨 개척자가 되었다.

에비슨이 처음 의학 서적을 번역하기 시작해 학생들을 모으고, 의료
교육을 시작하기까지의 과정을 기록한 글을 묶은 에비슨의 전기『에비
슨 박사 소전』은 1932년에 간행되었다.

> 우리는 해부학을 번역하기 시작할 때에 한국말로 여러 가지 과학상
> 술어를 번역할 수 없음을 알고 어찌할 바를 몰랐다. 그래서 우리
> 는 이 교과서를 번역할 뿐만 아니라 새말을 만들지 않으면 안 되었

다. … 처음에 나는 교육을 받았을 것 같은 고등 계급 사람들을 대상으로 학생들을 모으기 시작했다. 그들 몇몇을 인터뷰하는데, 내가 "의사되기를 원하지 않는가?"라고 묻자, 그들은 도리어 "의사가되면 무엇을 합니까?"라고 물었다. 그래서 나는 "의사가 되면 병원에 와서 더러운 난환자와 여러 가지 속병과 여러 가지로 고통받는 환자들을 치료하게 될 텐데 이 일을 하려면 먼저 의학 공부를 하여야 한다"고 대답했다. 그러자 그들은 "우리는 그런 일을 감당할 수없다" 하고 나가 버렸다. 이 광경을 보고 나는 누구든지 이런 험한일 하기를 좋아하는 사람을 모아서 학교를 시작하기로 했다.

마침내 1907년, 한국 최초의 7인의 의사를 배출하여 의술과 복음의 전달자가 되도록 하였다. 에비슨은 이들이 합법적으로 정부의 의료 활동을 할 수 있도록 정부에 청원하여 승인을 받아 냈고, 이들이 각지각처에서 의료 개업을 할 수 있도록 제도화하는 데에 결정적인 역할을 하였다. 또, 1917년 4월 조선총독부로부터 재단법인과 사립 연희전문학교의 설립을 인가받도록 하였다.

에비슨은 1935년 병원의 운영권을 세브란스 의학교의 첫 조선인 교수였던 오긍선(1879~1963)에게 양도하였는데, 은퇴할 당시 의료 선교사 9명, 조선인 의사 32명, 간호인 165명을 배출해 내었다.[162]

이 당시 조선 청년들은 타인의 상처와 고통을 돌보는 치료 행위를 매우 비천한 노동처럼 여기고 있었고 자신의 체면을 손상시키며 가문의 명예에도 불손한 것으로 여겼기에 의사를 지망하지 않았다. 특히 의학을 공부하기 위해서는 어느 정도의 지적 능력이 있어야 했기에 양

---

162   위의 책과 동일, pp.50~51

반 계층 청년들이 자원해야 했지만, 이들은 봉건적 사상을 갖고 있었기에 사회적 봉사 개념과 생명의 존엄성을 지켜야 한다는 사회 윤리가 부족한 상태였다. 이런 사상의 개화에는 시대의 변화가 필요하였다.

에비슨은 1929년 세브란스의학전문학교를 졸업하는 학생들에게 이같이 훈시하였다.

> "여러분은 능력껏 병자를 치료하시오. 그러나 치료보다는 예방이 더 중요함을 기억하시오. … 공중보건은 의학 연구와 노력의 최종 목표입니다. 이 목표는 대중에게 보건의 법칙을 교육과 계몽으로써 촉진될 것입니다. 그리고 의사만이 이 일을 할 수 있으며 또 당연한 의무이기도 합니다."

7. 인술을 통한 미신 퇴치와 신분차별의 타파

조선의 개화기에 선교사들은 미신에 찌든 조선인들을 계몽하며 깨우치기 시작했다. 특히 일반 백성들은 오랫동안 미신에 빠져 영적으로나 정신적으로 패배 의식과 무속 의식에서 벗어나지 못하고 그 고통을 숙명처럼 여기며 살아왔다.

당시 조선인 중에는 천연두에 걸린 사람들이 많았다. 천연두는 얼굴에 곰보 자국이 남았다. 조선인들은 천연두가 중국의 귀신이 가끔 음식을 바꾸어 먹으려 조선에 방문하면서 걸리는 병이라고 믿고 있었다. 그래서 이 귀신에게 대단한 존경을 표하여 귀한 손님이라는 뜻으로 '귀신'이라 불렀다.

어느 날 에비슨 박사의 진료소에 찾아온 한 중년 여인은 아이를 11

명이나 낳았는데 모두 두 살이 되기 전에 천연두에 걸려서 죽었다고
하였다. 하도 많은 아이가 이 병으로 죽기 때문에 어머니들은 아이가
그 병을 무사히 견디어 내기 전에는 가족 수에 넣을 생각도 하지 않는
다고 하였다. 에비슨이 그 여자에게 천연두에 대한 예방이나 치료를
어떻게 했느냐고 물어보았더니, 그 어머니는 머리를 흔들면서 그 병은
귀신이 들어와서 생긴 병인 줄 알고 있었다고 말했다. 그러므로 그들
은 귀신에게 예물을 드리며 어린아이로부터 나가 달라고 비는 것밖에
는 어찌할 방법이 없었다고 하였다.

또 하루는 에비슨이 성문 밖을 걷고 있다가 이상한 광경을 보았다.
성벽 바로 아래에 세워진 몇 개의 기둥 위로 짚으로 싼 꾸러미가 올려
져 있던 것이다. 그 속에는 천연두로 죽은 아이의 시체가 하나씩 들어
있다고 하였다. 죽은 아이의 부모들은 시체를 땅에 묻으면 귀신이 성
이 나서 또다시 다른 제물을 요구하러 올까 봐 겁이 나 시체를 묻지 못
했다고 하였다.

에비슨은 그 어머니들을 잘 권유하면 이때가 귀신의 힘에 대결하여
우두(예방주사)의 가치를 시험할 좋은 기회라고 생각되었다. 그러나 조
선인들은 처음에는 우두를 모두 거절하였다. 그러던 어느 날, 한 기독
교인 어머니가 자기 아이에게 우두를 맞추는 것을 허락하였다. 우두를
맞은 아이는 천연두를 앓지 않고 두 살, 세 살을 무사히 넘겼다. 이것을
본 다른 어머니들도 아이에게 우두를 맞출 용기가 생겼다. 얼마 안 있
어서 조선에서는 이 놀라운 우두가 귀신을 죽이는 약이라고 받아들여
지면서 우두에 대한 요구가 많아졌다. 이것이 계기가 되어 다른 병도
예방하는 방법에 대해 새롭게 인식하게 되었다.[163]

---

163   같은 책, pp.253~254

조선인들은 모든 질병의 배후에는 귀신이 개입한다는 미개한 의식이 있었는데, 의료 선교사들의 서양식 치료 방법을 점차 이해하면서 그 의술을 신뢰하였다.

8. 천출 백정을 최초의 의사로 양육한 교육자

에비슨은 조선 사회에서 오랫동안 천출(賤出)로 차별받아 온 백정(白丁)들을 향해서도 박애적 사랑을 베풀며 근대식 교육의 기회를 제공하였다. 이 당시 백정들은 천출 중의 천출로 극심한 차별을 받았다. 1894년 박성춘이란 백정이 장티푸스에 걸려 사경을 헤매고 있을 때 그의 아들 박성양이 이상한 서양 사람을 데리고 나타났다. 그가 바로 조선 국왕의 어의(御醫)인 에비슨이었다. 박성춘은 왕실을 출입하는 귀한 신분을 가진 서양인이 자기처럼 천한 사람을 차별하지 않고 집까지 찾아와 치료해 준 데에 감동하여 기독교 신자가 되었다. 이후 그는 백정들에 대한 차별을 없애는 해방 운동에 앞장섰다. 아들 박성양은 에비슨의 제자가 되어 제중원 의학교에 입학한 제1회 졸업생이 되어 조선 최초의 외과 의사이자 화학 교사로 중앙, 휘문, 황성기독청년회 학관 등 신교육 기관에서 화학과 생물학을 강의하였다.[164] 에비슨은 이같이 조선 사회에서 가장 낮은 자를 조선인들이 가장 필요로 하는 의료인으로 배양하였다.

박성춘은 독립협회의 주요 인물로도 활동했다. 그는 1898년 10월 29일 독립협회 간부들과 정부 고관, 각 단체 대표자들이 모인 가운데

164   전택부, 『양화진 선교사 열전』, 홍성사, 2013, pp.141~143, 148

종로에서 대규모 민중 대회를 열고 6개조 결의안을 채택할 때 등단하여 개막 연설을 하였다.[165]

9. 이승만을 단발시킨 에비슨

에비슨과 이승만의 개인적 관계는 각별하였다. 특히 이승만의 상투를 잘라 준 인연으로 평생 친구가 된 사이였다. 단발 문제로 몇 달을 고민하고 있던 이승만이 1895년 가을 에비슨 박사를 찾아가 의견을 구하자 에비슨은 이렇게 권유하였다.

> "과감히 자르시오. 나는 조선의 오랜 전통과 풍습을 사랑합니다만, 없앨 것은 없애는 것이 좋습니다. 새로운 전통을 위해 용감한 선구자가 되시오."

이 말을 들은 이승만은 미련 없이 상투를 잘랐다. 이승만은 자신의 단발 과정을 다음과 같이 기록하고 있다.

> 정부에서 1895년 단발령을 내렸을 때 나는 자의로 단발하기로 작정하고 어느 날 아침 집에 가서 어머니에게 머리를 자르겠다고 말씀을 드렸다. 어머니는 처음에는 내 말을 믿지 않으셨다. 이에 나는 우리의 풍습에는 조상에게 제사를 드리면서 단발하는 것이 오랜 전통에 어긋나는 일이기는 하나, 세상의 변화를 거역할 수 없다

---

165 같은 책, p.147

는 것을 아뢰었다. 어머니와 나는 같이 눈물을 흘렸다. 그 당시 나는 제중원에서 조선말을 가르치고 있었는데, 그 낡은 진료소에서 에비슨 의사가 가위로 나의 머리를 잘라 버렸다.[166]

에비슨은 또 이승만이 한성 감옥에 수감되었을 때 영자 신문과 각종 서적과 『성경』 등을 넣어 주었다. 이때 감옥에서 콜레라가 발생하여 수감자들이 죽어 나가자, 이승만은 에비슨에게 부탁하여 의약품을 반입하여 환자들을 돌보는 데 앞장섰다. 에비슨이 남긴 기록에 의하면 이승만은 배재학당 재학 시절, 주일마다 자기 집에 방문하여 영어 회화를 익히면서 조선 왕조의 절대 군주제를 혁파할 필요가 있다는 반역적 토론을 벌였다고 회고하였다.[167] 은퇴하여 플로리다에서 살던 에비슨은 1949년 12월 21일, 이승만 대통령에게 다음과 같은 편지를 보냈다.

> 이 박사님, 당신이 나의 집에 거의 일요일마다 와서 저와 영어를 연습하고 조선의 미래에 대해서 이야기하던 것을 얼마나 잘 기억하는지요. … 이 박사님, 그때 당신은 이미 반역자였고, 나는 마땅히 그래야 함에도 불구하고 그대를 막지 않았던 것 같습니다. 그러나 사실 당신은 어떤 격려도 필요로 하지 않았습니다. 그대가 추구하던 일의 위험에 대해 제가 어떻게 경고했던가를 기억할 것입니다. … 제가 처해 있던 곤란한 입장을 생각하며 웃음을 지어 봅니다. 황제가 아프거나 그렇다고 생각될 때는 왕진을 하면서, 군주제가 폐지될 경우 나라의 장래가 어찌 될지 당신과 더불어 토론했었지요. 우리 두 사람은 역적이었던 것 같습니다.

166   이정식, 『이승만의 구한말 개혁운동』, 배재대학교출판부, 2005, pp.205, 308
167   김낙환, 『우남 이승만 신앙 연구』, 청미디어, 2012, p.90

이승만은 대통령이 된 후 에비슨에게 '건국공로훈장'을 수여했다. 이 승만은 에비슨과의 관계를 이렇게 기록하고 있다.

> 에비슨 박사는 그가 이 땅에 전한 기독교 정신으로부터 오는 자 유주의 사상의 상징으로써 본 대통령의 신실한 친구였으며, 또 본 대통령의 청년 시기에 기독교 민주주의의 새 사상을 호흡게 하였 다.[168]

에비슨은 이승만에게 누구보다도 사적 관계에서 친구로 또는 선생 으로, 서구의 문명 전달자로 그의 멘토가 되어 주었고 앞날의 방향을 제시해 주었다.

❖

평양을 근대교육의
중심으로 만든 베어드

1. 선교부의 교육정책

베어드는 1891년 2월 2일 한성에 입경해 '조선선교부' 연례회의에 서 동료들에게 공식 인사한 후 언더우드와 선교지부를 설립하기 위 해 부산을 방문하였다. 그리고 9월부터는 선교지부 설립을 시작하였

---

168   연세대학교 의과대학, 『의학백년 기념화보』 제1집, 1985, p.33

다.[169] 그는 처음으로 이남 지역에서 교육 사역을 하였다. 1895년 1월, 부산의 사랑방에서 문을 연 서당(Chinese School)에서 하층민들의 자녀와 부두 노동자, 일본인들의 조선하인을 불러내어 교육하였다. 커리큘럼으로는 한문을 조선인들이 가르치게 하였고, 점차 『성경』과 산술, 지리 등을 가르쳤다. 학생들은 매일 예배를 드렸고, 학비는 무료였다.

베어드 선교사

1896년 1월에는 대구에 가옥을 준비하여 그곳에 선교지부를 설립하고 부산과 대구를 왕래하면서 제임스 애덤스와 선교 사역을 하였다. 그해 10월에는 한성으로 사역지가 옮겨지면서 예수교학당 교육 사역을 5개월간 밀러 선교사와 함께하였다. 이후 그는 곤당골(현 종로 인사동)에 새로운 학당을 설립하여 교원 양성반을 개설하였다. 이처럼 여러 곳에서의 교육 경험은 앞으로 그의 교육 사역에 큰 도움이 되었다.

그러던 중 이북 지역에 놀라운 변화가 일어났다. 1894년, 평양에서 벌어진 청일전쟁에서 자신들을 보호해 준 교회에 호감을 느낀 지역 주민들이 교회로 몰려들기 시작한 것이다. 이에 1896년 정기 연례회의가 열렸을 때는 엄청난 토착운동(Indigenous movement)이 벌어졌다.

1884년 개신교 선교사가 최초로 조선에 들어왔을 때, 인도와 미얀마, 그 외 동남아시아에서는 개신교 선교 활동이 이미 1세기 이상 지속되고 있었고 중국과 일본에서도 선교사들이 반세기 앞서 활동하고 있었다. 선교사들은 앞선 현장에서 얻은 축적된 경험으로부터 조선에 적용시킬 만한 교훈을 도출할 수 있었다. 당시 미 선교본부 총무인 엘린

169   Richard. H.Baird, William M Baird of Korea: A Profile California, 1968, p.20

우드(F. F. Ellinwood) 박사는 알렌(H. N. Allen)으로 하여금 조선 개척 사역을 나가도록 했고, 이어서 언더우드, 마펫, 베어드 등 그 외 모든 초기 선교사들을 선발하고 지시를 내리는 역할을 맡고 있었다. 그는 조선에서는 다른 현장에서 겪은 시행착오를 되풀이해서는 안 되고, 새로운 생각을 시험하며 새로운 방법론을 발전시켜야 한다는 점을 강조했다. 베어드는 이 새로운 방법을 다음과 같이 기록하였다.

> 우리는 조선에 새로운 선교지부 개척을 원하고 몇 명의 선교지에서 한 실수들, 과도한 중앙 집중화 정책, 일부 중심적인 몇 지역에 대부분 선교사를 투입하는 기관 사역 등을 되풀이하지 않기를 바랍니다. 우리는 선교사들을 선교지 전체에 골고루 분산시켜서 선교사들이 사람들과 쉽게 접할 수 있고 전체 나라가 좀 더 빨리 복음화되었으면 합니다.[170]

이런 선교 정책은 선교부가 가진 강력한 반기관적 태도를 말해 준다. 먼저 나라 전체에 걸쳐 토착 교회가 세워져야 하고 그런 다음 여러 기관이 교회의 필요에 맞게 발전해 가야 한다는 것이다. 교회가 실제 기반을 잡기 전에는 선교사들의 시간과 재원이 고아원, 학교, 심지어 병원이나 다른 좋은 목적에도 쓰여서는 안 된다는 것이다. 이런 선교 철학은 엘린우드가 발표하고 선교부가 수용한 것으로, 네비우스(Nevius) 선교사에게 얻은 것이었다.

그러나 네비우스의 글에는 교육 사역이나 교육기관에 대한 분명한 정책은 없었다. 네비우스는 중국에서 교회의 발전을 보았지만, 이후 그

---

170   위의 책, p.104

교회의 어린이들과 장래 지도자들에 대한 초등, 중등, 고등 교육까지 생각하지는 못했다. 1896년 조선선교는 이 분야에서 사역이 시작되어야 한다는 점을 확신하였고, 교육 정책을 위한 무언가를 만들어야 했다. 그러므로 그해 베어드는 선교부의 교육 자문이 되었고 부산과 대구에서 하고 있던 개척 복음 전도 사역지를 한성으로 옮기게 되었다.

1897년 8월 선교본부의 총무 스피어(Robert E. Speer)가 참석한 가운데 조선선교부 연례 모임이 열렸고, 이 모임에서 베어드가 입안하여 상정한 교육정책인 「우리의 교육정책」이라는 논문이 심의되어 채택되었다. 이 교육 정책은 베어드가 장로교 선교부의 선교 정책과 자신의 그동안 선교와 교육에 관한 경험, 그리고 조선의 실정을 토대로 선교와 교육에 대한 경륜을 밝힌 것이었다.[171] 따라서 이 정책은 그동안 표류해 온 선교부 교육정책의 확고한 방안으로 선교부의 선교 정책인 네비우스 방법을 교육 부분에 입안한 것이었다. 그 내용은 다음과 같다.[172]

모든 학교에는 세 가지 주요 정신이 반영돼야 한다.

제1항. 학교의 설립과 운영의 기본적 이념은 학생들에게 유용한 지식을 다양하게 교수하여 학생들이 앞으로 실생활의 여러 부분에 책임 있는 일꾼이 되도록 한다.

제2항. 학교가 해야 할 가장 중요한 일은 학생들에게 종교적, 정신적 역량을 함양시키는 것이다. 이것에 전적으로 동의하면서 나는 세 번째 항을 덧붙이려 한다.

---

171   <숭실대학교 100년사>, 제1권, p.52

172   「Our Educational Policy, Read in the Mission in Seoul」, 1897, 그러나 이 논문은 사실 조선선교부가 1891년 2월 연례모임에서 조선선교부 기본규칙과 세칙으로 채택했던 것이었다.

제3항. 미션스쿨의 주된 목적은 그들 국민에게 적극적인 선교 활동을 위한 토착 교회(Native church)의 육성과 그 지도자들을 양성하는 일이다.

여기에서 중요한 것은 베어드가 추가한 제3항인데, 그에 의하면 미션스쿨은 토착교회의 발전과 그 지도자들을 훈련시키기 위해 세워진 것이다. 요컨대 베어드의 교육정책은 토착교회의 설립을 목적으로 하는 자립적인 '네비우스 선교 방법'을 교육 방면에 적용한 것이었다.[173] 그러므로 미션스쿨은 교회의 필요성을 충족시키고 그 역할을 강화시키며, 교회를 진보시키는 데 도움이 되는 한에서 발전되어야 한다.

한편 베어드는 「우리의 교육정책」에 대한 부연 설명에서 학생들의 졸업 후 생활 방식에도 관심을 기울인다.

이상적인 학교는 마치 우물이 바닥에서부터 오염되지 않도록 계속해서 기독교인이 학생이 주류를 이루도록 함과 동시에 무엇보다도 토착교회를 세울 수 있도록 훈련하여야 한다. 학생들에 대한 교육이 이와 같을 때, 만약 그 학교의 제1원칙이 진실이라면, 그들이 농부가 되든, 대장장이가 되든, 의사나 교사 혹은 정부의 관료가 되든 모두가 적극적으로 복음을 전하는 자가 될 것이다. 선교 교사는 무엇보다도 학생들을 복음 전파자로 만들어야 한다. 이 일에 실패한다면, 그가 아무리 유능한 교육자라 하더라도 선교 교사로서는 실패한 것이다.[174]

---

173   박은구, "숭실대학교의 첫 장을 연 배위량(베어드)", <인물로 본 숭실 100년>, 제1집, 숭실대학교 출판부, 1992, 1995, p.467

174   「Our Educational Policy, Read in the Mission in Seoul」, 1897, <숭실대학교 100년사> 제1권, p.53, Richard. H. Baird, William M. Baird of Korea: A Profile, p.116

베어드는 미션스쿨의 운영과 설립 목적을 후일 학생들이 사회에 나가 어느 분야에서 일하든 확고한 신념과 열정을 가진 복음의 전파자로서, 적극적인 설교자로서 자질을 갖추어야 한다는 데 두고 있다. 이러한 베어드의 교육 정책은 선교 현장에서 여왕 대우를 받던 교육 기관을 시녀로 끌어내렸기 때문에 혁명적이었다. 강력한 토착 교회가 능동적인 기독교 학교들과 왕성한 기독교 교육 프로그램들을 보장할 수 있는 최고의 가능성이라는 것이었다.[175]

한편 베어드는 이 논문에서 조선의 미션스쿨 현상을 분석하고 향후 과제를 지적하기도 하였다. 그러면서 베어드는 조선에서의 미션스쿨은 크게 2개 부문으로 이루어져야 한다고 보았다. 첫째 부문은 선교사 관할하에 조선인에 의해 자립적인 교회 경영으로 운영되는 초등학교이다.[176] 두 번째 부문은 선교사를 중심으로 하는 중등 교육 및 고등 교육[177]이다. 또한 베어드는 소규모 학급 교육의 필요성과 교육 기자재의 준비, 도서관 서적과 실습 훈련소의 필요성, 남자 기숙 학교의 폐쇄, 그리고 기독교 교육의 장소로 한성보다는 평양을 제안했다. 기본적으로 베어드의 교육 정책의 초점은 단순히 학교 몇 개의 설립이 아니라, 학교 설립에 앞서 확실하고도 광범위한 교육제도를 수립하는 데 있었다. 이에 대하여 1909년 베어드는 교육 초창기를 회고하면서 다음과 같이

---

175   Richard. H. Baird, 위의 책, p.118

176   위의 책, 이성진, 『미국선교사와 한국근대교육』, p.68, 초등 교육은 선교사가 조선인 교원을 선발하여 커리큘럼을 정하고 평가한다. 그러나 학생들에게 읽기, 쓰기를 가르치는 것은 조선인 교원에게 그 권한을 맡긴다. 그리고 이 초등교원 육성을 위한 단기 사범과를 설치하여 유망한 조선인을 교원으로 양성한다.

177   상기 책, 중등교육 과정은 초등학교에서 선발된 학생들을 철저히 교육시키는 방법론이다. 이 교육 과정은 학생들의 진보 단계에 맡긴다. 교과목은 산수, 지리, 철학, 생리학, 역사, 조선어 문법이며 서서히 고등수학, 화학, 그리고 학생들을 유능하고 지적이며, 적극적인 기독교인으로 양성하기 위해 다른 유익한 학문들도 병행해 가르친다. 『성경』을 단지 교재로만 쓰는 것이 아니라, 모든 교육이 이에 의지할 수 있도록 하며, 기독교식의 이웃 사랑으로 가득 차 있어야 한다.

말하였다.[178]

> 선교지부에서 선교 사업의 일환으로 교육 부문에 착수할 때에 당
> 면한 문제는 학교를 한두 개 설립하는 문제가 아니라, 우리 교회
> 청년들을 양성할 수 있는 광범위한 교육 제도를 수립함에 있었다.
> 첫째, 각 지교회의 지역 초등학교를 설립 발전시킨다.
> 둘째, 이 초등학교 교원 확보를 위하여 특별 단기 사범 과정을 운
> 영하며, 재직 교원과 기타 유능한 인재들을 모아 교원을 양성한다.
> 셋째, 특별히 선발한 학생들을 중학교와 나아가서는 전문학교(대학
> 교)에서 철저한 교육을 받게 한다.
> 넷째, 각급 과정에 맞는 조선어 교과서를 준비한다.[179]

베어드의 이 교육정책이 의도한 대로 학교 제도는 교회와 함께 성
장하였다. 일본이 조선을 병합한 1910년까지 그 어떤 선교지도 조선
의 학교 제도만큼, 잘 진행되고 토착화된 학교 제도를 가진 곳은 없었
다. 이는 베어드가 설립자이자 초대 교장이었던 평양 숭실대학에서 그
절정에 달하였다. 그러나 1903년 뉴욕에 있던 선교본부에서 엘린우드
박사가 은퇴하면서 이러한 교육정책도 끝이 났다.[180]

---

178   백낙준, 『한국개신교사』, 서울, 연세대학교출판부, 1991, p.332

179   W. M. Baird, 「history of the Educational Work」, Quarto Centennial Paper read before the
Korea Mission of the Presibyterian Church in the U.S.A(1909), p.64

180   Richard. H. Baird, 앞의 논문, p.109

2. 근대교육의 숭실학당

베어드의 사랑방 학급은 '평
양학당'으로 불렸는데, 1901년
에 가서야 '숭실학당'이라는 이
름을 짓게 되었다. 이 학교명은
베어드의 의뢰로 그와 함께 교
육을 담당한 한학자인 박자중이

평양 숭실학교

고안하였다. 베어드는 숭실의 의미를 '진리의 숭상, 진실의 숭상'으로
풀이하고, 이를 영어로는 'The Venerate Truth School'이라고 번역했
다. 그 진리란 무실한 조선인을 진실한 조선인이 되도록 교육하는 정
신이었다.[181]

그러나 사실 실학자였던 박자중의 '숭실'은 조선 왕조 후기부터 주
자학을 내재적으로 비판하고 서학의 영향을 받아 실사구시(實事求是)
를 표방 한 바 있는 실학에 대한 숭상의 의미를 반영한 것이었다. 숭실
학당은 베어드의 교육 계획대로 발전해 나갔다. 그의 교육정책이 교회
성장과 불가분의 관계에 있었기 때문에 평양에서의 기독교 선교 활동
도 숭실학당의 성장과 밀접한 관계가 있었다.

1898년 조선 전체 기독교인의 수는 약 7천 5백여 명이었다. 그중에
서북지방(평안도, 황해도)이 약 5천 9백여 명으로 전체의 약 80%를 차지
했다.[182] 북부지역에서의 장로교회의 급속한 교세 확장과 비례하여 초
등학교 또한 확대되어 갔다. 이러한 초등학교의 성장과 비례하여 숭실
학당의 재적수 또한 늘어났다. 18명으로 시작한 학당은 진급생과 신입

---

181   <숭실대학교 100년사>, 제1권, p.68
182   <숭실대학교 100년사>, 제1권, p.68

생의 증가로 1902년에는 72명, 1903년에 86명이 되었다. 1906년에는 감리교회와 장로교회의 연합이 이루어지면서 재학생이 367명이 될 정도였다.[183]

1900년 가을부터 숭실학당은 수업 연한을 5년제로 발전하였다. 학교는 학생들을 선발할 때 5년 동안 교육 과정을 완벽하게 마칠 수 있는지, 그리고 지원자가 기독교인으로서 도덕적, 정신적, 육체적인 점에서 충분한 자격을 갖추었는지를 보았다. 초기 입학자는 연령 제한이 없어 선발된 학생들의 나이가 한결같지 않았다.

1900년대 중반까지 학생의 평균 연령은 20세 전후였다. 학생들의 출신지도 초기에는 대다수가 평양이었다면, 점차 평안남북도와 황해도, 그리고 함경도와 그 북부 지역까지 확대되어 갔다. 심지어 1904년에는 전라북도 전주에서 온 학생이 나타났다. 그 후에는 전국에서 학생들이 몰려오기 시작했다.[184]

학생 수와 학급 수가 증가하자, 베어드의 사랑방으로는 도저히 감당할 수가 없었다. 1899년 선교지부는 700원을 지원하였으나, 이것은 학당 건물을 마련하기에는 너무도 적은 금액이었다. 그러나 1901년 스왈론(W. L. Swallen)이 그 부친으로부터 받은 유산 1,800원을 기부함으로, 1901년 4월 11일 새로 구입한 신양리 39번지의 학교부지 위에 7개의 큰 교실이 건립되었다.[185]

한편 베어드의 교육정책대로 중등 교육 기관인 숭실에는 여러 선교사가 교사로 적극 관여했다. 1898년 가을 학생 선발 때에는 교장에 베

---

183   <숭실대학교 100년사>, 제1권, p.74~75쪽, 그리고 이성전, 앞의 책, p.75

184   같은 책, p.77

185   상기 책, 제1권, p.101, 조선식 건축양식을 이용하여 지은 2층으로 된 이 교사의 건축은 그레이엄 리 선교사가 담당했는데, 베어드는 1901년 보고서에서 이 교사 건물은 리 선교사의 최고의 기술을 발휘한 결과라고 기록했다.

어드, 교사에 박자중이 있었다. 또 그해, 베스트 양과 그레이험 리 부부가, 1899년에는 스왈렌 등이 학교에 가세하였다. 그리하여 1901년에 베어드를 제외한 여러 교사로 헌트 여사(음악, 수학), 웰즈(위생학), 블레어(미술, 체육), 블레어 여사(음악), 하우엘(『성경』, 『천로역정』), 마펫(『성경』, 『천로역정』), 반하우젤(지리, 산수) 등이 있었다.

학당 설립 초기, 적당한 교과서를 찾지 못하자 1900년 전후로 선교사들이 교과서의 번역과 제작을 추진하였다. 베어드는 자신의 교육 철학을 반영하여 교육 언어를 조선어로 정하였고 교과서 또한 조선어로 제작하였다. 그는 『성경』을 비롯한 인문 과목을, 그의 부인은 동물학, 식물학, 생물학 등의 과학 과목 교재를 준비했다. 당시 교재들은 주로 미국에서 사용하던 중등교육을 교과서를 번역하여 만들었고, 조선의 실상에 맞추어 편집하였다.[186]

베어드가 생각한 학교 경영 모델은 미국 미주리주의 장로교계 학교인 파크대학(Park College)과 포이넷 아카데미(Poynette Academy)였다. 이 학교에는 학생 자율 봉사기관이 있었는데, 학생들의 자립을 격려하기 위해서 베어드가 조선의 실정에 맞는 제도를 도입한 것이었다. 그 기관의 활동은 다음과 같다.

> 그 초창기에 자조(自助) 학생부 학생들은 인쇄, 학교농장 경작, 새끼 꼬기와 짚신 만들기, 정원 가꾸기, 도로 수축, 교실 청소, 선교사들 비서, 지도 제작, 제모 작업, 식물도안 그리기, 초등학교와 야학교, 맹인학교에서 수업하는 일들이었다.[187]

---

186   같은 책, p.93~95

187   William M. Baird, "History of the Educational Work", p.73, 「The Annual Report of the Board of Foreign Mission of the Presbyterian Church in the U.S.A for 1906」, p.259, 그리고 H.H. Underwood, 「Modern Education in Korea」, p.112

베어드는 학교가 자선 단체가 되어서는 안 된다는 기본 방침을 세워, 숭실학당에서는 학생들이 수업 등록비와 일정한 경비를 부담하는 것이 원칙으로 되어 있었다. 학생의 반 정도가 전체 등록비를 지불하면서 재학하였고, 나머지 반 정도가 하루 절반을 노동하여 그 수입으로 등록해 공부했다.[188] 1900년에는 숭실학당에 인쇄기가 설치되어 평양 시내의 교회 주일학교 교재, 전도지, 교회 통신 등의 인쇄에 공헌하였다. 1902년에는 미국의 재목 상인 사무엘 데이비스(Samuel S. Davis)가 베어드의 취지에 감명을 받아 5천 달러를 기부하였고, 이 자금으로 학교 내에 공장을 건설할 수 있었다. 이 공장은 사무실과 공작실로 나누어졌는데, 공작실은 목공실, 인쇄실, 주물실, 철공실로 되어 있었다. 이곳은 '안나 데이비스공작소(The Anna Davis Industrial Shop)' 혹은 '숭실기계창'으로 불리며 학생 자립 사업을 다시 한번 비약적으로 확충하게 하는 계기가 되었다. 숭실학교는 학식과 기술의 전당으로 학자와 실업인과 기술자를 양성하는 종합 교육의 산실이 되었다. 이러한 모델은 한성의 배재학당에서도 이미 시작되었다. 이 같은 근대식 교육제도는 기존의 한자와 한학만을 교육한 것과는 근본적으로 다른 선진 세계의 추세에 맞춘 산학의 실용적 교육 방식이었다.

3. 연합학교 운영을 통한 학당에서 대학으로의 전환

19세기 말부터 대각성 운동과 선교운동의 영향으로 하나의 개신교회를 향한 에큐메니컬 운동이 본격화되었다. 그리하여 1900년 뉴욕

---

188   <숭실대학교 100년사> 제1권, p.111, 그리고 이성진, 『미국선교사와 한국근대교육』, p.78

과 1910년 에든버러에서 에큐메니컬 선교대회가 개최되었고, 교육 사역을 포함한 피선교지에서의 개신교 교파 합동 사업의 추진이 강력하게 장려되었다.[189] 조선의 대부흥운동 준비 기간에도 선교 단체들과 교인들 사이에 긴밀한 접촉이 있었고, 관서지방(평안도, 황해도)의 급속한 사업 발전으로 연합이 의식적으로 추진되었다. 그 당시 평양에는 감리교 계통의 중등학교가 없어 신자들 간에 실업계 고등학교 설립을 청원하는 진정서를 선교부에 자주 제출하였다. 그러는 동안 선교사들 간에 교육 사업 연합안이 점차로 표면화되었다. 이 연합안의 필요성은 이러했다.[190]

선교사 교육인들의 교육활동을 최고도로 활용하고 더 광범위하고 효과적인 교육사업을 달성한다는 견지에서 우리들은 이 선교지역(평양) 안에 연합대학의 설립을 찬동한다. 그해에 장로교선교 지부는 캐나다 장로교 선교부와 또 감리교 선교부와 합동하여 연합교육사업의 추진을 찬성하는 뜻을 표했다. 여러 선교부가 서로 협력할 수 있는 현안이 안출되어, 각 선교부가 연합하여 최소한의 노력과 경비로서 최대한의 능률을 낼 수 있는 강력한 단일 교육 기관이 창설될 희망이 굳어지고 있다.[191]

그리하여 1905년 6월 북감리교 선교부 총회가 한성에서 열렸을 때 총회는 교육문제 토론회에 다른 교파의 선교사들도 참석하도록 초청

189   이성전, 위의 책, 79쪽

190   한국기독교문화연구소 편, <베어드와 한국선교>, 숭실대학교 출판부, 2009.2, p.118~119

191   The Annual Report of the Board of Foreign Mission of the Presbyterian church in the U.S.A. for 1906, p.260쪽

하였다. 이 총회에서 베어드는 조선의 고등 교육에 있어서 장로교와 감리교의 협동 방안을 제의하였다.[192] 이 흐름으로 1905년 9월, 감리교와 장로교가 합동하여 '한국복음주의 선교연합공의회(The Genaral Council of Protestant Evangelical Mission in Korea)'를 결성하여 선교지역의 분할, 교회학교의 커리큘럼 제작, 병원 경영, 기관지 출판, 찬송가 편집 등의 합동 사업을 진행하였다.[193]

베어드는 이 연합사업에 대해 브라운(A. J. Brown)에게 보낸 편지에서 자신의 견해를 다음과 같이 밝혔다.

> 연합은 그 어떤 분야보다도 교육 사역에서 가장 쉽게 이루어질 수 있을 것이다. 그것은 의문의 여지가 없다. 교과목에서는 원칙적으로 교파적 차이가 존재하지 않는다. 장로교와 감리교의 두 선교 학교는 이제 연합하기에 가장 적절한 상황 앞에 놓여있다. 평양의 상황은 더욱 그러하다. 감리교는 학교를 창설할 계획이 있지만 현재 학교 건물은 존재하지 않는다.[194]

한편 베어드는 조선이 일제 강점기가 되어 보호국이 되면서 새로운 상황을 맞이하게 되었음을 밝혔다.

> 일본인들이 유입되면서 새로운 상황이 출현하여 연합의 필요성이 더욱 높아져 있다. 교육을 받은 일본인들은 그들의 상급학교 창설을 꾀하고 있다. 일본인들이 미칠 영향은 반선교사적이며 반기독

---

192   백낙준, 『한국개신교사』, 서울, 연세대학교출판부, 1991, pp. 396~397

193   같은 책, p.399

194   William M. Baird to A. J. Brown, 1905.9.15., 이성전, 앞의 책, p.79 (재인용)

교적이다. 교육을 못 받으면 조선인들이 이번에 도래할 새로운 영향과 상황에 대처해 나갈 수 없다. 기독교인들의 지도적 지위를 확보하고자 한다면 조선 기독교인들은 이전보다 훨씬 더 좋은 교육을 받아야 할 것이다. 그러면 조선의 청년들은 가장 좋은 시설과 설비가 갖추어진 학교에 가야 할 것이다.[195]

베어드는 이 편지에서 "조선이 일본의 보호 국가가 되는 새로운 상황에 대응하기 위해 선교부가 조선 청년들에게 더 많은 교육 기회를 제공해야 한다"고 강조하고 있다. 또한 "연합에 의해서만 효율성이 높아지고 최소한의 경비로 최대의 성과를 얻어 낼 수 있을 것이며", 동시에 "이교 세력들 앞에서 효율성과 힘이 증강된 연합 전선을 펼쳐 보일 수가 있다"고 선교본부에 강력하게 호소했다.[196]

이러한 노력의 결과, 1906년 합성숭실대학(The Union Christian College)이 감리교회와의 연합으로 출범하게 되었다. 이렇게 관서 지방에 있는 2개의 선교지부는 교육 사역에 합작하였다. 베어드는 이 합작이야말로 "그해의 특기할 사항 중 하나"[197]라고 하였다. 숭실대학의 경영은 북장로교와 감리교회뿐만 아니라, 1912년 남장로교와 호주 장로교도 참여하였고, 몇 년 뒤 캐나다 장로교도 참여하였다.[198]

장로교와 감리교 두 선교부의 연합사업으로 숭실 중학 학생 수가 증가하기 시작하였다. 1905년에는 160명이었던 학생이 1906년에는 225명으로 늘어났다. 학생 수가 증가하고 교사 증축의 필요성이 대두

195   W. M. Baird to A. J. Brown, 1905.9.15., 이성진, 『미국선교사와 한국근대교육』, p.80 (재인용)
196   이성전, 위의 책, p.80~81
197   William M.Baird, 'Pyen Yang Academy', The Korea Mission Field. Vol. 2, No.12, p. 221
198   <숭실대학교 100년사> 제1권, p.132

되자, 평양 시내의 교인들과 주민들은 과학, 산업교육관의 신축을 위하여 6천 원을 모금하였다. 또한 미국에서 캔자스주 위치타(Wichita)에 있는 제일 감리교회는 이 건물의 신축비로 2천 5백 달러를 기부하였다. 이리하여 감리교회에서 세운 첫 번째의 학교 건물이 낙성되어 과학관, 즉 '격물학당(格物學堂)'이라 명명되었다.[199]

1909년에는 장로교 선교부가 7천 달러를 들여 대학 건물을 짓기 시작하였고, 1911년에 미국교회의 도움을 받아 중학교 동편에 3층 건물 벽돌 양옥을 기공하여 1912년에 준공하였다. 숭실대학의 수학 연한은 4년이었다. 1907년에 대학부 3학년이 5명이며 2학년이 7명이었고 1908년 4년제 대학으로 첫 졸업생을 배출했다.

숭실대학 초기인 1909~1910년의 교과목은 『성경』, 수학, 물리학, 자연과학, 역사학, 인문과학, 영어, 변론, 음악 등이었다. 1913년의 교과 과정을 보면, 자연과학 분야에서 물리, 생물, 화학, 농학, 임학, 지질학, 광물학 등의 강의가 개설되었고, 사회 과학 분야에서는 경제학, 경제사, 사회학, 민법 등의 강의가 개설되었으며 어학 분야에서는 영어, 조선어 고전, 『논어』에 한문과 일어가 추가로 개설되었다.

합성숭실대학이 출범하자 감리교회는 교수진으로 최고 수준의 세 사람을 지원하였다. 베커(A. L. Bedker) 목사가 학교의 서기 겸 회계로 물리학과 화학과 학과장을 맡았다. 장로교 측에서는 베어드가 교장을, 조지 맥쿤과 엘리 모우리, 베어드 부인이 전임교수로 일했다. 기계창(기술학교)에서 일하는 로버트 맥머트리는 대학과 학당의 근로 학생들을 지도하였다.[200] 조선인 교수는 1905년에 3명이었으나, 1909년에는 6명이 되었다.

199   위의 책, p.133

200   Richard. H. Baird, William M.Baird of Korea: AProfile, p.139

이렇듯 숭실대학은 1897년 10월 10일에 베어드의 사랑방에서 중등반으로 시작되어 1901년 숭실학당으로 발전하였고, 1904년에 3명의 첫 중학교 졸업생을 배출하였다. 1905년에는 실질적으로 대학과정의 교육이 시작되었고, 1906년 8월에는 장로교 선교부로부터 숭실대학교 내에 대학부 설치를 허가받았다. 그리고 1906년 8월에 감리교 선교부에서 숭실대학 대학부의 경영에 참여하게 되었고, 아울러 1906년 가을에 '합성숭실대학'의 교명으로 정식 출범하게 된 것이다. 1908년에는 대한제국 정부 아래에서 조선 최초의 4년제 대학, '합성숭실대학'으로 인가되었고 그해 대학부 졸업생 2명을 배출하였다.[201] 이리하여 10년이라는 짧은 기간에 초등학교로부터 대학부까지 일관한 기독교 학교 체제가 관서 지방에 건립되었다.[202]

베어드는 1916년 3월 31일 숭실대학 교장을 사임한 후엔 기독교서회 편집위원, 성서공회 성서출판위원 등을 역임하며 주일학교 교재 및 성서 번역 등 주로 문서사업에 종사하였다. 그는 40여 년 동안 조선 선교에 종사하고 1931년 11월 28일 임종을 맞아 인생의 막을 내렸다. 그때가 향년 69세였다. 장례식은 학교, 교회 연합장으로, 장례위원회장을 마펫이 담당했다. 마펫과 언더우드 등은 조선에서 사역하다가 본국에 귀국하여 여생을 마치었으나, 베어드는 조선인들로부터 많은 존경을 받았으며 평양 교외에 있는 장산 묘지에 매장되어 조선의 흙이 되었다.[203]

---

201   <숭실대학교 100년사>, 제1권, p.131~132

202   백낙준, 『한국개신교사』, 서울, 연세대학교출판부, 1991, p.338

203   이성전, 앞의 책, p.84

4. 민족지도자 양성과 민족의식 고취 기여

베어드는 일찍이 1897년 「우리 교육정책」에서 "미션스쿨의 목적을 조선 교회의 발전과 조선인들에게 적극적으로 기독교인으로서의 사명을 다 할 수 있도록 지도자들을 양성하는 일"이라고 말하였고, '토착적 기독교 교육', 즉 조선어로 하는 교육의 필요성을 강조하였다. 그리고 1905년 을사조약으로 '대한제국'이 일본의 보호국이 되자, 반선교사적이고 반기독교적인 일본에 대항하기 위해 선교부가 교육 사업의 강화를 시도해야 하며 그 일환으로 교파 연합을 통한 숭실대학의 개교를 주장하였다.[204]

이러한 베어드의 주장은 그가 신앙과 선교 정책상 반일의 감정을 지니고 있음을 보여 준다. 베어드의 반일 감정은 결과적으로 그의 교육 이념 가운데 하나인 조선어 사용의 교육 방법과 더불어 자연스럽게 숭실인들에게 민족의식과 국가의 자주, 독립사상을 고취하였으며 숭실을 민족 운동의 본거지가 되도록 만들었다.

그리하여 1910년 조선이 일제에 합병되자, 베어드의 교육 이념에 영향을 받은 숭실의 민족정신은 항일 독립운동의 형태로 나타났다. 1910년에 일어난 105인 사건[205]에 평양 숭실대학의 교사들이 다수 연루되어 있었다. 숭실대학교 교장인 베어드, 교사인 마펫, 수왈론, 번하우젤, 벡커, 맥쿤, 휘트모아, 그레엄 리, 블레어를 포함하여 총 21명이었다.[206] 당시 숭실과 관련된 선교사들이 105인 사건에 직접 연루된 것

---

204   앞의 책, p.188~189

205   1911년 조선총독부가 민족해방운동을 탄압하기 위하여 데라우치 마사타게 총독의 암살 미수 사건으로 조작하여 105인의 독립운동가를 감옥에 가둔 사건으로 애국 계몽 운동가의 비밀결사였던 신민회가 해체되는 원인이 되었다.

206   윤경로, "105인 사건과 기독교의 수난", 이만열 외 7인 지음, 『한국기독교와 민족운동』, 도서출판

은 베어드를 비롯해 숭실학교 교사들이 반일적인 태도를 보여 주며, 숭실학교가 조선 독립운동의 근거지 역할을 했기 때문이다. 이들이 학생들에게도 사상적 영향을 준 것이었다. 이러한 현상은 한성의 배재학당과 이화학당에서도 일어났다.

이처럼 선교사들의 영향을 받고 배출되어 조선의 독립을 위해 결성된 신민회[207]는 이후 기독교 민족운동에서 '조선국민회'로 나타났다. 조선국민회는 1910년 한일합방 이후 3.1 운동 이전까지 숭실학교의 재학생과 기독교 청년들로서 구성된 비밀결사 조직이다.[208] 숭실중학 출신 장일환은 국권 회복을 목적으로 배민수, 김형직(김일성 부친) 등과 모의하고 숭실중학교 교사 안세환, 숭실대학 졸업생 김인준 등을 규합하여 1917년 3월에 조선국민회를 조직하였다. 그러나 1918년 일경에 조직이 적발되었고 당시 평안남도 경무국장은 이 사건을 보고하면서 숭실학교를 "불온사상이 횡일하는 집단"으로 표현하였다. 이처럼 숭실대학과 숭실중학교 출신들은 민족의 독립을 위한 비밀결사에 참여하여 1910년대의 민족독립운동을 이끌었다.[209]

1919년 3.1 운동 당시 숭실중학 출신의 선우혁은 1919년 2월 상해에서 내한하여 서북 지방의 기독교 지도자들을 만나 서북지방의 3.1 독립운동을 준비시켰으며, 숭실중학교 박희도와 숭실대학 졸업생 김창준은 민족 대표 33인으로 경성(서울)의 3.1 운동 계획에 참여했다. 이 뿐만 아니라 당시 숭실대학생들은 평양의 만세운동을 주도했으며, 숭

보성, 1986, p.320

207   1907년 서울에서 조직된 국권을 회복하는 데 목적을 두고 설립되었다. 안창호의 발기로 양기탁, 전덕기, 이동휘, 이승훈, 윤치호, 이상재, 김구, 신채호 등으로 이루어졌으며 애국계몽운동을 전개했다.

208   김형석, "한국 기독교와 3.1 운동", 앞의 책 p.344

209   대학사연구회, "최초의 근대대학: 숭실대학", 『전환의 시대 대학은 무엇인가』, 한길사, 2000, 96~97쪽

실대학의 교장이었던 마펫 선교사와 미국인 선교사 교수들은 시위 주동자들을 숨겨 주는 등 만세운동을 직간접적으로 도왔다.[210]

이처럼 숭실중학교와 숭실전문대학의 재학생과 졸업생들은 을사조약 반대 시위와 신민회의 국권 회복 운동에 가담했고, 1910년대의 비밀결사 조선국민회의 항일운동과 평양의 3.1 운동을 주도하였다. 이어서 1929년 광주학생 사건을 이은 평양학생 만세 시위도 숭실전문대학생들에 의해 주도되었다. 이처럼 줄기찬 민족 운동으로 인해 평양의 숭실은 일제에게 '불온사상의 근거지'로 여겨질 정도로 강한 민족적 성격을 띠었다.

이러한 숭실의 애국 인재들은 1919년 3.1 운동 이후에도 농촌운동을 통하여 합법적인 항일운동을 전개하였다. 당시 농촌운동은 농사 개량과 농업 기술의 발달 등을 추진하는 농촌계발 운동이었고, 문맹 퇴치와 농민 계몽 등 사회 문제에 관심을 가지며 무엇보다도 일제의 식민지적 농촌 착취에 대응하여 농민의 자립 생활을 기하려는 민족자립의 경제 운동이었다. 숭실인들은 장로교총회 농촌부와 연계하여 농촌진흥운동을 전개했다. 당시 이들의 농촌운동은 기독교 민족 운동가인 조만식의 영향을 받은 정인과, 배민수, 이창호, 최봉부이 참여하였고 숭실대학 4대 교장인 윤산온은 총회 농촌부를 맡아 주도하였다. 특히 윤산온 교장과 숭실전문학교 농과 교수들은 월간 잡지 〈농민생활〉을 발간하여 농촌계몽운동에 기여했다.[211]

이러한 일제 강점기 민족운동의 배후에는 숭실의 설립자 베어드 선교사가 목표한 조선어로 지도자를 양성하는 토착적 기독교 교육 이념

---

210   안동진, 『일제의 한국침략정책사』, 한길사, 1980, p.94, 마펫 선교사는 <독립신문> 발행 사건 장소를 제공한 혐의로, 또 모오리 선교사는 숭실대학생 5명을 숨겨 준 혐의로 경찰에 연행되었다가 마펫은 석방되었고 모오리 선교사는 범인 은닉죄로 재판을 받았다. 이는 국제 사회에 큰 관심을 집중시켰다.

211   유성렬, <민족과 기독교와 숭실대학>, 숭실대학교출판부, 2004, p.27~30

이 그 근저에 뿌리내려 있었다. 이와 같은 사실은 조만식의 증언에 잘 나타나 있다. 숭실학교 출신 조만식은 1935년 조선기독교연합회 하령회에서 "내가 조선에서 전도함은 조선인의 영혼만을 천당으로 구원하기 위해서가 아니라, 금세기에 조선의 민족적 구원의 성취를 위해서이다"라는 숭실 설립자인 베어드의 말을 인용했다. 이 말은 베어드가 조선에 와서 전도하고 숭실학당과 숭실대학을 설립한 목적이 미신에 빠져 있고, 일제의 억압에 허덕이는 조선인 영혼 구원과 민족정신의 고양과 개화에 있음을 보여 준다.[212]

❖

호남을 근대교육화시킨 4대의 유진 벨, 린튼 가문

1885년 4월 5일 조선 땅에 입경한 미국 감리교의 아펜젤러와 미국 북장로교의 언더우드는 1년 앞서 조선의 문명화를 위해 건너온 알렌의 사역을 이어받았다. 그 후 1890년에 들어서면서 각국의 많은 선교사가 다양한 선교 사역을 위해 조선에 들어왔다.

선교사들은 조선 땅에서 미국과 캐나다, 호주 선교사들 간에 선교 사역지 중첩을 사전에 막고 효율적으로 사역하기 위해 지역을 분할하였다. 그렇게 해서 최초로 들어온 미북장로교와 감리교 선교사들은 한성과 경기와 평양을, 캐나다 장로교는 함경도 지역을, 호주 장로교는

---

212   숭실대학 인문과학연구소, 「1907년 평양, 2007 서울」, 미간행 논문 숭실대학교 개교 110주년 기념 1907년 평양대부흥운동 100주년 학술대회, p.1 (재인용)

경상남도 지역을, 공주를 비롯한 충청지역은 침례교가, 호남은 미국 남장로교가 맡아서 사역을 감당하게 되었다. 호남 지역에 최초로 파송받은 선교사는 유진 벨(Eugene Bell, 1868~1925)이었다. 그는 4대에 걸쳐 호남지역의 교육 사역에 크나큰 공헌을 하였다. 린튼 가문의 1세대는 모계로 시작되었다. 유진벨은 첫 번째 아내 로티 위더스폰(Lottie Witherspoon Bell, 1867~1901)과 함께 1895년 4월에 조선에 도착하였다. 이 린튼 가문은 교회와 남녀 학교를 세웠고, 미국식 근대교육을 통해 문맹 퇴치와 근대 문명화에 힘썼다. 1900년에 전남지역의 대표적인 학교는 목포에 정명여학교(1903)와 영흥남학교(1903)가 있고, 광주에는 숭일학원(1907)과 수피아여학교(1908), 순천에는 매산학교(1910)가 있다.

1. 1대 : 유진 벨(Eugene Bell)

유진 벨 선교사

1891년 언더우드 선교사는 첫 안식년을 맞아 모교회에서 조선선교에 대한 보고를 한 후, 테네시(Tennessee)주 내쉬빌(Nashville)에서 열린 교파를 초월한 전국 신학생 선교연맹(Inter-Seminary Missionary Alliance)에 참석하여 신학생들에게 조선 선교사로 헌신해 줄 것을 요청하였다. 이때 전킨 선교사를 비롯해 유진 벨과 여러 선교사가 헌신하게 되었다.

유진 벨은 1891년에 켄터키주 센트럴대학을 졸업하고 1894년 켄터키 신학교를 졸업한 후 목사 안수를 받고 미국 남침례교 선교부의 파송을 받아 27세에 조선에 들어왔다. 벨 선교사는 전남선교회가 설치된 나주에 부임하여 광주를 비롯한 전라남도 지역에서 선교 활동을 시작했다. 1895년 9월 6일에 나주 장로교회를 설립했으나 그곳의 유림들과 양반들의 텃세가 심해 어려움을 겪었다. 1897년 10월에는 새로이 개항된 목포로 가서 목포선교지회를 설립하고 유달산이 바라다보이는 목포 양동 공동묘지 끝자락에 선교사들의 주택과 교회당을 겸해서 사역의 거처지를 구축하였다.

목포에 새로이 부임한 의료선교사인 오웬(Clement C. Owen) 및 스트래퍼(Straffer) 선교사와 함께 전도와 부녀자 계몽에 나섰다. 오웬은 목사이자 의사였기 때문에 목포 진료소를 설치하여 주민들을 상대로 진료할 수 있었다. 이 지역의 원근 각처에서 진료를 받기 위해 찾아온 주민들은 해남, 진도, 완도, 강진, 장흥 지역민들이었다. 1900년 3월에 4명의 교인으로 목포에 최초의 교회가 개척되었다.

1901년 4월에 순회전도 여행 중 유진 벨 선교사는 34세인 부인 로티 위더스푼을 심장병으로 잃었다. 이 일로 두 명의 자녀 헨리 벨과 샤롯 벨을 데리고 미국으로 귀국하여 안식을 취한 다음, 1902년 가을에 다시 조선으로 돌아왔다. 1903년에 이르러서 목포교회는 크게 부흥되어 200명에 이르렀고 이들을 수용할 수 있는 석조 예배당을 세웠다. 그 이름은 부인을 기리며 로티 '위더스푼 벨 기념교회당'이라 명명하였다. 교회 사역이 안정되자 목포에 정명학교, 영흥학교를 세워나갔다. 그는 실로 호남을 근대교육화한 선구자였다.

1908년에 그의 사랑방에 몇 여학생을 모아 놓고 『성경』을 가르치던 것이 이듬해 남학생까지 모집하며 그 규모가 커졌고, 이것이 시초가 되어 수피아 여학교와 숭일학교로 발전하였다. 그는 의료선교에도 관심을 가져 '광주기독병원(당시 제중병원)'이 탄생하는 데도 관여했다.

1904년 유진 벨은 마가렛 벨(Margarlet W. Bell)과 결혼했으나, 그녀는 1919년 3월 제암리교회 학살 사건을 조사, 취재하고 광주로 돌아오다가 병점역에서 교통사고로 세상을 떠났다. 그 후 유진 벨 선교사는 격무에 시달리다가 과로로 1925년 9월 28일 58세로 광주 사택에서 숨을 거두었다.

유진 벨 선교사의 사역은 그의 후손에게 이어져 한국에서의 사역이 계속되었다. 유진 벨 선교사의 딸인 샬롯 벨은 그의 어머니가 세상을 떠난 후 미국에 보내져 그곳에서 학업을 마쳤고, 그의 아버지가 사역 중일 때에 한국에 와서 군산에서 사역하고 있었던 윌리엄 린튼(William A. Linton, 1891~1960)을 만나 결혼하게 되었다. 이들의 결혼은 두 가문(벨 가문, 린튼 가문)의 연합으로 이어져 연합적인 가문의 사역으로 승계되고 지속되었다.

2. 2대 : 한남대학교 설립자 윌리엄 린튼

윌리엄 린튼은 미국 조지아(Georgia)주 토머스빌(Thomasville)에서 태어났고, 성년이 되어 조지아 공대에 입학한 후 1912년에 졸업할 때까지 수석 학생일 정도로 두뇌가 명석했다. 그는 존 프레스톤(John Fairman Preston, 1875~1975) 선교사의 영향과 권면을 받아 21세에 조선의 선교사로 지망하게 되었다. 1912년 9월 20일, 목포에 도착하여 선

윌리엄 린튼 선교사

교사로서 그의 첫발을 내디뎠다. 그는 조선인 고성모 선생을 만나 조

선어를 배웠다. 1914년부터 군산 영명 학교에서 한국어로 『성경』을 가르쳤고 1917년부터는 영명학교 교장이 되었다.

1919년 3월 1일 조선 전역에서 일어난 3.1 만세운동을 체험한 후, 그는 교육을 사역의 중점에 두게 되었다. 그는 3.1 만세운동 당시 조선 학생들을 도왔다. 일경의 수색으로 그의 집과 교회에서는 독립선언서 등사본 2천 매가 발견되었다. 그는 1919년 기독교 평신도회의에 참여하였고 영자 신문지에 조선의 독립운동을 전하는 글을 기고하였다. 그해 5월 4일에는 안식년을 맞아 미국에 돌아가 조선의 3.1 만세운동의 비폭력 저항 정신과 조선의 실정을 가는 곳마다 밝혔다. 그는 그해 가을에 화이트 성경학교와 컬럼비아대학교 사범대학의 교육 과정을 공부하여 1921년에 석사학위를 취득하였다.

결혼 이듬해인 윌리엄 린튼은 1926년에 선교본부의 발령에 따라 전주의 신흥학교에서 공동 교장으로 근무하게 되었다. 이후 그는 두 번째 안식년을 맞아 전주를 떠나 미국 컬럼비아신학교 석사과정을 공부하고 1930년에 학위를 취득하여 목사 안수를 받았다. 1930년 6월에 다시 조선으로 돌아왔을 때는 신흥학교에서 근무하면서 정부로부터 지정학교로 인가받기 위해 노력한 끝에 1935년 4월에 '신흥고등보통학교'로 인가를 받았다. 한편 가문 전체가 한국을 위해 헌신하기로 하여 큰아들 윌리엄과 둘째 아들 유진이 순천에서 남장로회가 설립한 매산고등학교를 졸업 후 1936년에 평양 장로회신학교에 입학하였다.

1937년에는 일본이 천황을 우상화하는 신사참배를 교회와 학교에 강요하자, 선교사들은 신앙에 위배되므로 받아들일 수 없다 하며 학교를 폐쇄하였다. 그해 11월 4일, 온 가족이 미국으로 귀국하였고, 린튼은 1941년 남장로교 해외선교부에서 부총무로 일하면서 조선의 해방을 기다렸다. 그러던 중 일본이 패망하고 조선이 해방되자 1946년 7월에 조선으로 돌아와 학교를 복교하였다. 린튼은 교육 전문가로서 조선에 기독교대학을 세우겠다는 결단을 하고, 1948년 2월 24일 특별임시위원회에서 4년제 대학교 설립을 강력하게 요청하였다.

1949년, 직장암에 걸린 그는 미국에서의 수술을 마치고는 다시 그해 2월 14일에 광주에서 열린 특별임시위원회에 참여해 대전에 선교회 교육 중심지의 부지를 구입하기로 결정하였다. 그러나 1950년의 6.25 전쟁으로 이 계획은 잠시 중단되었다. 그도 역시 7월 16일 부산으로 피난하였다. 1952년에 전쟁 중에 아버지가 세상을 떠나게 되어 크게 낙심하였으나, 1954년 5월 6일부터 15일까지 전주에서 열린 제8차 연차대회에서 윌리엄 린튼은 다시 기독교대학을 세울 책임 지도자로 지명되었다. 6월 3일에는 충남 대덕군 오정리에 대학을 세울 부지 매입을 착수하였다. 1956년 2월 5일에는 문교부 장관에게 대전기독학관 설립 인가 신청서를 제출하였고, 3월 13일 인가를 취득하여 개교하였다. 1959년 2월 26일에 대전대학(현재의 한남대학교) 설립 인가가 나게 되어서 4월 15일, 윌리엄 린튼은 '대전대학'의 초대 학장으로 취임되었다. 1960년, 그의 건강이 악화되자 그는 명예학장으로 추대되었고 6월에 의사의 권면에 따라 미국으로 치료차 떠났다.

그는 차남 유진 린튼이 의사로 근무하는 미국 테네시주 녹스빌에 도착하였으나 병세가 악화되어 한국으로 돌아오지 못하고 1960년 8월 13일 하나님의 부르심을 받고 노스케로나이나 블랙마운틴 공원묘지에 안장되었다. 그의 부인 인사례 여사도 1974년에 하나님의 품으로 돌아갔다. 후에 대한민국 정부에서는 미국인 장로교 선교사로 3.1 만세운동에 기여한 그의 공로를 인정하여 2010년, 독립운동가로 건국훈장 애족장을 추서하였다.

한남대학교에서 펴낸『인돈평전 : 윌리엄 린튼의 삶과 선교 사역』에서는 다음과 같이 린튼을 기리고 있다.

그의 후손들은 한반도를 잊지 못한다. 여수와 순천에서 그리고 목
포와 전주에서 인돈(린튼)은 매우 아름답고 신비스러운 사람으로
기억된다. 아주 좋은 우리의 이웃이요, 친구로 기억하는 사람들이
많다. 동시에 대전에 있는 한남대학교는 인돈을 설립의 아버지요,
대학을 이끄는 힘과 정신으로 생각하고, 그 뜻을 실천하고 있다.
어느 한 사람을 우상으로 떠받들기 위해서가 아니라, 그와 함께한
정신과 하나님의 뜻을 제대로 펼치기 위해서이다. 대학의 여기저기
에 그러한 숨결이 살아 있다. 인돈 기념관과 인돈 동산, 인돈학술원,
한남인돈 문화상 등은 사라져 가는 인돈 정신, 봉사와 사랑과 헌신
을 통한 교육이 실현되도록 하는 데 잣대로 삼고자 하는 뜻의 표
현이다. 뜻 있는 사람들이 기금을 마련하여 인돈석좌와 인돈강좌
를 구상하는 것도 같은 의미이다. 한남대학교가 기회 있을 때마다
인돈을 기억하고 정신을 되새기는 것은 그러한 의미에서 매우 귀한
일이 될 것이다. 무수히 많은 새로운 인돈이 우리 속에 나타나기를
바라는 마음이다.

3. 3대 : 휴 매킨타이어 린튼과 드와이트 린튼

유진 벨로부터 시작되어 윌리엄 린튼 가문으로 이어진 3대째 한국
선교 사역은 윌리엄 린튼과 샤롯 벨 린튼의 셋째 아들 휴 린튼(Hugh
Macintyre Linton, 1926~1984)이 이어받았다. 휴 매킨타이어 린튼은
1926년 전라북도 군산에서 태어났다. 그는 미국 컬럼비아신학대학원

(Columbia Theological Seminary)에서 공부하고 1930년 목사안수를 받아 조선으로 돌아왔지만 1940년 일제의 선교사 추방령으로 다시 미국으로 돌아갈 수밖에 없었다.

그는 1950년에 결혼하고 그해에 6.25 전쟁이 발발하자 한국을 조국처럼 여기고 있었던 차에 미 해군 장교로 자원입대하여 인천상륙작전에 참전하였다. 종전 후 1953년에는 프린스턴신학교에서 석사학위를 받고 다시 한국으로 돌아와 선교와 의료봉사에 헌신했다. 그는 낙도가 많은 전라도 지역의 섬 사역을 위해 등대선교회를 설립하여 전남 순천을 중심으로 도서 지역에 많은 교회를 세우는 데에 헌신했다. 이뿐만 아니라, 1960년 순천 일대에 홍수가 나고 결핵이 크게 유행하자 '순천기독치료소'를 설립하여 결핵 치료 사역에 헌신하고 '순천결핵재활원(현 순천기독결핵요양원)'을 설립하며 그의 아내와 함께 30여 년간 결핵 퇴치 활동에 매진하였다.

휴 린튼 부부는 섬 지역과 벽지를 돌아다니며 200여 곳이 넘는 교회를 세웠고, 도시보다는 농촌의 간척지 사역에 집중하여 소작농들에게 땅을 나누어 주었다. 그는 조선 농부들처럼 늘 검정 고무신을 신고 다녔고, 그것은 검소한 그의 트레이드마크가 되었다. 모든 주민에게 늘 친절하고 겸손하였던 그는 만년에는 공황장애로 고통을 겪기도 하였다. 1983년 10월 10일에 은퇴를 하였으나 전남 순천의 승평과 원도 섬촌에서 선교 활동을 이어갔다. 그는 섬 지역의 교회 개척을 위해 초기 교회의 자립을 위한 운영비의 20%를 지급하였고, 남도의 마을 입구마다 세워지는 교회의 십자가 불을 밝혀 마을을 비추는 등대가 되게 하였다. 1965년에는 입원 요양이 필요한 결핵 환자의 진료를 위해 '결핵요양원'을 설립하였고, 무의탁 결핵 환자들을 위한 요양원인 '보양원'도 세웠다.

휴 린튼 선교사는 1984년 4월에 지프차에 농촌교회 건축 자재를 싣고 시골 교회로 향하던 중에 교통사고를 당하여 순직하였다. 그의 아내는 미망인이 되었지만 낙심치 않고 결핵 퇴치 사역에 힘쓰다가 1994년에 은퇴하였고, 1996년에는 호암상을 받았다. 이때 받은 상금 5천만 원으로 그의 아들 존 린튼(인요한 박사)은 한국형 앰뷸런스를 개발하여 보급에 앞장섰다. 그는 아버지가 교통사고를 당했을 때 앰뷸런스가 없어 택시로 병원에 이송하던 중 과다 출혈로 사망했기에, 순직한 아버지를 생각하면서 그것을 개발한 것이다. 이처럼 휴 린튼 선교사는 죽어서도 위급한 생명을 건지는 데 꼭 필요한 선물을 주고 갔다.

한편 윌리엄 린튼의 4남인 드와이트 린튼(1927~2010)도 아버지의 뜻을 따라 헌신하였다. 그는 1927년 전북 전주에서 태어나 군산에서 유아기를 보내고 그 후 평양 선교사들의 자녀들이 공부하는 평양 외국인 학교를 다니다가 대학 공부를 위해 미국에 가 컬럼비아신학대학원을 졸업했다. 1950년, 6.25 전쟁이 발발하자 전쟁에 참여했고 전쟁이 끝나자 다시 한국으로 돌아와 광주에서 20년이 넘도록 의료봉사활동을 하였다. 이어서 1973년부터 1978년에 걸쳐 호남신학대 학장을 맡아 신학교 발전에 기여하였다. 은퇴 후에는 미국으로 돌아갔고, 1992년에 빌리 그레이엄 목사가 평양을 방문할 때에 통역인으로 동행하였다. 1995년에는 북한 주민을 돕기 위한 '조선의 기독교 친구들(CFK, Christian Friend of Korea)'의 설립을 주도했으며, 이후 북한의 의료와 식량, 농기계, 비상 구호품 지원과 우물 개발 기술 전수 등 대북 인도적 지원활동에 적극 참여하였다. 그도 아버지처럼 2010년 1월에 교통사고로 하나님의 품에 안겼다.

4. 4대 : 스테판 린튼, 데이비드 린튼, 존 린튼

윌리엄 린튼의 셋째 아들 휴 린튼 선교사 부부는 육 남매에게 엄한 신앙교육을 하였다. 육 남매는 중학생이 되면 107개의 문답으로 구성된 「소요리문답」을 외워야 했다. 신앙과 삶의 가치관 정립을 위한 휴 린튼만의 교육 방법이었다. 장남 데이비드(David Linton)는 대전에서 미국 남장로회 선교사로 활동하였다.

3남 스테판 린튼(Stehpen W. Linton)은 1950년, 필라델피아에서 태어나 아버지가 3대째 남장로교 선교사로 재직했던 한국에서 자랐다. 순천의 매산고 및 연세대학교 철학과를 나와 고려신학대학원에서 목회학 석사 과정을 마쳤다. 그 후 뉴욕 컬럼비아대학교에 진학하여 1989년에 '남북한 윤리 및 도덕 교과서'를 비교 연구해 박사 학위를 받았다. 이후 컬럼비아대학의 한국학연구소 부소장을 역임하기도 하였다.

그는 한국에서 교육을 받고 자랐기에 남북한의 분단 현실을 목도하였다. 1979년 평양에서 열린 세계탁구대회를 계기로 북한을 방문하게 되면서 또 다른 한국의 모습을 보게 되었다. 북한의 고난의 행군 시절에 컬럼비아대학 연구원으로 방북하여 북한 홍수 재난(1995~1996)의 구호 활동에 많은 양식과 의약품을 후원하기도 하였다. 린튼은 현재도 비영리단체인 유진벨재단의 회장으로 대북지원 사역을 하고 있다.

이 재단은 1895년 내한하여 선교 활동을 하였던 유진 벨의 선교 사역을 기념하여 1995년에 설립되었다. 1997년, 북한의 보건성으로부터 결핵 퇴치 공식 지원요청을 받아 전남 순천에 있는 순천기독결핵재활원 내에 해외사업부 소속으로 '유진 벨 프로젝트'가 출범하였다. 북한에 결핵 퇴치를 위주로 한 의료지원 사업은 2007년에 모두 400억 원의 의약품과 의료 장비를 북한에 지원했다. 스테판 린튼은 1997년 50

여 차례 북한을 방문했고 북한 정부로부터 큰 신뢰를 받으며 지속적으로 사역을 이어갔다.

스테판 린튼의 동생 존 린튼(John Alderman Linton, 1959~현재)은 전남 매산고와 연세대학 의대를 졸업하여 현재는 연세대학 의대 교수이며 세브란스 병원 국제진료 센터 소장으로 있고, 한국인으로 귀화하여 순천 인씨의 시조가 되었다.

미국의 세계적 생명공학기업인 '프로메가(PROMEGA)' 대표인 빌 린튼 3세는 윌리엄 린튼 목사의 장손으로 스테판 린튼과 존 린튼과는 사촌지간이다. 그는 할아버지가 설립한 한남대학을 2004년에 방문하여 500만 달러 재정 지원을 약속했고 이후 한남대에는 '프로메가 BT 교육연구원'이 설립되었다.[213]

이처럼 벨 가문과 린튼 가문은 4대에 걸쳐 약 120여 년을 이어서 선교 활동 중이며 특히 북한을 새로운 사역지로 삼아 박애주의적 헌신을 하고 있다.

---

213   "4대에 걸친 린튼가의 한국선교", <최재건의 한국근현대사와 기독교>, http://m.cjk42.com/103

❖
홀(Hall) 2대 가문에 걸친
부부 의료 사역

1. 1대 : 윌리엄 제임스 홀 부부의 평양 사역

홀(Hall)[214] 선교사 부부는
1894년 평양에서 청일전쟁에
온몸을 던져 의사 선교사로서
헌신하였다. 그러던 중 홀 선
교사는 과로와 이질병으로 평
양 최초의 순직자가 되었다. 그
가 조선에 온 지 3년 만이었다.

윌리엄 제임스 홀 부부 선교사

미망인이 된 홀의 아내 로제타 홀[215]은 미국으로 돌아갔다가 다시 평양
에 와서 남편의 사역을 기념하는 이북 최초의 근대식 병원 '홀기념병
원'을 설립하였다. 그녀는 얼마 후 딸마저 풍토병으로 평양에 묻게 되

---

214   William James Hall(1860~1895) 의사 선교사는 캐나다 출신이며 캐나다 퀸즈의과대학을 마치
고 1889년 뉴욕의 벨레뷰대학에서 의학박사를 받았다. 1891년 12월에 조선에 의료 선교사로 파송되어 입
국하였다. 그는 조선에 먼저 온 약혼녀 로제타 셔우드와 한성에서 결혼식을 하고 평양의 선교사로 임명받
아 그곳에 광성학교와 병원을 세워 평양인들에게 교육과 의료기술로 사역을 시작하였다. 그러나 1894년
10월에 청일전쟁이 발발하여 그곳의 평양 주민과 군인들을 치료하다 과로와 이질 전염으로 순직하였다. 그
는 아들 셔우드 홀을 보았고 그의 아내의 복중에 유복녀가 있었으나 태어난 지 얼마 안 되어 전염병으로 사
망하였다. 아들 홀은 후에 미국에 건너가 의사가 되어 조선에 와서 의료 선교사로 헌신했다.

215   Rosetta Sherwood Hall(1865~1951)은 홀 선교사의 아내로서 서울과 평양에서 의료 사역에 헌
신하였다. 그녀는 펜실베이니아 여자의과대학을 졸업했고 1890년 10월에 미감리회 의료선교사로 내한하
여 정동의 보구여관에서 의료 사역을 시작하였다. 1892년 약혼자 홀과 결혼하고 1894년 남편과 평양으로
이주하여 의료 사역을 시작하였다. 남편이 순직한 후에 평양에 최초의 근대식 병원을 세웠고 딸 에디를 잃
은 후에는 최초의 아동병원을 세웠다. 그녀는 47년간을 평양과 서울에서 의료 사역을 하였다.

213

었다. 하지만 그녀는 이러한 슬픔을 오직 믿음으로 감내하며 그의 아들 셔우드 홀을 의사로 키워 냈다. 16년 후에 의사가 되어 조선에 올 때는 그의 부인이자 의사 선교사인 메리안 홀을 데리고 와 황해도 해주에서 결핵 퇴치 사역을 함으로 2대의 걸쳐 50여 년 이상을 헌신하였다. 그 가족의 의료 선교 사역은 지금까지도 우리에게 무한한 박애주의적인 교훈을 주고 있다.

1) 평양 사역자로 임명받은 닥터 홀

닥터 홀은 평양을 답사한 끝에 그곳에 선교 기지(Mission station)를 만들어야 한다는 것을 강조한 보고서를 제출하였다. 연례회의에서 윌러드 멜러리우(Willard Mallalieu) 감독은 홀의 아내가 된 셔우드 홀(로제타 셔우드)을 계속 한성의 여성병원에서 근무하도록 하고, 닥터 홀은 평양선교 기지 개척 담당자로 임명했다. 그 부부에게는 놀라운 소식이었다. 가장 추운 겨울과 우기의 몇 달만을 제외하고는 대부분 평양에서 근무하라는 명령이었다. 그 당시 조선에서는 아직도 내지에서 외국인이 거주할 수 없다는 금령이 발효 중이었고 기독교 신자는 사형에 처한다는 법이 존재하고 있을 때였다. 닥터 홀에게 주어진 임무는 위험한 것이었지만 이 일을 수행하는 데는 의사가 가장 적격자라고 생각한 것이다.

2) 로제타 홀의 한성 의료 사역

한편 미세스 홀(로제타 셔우드)도 남편과 같이 평양으로 가기 전까지 한성에서 열심히 의료 사역을 했다. 동대문 진료소의 사업은 커졌고, 이후 건물이 완성되자 '볼트윈 진료소'라고 부르게 되었다. 1897년에 진료소는 닥터 릴리언 해리스의 책임 아래 있었는데, 1902년에 그녀가 사망하였다. 그 후 1912년에 규모 있는 병원이 설립되었고 그녀의 이름을 따서 릴리언 해리스 기념병원(Lillian Harris Hospital)이라고 명명되었다. 닥터 로제타 홀도 한때 이 병원의 원장을 지냈다. 이 병원이 '이화여대부속병원'의 전신이다. 그녀는 이 병원과 관련된 학교에서 조선인 학생들에게 생리학과 약물학 강의를 하였다.

학생 중 김점동(박에스터)은 특별히 뽑힌 학생으로 진료소에서 약을 짓고 환자들을 간호하고 있었다. 원래 수술 보조를 싫어했으나 홀 부인의 언청이 수술을 본 다음부터 마음이 달라져 하나님의 도움으로 반드시 의사가 되고야 말겠다는 결심을 굳혔다.

3) 평양의 험악한 수난

그가 사역을 위해 매입한 집 중에는 기생을 양성하는 기생학교도 있었다. 그런데 평양감사가 이전 집주인들에게 외국인을 집에 들이면 안 된다는 금령을 내려 둔 탓에 닥터 홀은 그 집에 들어갈 수 없었고, 여관에서 묵을 수밖에 없었다. 이에 대해 평양감사는 노골적으로 돈을 요구하였다.

이런 일이 지난 후 밤이 되면 가끔 돌멩이가 빗발치듯 날아들었다. 닥터 홀은 주어진 시간에 자신이 평양에서 할 수 있는 일을 모두 완수하겠다고 다짐했다. 평양 주민들의 감정을 자극하지 않아야 했으므로 선교사들은 평양에 상주하지 않고 현지를 오가며 주민들과 사귀어 점차로 그들의 신임을 얻어 나가는 것이 상책이라고 보았다.

기독교인이 된 한성의 조선 사람 몇을 먼저 평양에 보내어 유 씨의 이름으로 구입한 조선 가옥에 살게 하는 것도 현명한 방법이었다. 그 일에 적합한 사람이 김창식이었다. 그는 전에 올링거 선교사의 요리사였으며 대단히 열성적인 기독교 신자였다. 올링거 선교사가 미국에 돌아간 후 닥터 홀이 그를 조수로 고용하고 있었다. 먼저 김창식의 가족과 닥터 홀의 조수인 박유산을 함께 평양에 보내기로 결정했다. 홀은 그들과 함께 평양으로 가서 학당을 열었다. 그해 2월에 그가 아내에게 쓴 편지에는 다음 같은 내용이 있다.

> 우리는 이곳 평양에 남자 학교를 열었는데, 한 사람의 성실한 기독교인 교사와 벌써 13명의 학생을 모았답니다. 학생들은 아침과 밤에는 교리문답을 공부하고 그 밖의 시간에는 한글과 한문을 공부합니다. 이곳에도 앞날을 밝혀 줄 새벽이 온 것 같습니다. 이렇게 새 길을 열어 주신 하나님을 찬양합니다. 다음 주일에는 조선인 몇 사람이 세례를 받습니다. 나는 매일 밤 정규 예배가 시작되기 전에 소년들과 모임을 갖습니다. 한 15명쯤 되는데 다들 빠지지 않고 잘 나옵니다. 어젯밤에는 그동안 가르쳐 준 내용에 대해 질문을 했는데 그들이 매우 많이 외운 걸 보고 놀랐습니다. 나는 아침마다 학과를 가르치고 오후에는 환자를 돌봅니다. 오늘은 16명의 환자를 치료했는데 그중 3명은 왕진을 했습니다. 모든 것이 순조롭습니다. 나는 날마다 친구를 사귀며 조선 사람들의 신임을 얻고 있습니다. … 그러나 지금은 계획대로 당신이 이곳에 와도 별문제가 없을 것 같아 우리 가족은 앞으로 평양에서 지내게 되리라 믿습니다.

그 당시 여자 홀로 한성에서 평양까지 육로로 온다는 것은 매우 위험하고 고통스러운 여정일 수밖에 없었다. 닥터 홀은 해상 이동수단의 가능성을 조사했다. 그 결과 매우 불규칙하지만 기선이 운행 중이었고, 이동 시간도 약 반으로 줄일 수 있다는 사실을 알게 되었다. 그는 가족을 평양에 데리고 갈 때는 배편을 이용하기로 했다. 얼마 후 홀 가족은 1894년 5월 4일, 제물포에서 작은 해안용 기선에 탔다. 아기를 보는 실비아와 박유산, 그리고 그의 아내 에스더 박을 동반한 여행이었다.

닥터 홀은 선상에서 아내에게 1866년 이 강에서 항해의 마지막 운명을 맞았던 제너럴 셔먼호의 사건에 대한 이야기를 들려주었다. 닥터 홀은 평양의 대동문에서 셔먼호의 닻과 체인이 걸려 있는 것을 봤다고 말해 주었다. 그들은 나룻배로 갈아타고 대동강 강변으로 나갔다. 현지의 기독교인들이 그들을 마중 나와 있었다. 많은 사람이 홀 부인과 아기 셔우드의 주위에 모여들었다. 백인 여자와 백인 아기를 처음 본 주민들은 호기심에 가득 차 있었다. 닥터 홀은 그들에게 내일 오후 자기 집에 오면 조선인 부인과 어린이에 한 해 10명씩 한 조가 되어 한 번에 5분씩 홀 부인과 아기를 볼 수 있게 해 주겠다고 약속하였다. 홀의 부인은 평양에서의 첫 생활을 일기에서 이렇게 묘사하고 있다.

우리는 곧 작업을 시작해 작은 방 두 개를 청소했다. 방 하나에는 아기의 참대와 내 트렁크, 그 외 짐을 선반에 올려놓았다. 바닥에는 매트를 깔고 벽에는 몇 개의 그림을 붙여 장식했다…. 다음 날 점심 시간이 지나자 이미 약속한 대로 구경꾼들이 몰려오기 시작했다. 처음에는 열 사람씩 한 조가 되어 3조까지는 시간에 맞춰 질서 있게 들어와 구경하고자 했다. 그러나 나중에 도착한 사람들은 정해진 순서를 이해하지 못해 막 밀치면서 들어왔다. 순식간에 두 개의 방이 사람으로 들어차서 조금도 움직일 틈이 없었다. 이 많은 사람을 방에서 나가게 하는 단 하나의 방법은 내가 마당으로 나가 군중들이 거기에서 나를 구경할 수 있게 하는 것뿐이었다. 나는 밖으로 나갔다. 마당에 가득 찬 사람들은 4번씩 교대하며 우리를 구경했다. 아마 1천 5백여 명의 부인과 아이가 나를 구경했을 것이다. 이 많은 구경 인파에게는 담이나 대문도 소용이 없었다.

홀 가족은 저녁 기도를 한 다음 평화로운 마음으로 잠자리에 들었다. 새벽 2시경에 기독교 신자인 오 씨와 이 씨가 긴급하게 찾아와 그들을 깨웠다. 그들은 믿음이 강한 김창식이 감옥에 잡혀갔다는 소식을 전해 주었다. 김창식은 닥터 홀이 한성으로 돌아가고 없을 때도 이곳에 남아 복음을 전하고 있었다.

이 집의 전 주인 김 씨와 마펫 선교사에게 집을 판 조선인, 마펫 대신 설교하고 있었던 한석진도 잡혀갔다는 것이다. 이렇게 김창식을 비롯해 잡혀간 사람들은 심한 매를 맞고 칼로 고문을 당하는 등 심한 고통을 받고 있다고 하였다. 관리들이 오늘 다시 김창식에게 곤장으로 매를 치겠다고 말했다고도 하였다. 조금 후에 김창식의 아내가 달려왔다. 관리들이 감히 닥터 홀을 매질하게 둘 수 없어 대신 자기 남편을 가두고 때리도록 했다는 것이다.

닥터 홀은 이른 아침 6시 30분에 평양감사에게 면회를 신청했다. 하인들은 감사가 아직 일어나지 않았다면서 만나 주지 않을 것이라고 하였다. 닥터 홀이 관청에 가 있는 사이 관리들이 찾아와서 엽전 10만 개를 내면 아침에 김창식이가 맞는 매를 감해 주겠다고 했다. 닥터 홀은 사태의 심각성을 알고 한성에 있는 닥터 스크랜튼에게 전보를 보내기 위해 밖으로 나갔다.

창식 구금됨. 오 씨와 한 씨 구타당함. 세 가옥의 전 주인 모두 감옥

에 구금됨. 이곳 가족과 하인들의 보호 요망.

이런 긴박한 상황에도 불구하고 홀의 아내와 아기를 구경하러 온 부인들과 아이들은 10명씩 또는 12명씩 조를 짜서 온종일 왔다. 구경꾼들은 질서를 지켰고 대부분 옷을 깨끗이 입고 있었으며 혈색이 좋았다. 어떤 사람들은 아기가 귀엽다고 하기도 하고, 코가 너무 높다고 평하기도 하며, 어떤 사람은 우습게 생겼다면서 웃음을 터트리기도 하였다. 어떤 사람은 '아기가 꼭 개같이 생겼다'고 하기도 하였다. 조선 개 중에는 파란 눈을 가진 개가 더러 있었다. 구경꾼들은 아기 이름 셔우드의 발음을 못 해서 '세이옷'이라고 불렀다.

구경꾼들이 북적이는 중에 김창식이 군졸에게 끌려 집으로 왔다. 그들은 엽전 10만 개를 내놓지 않으면 또 곤장을 치겠다며 돈을 요구했다. 조금 있자 이번에는 오 씨가 끌려왔다. 그는 매우 담대한 기질이 있어서 곧 석방될 것이므로 저들에게 돈을 주지 말라고 말하였다.

오후 1시경에 행정관의 부하 한 사람이 와서 한문으로 쓴 종이를 주었다. 닥터 홀의 친구는 문서를 번역해 주었다. 그 내용은 평양에서 나가 달라는 것이었다. 이를 거절하자 그들은 그 문서를 대문에 붙여 놓고 갔다.

이것은 감사 다음으로 높은 행정관이 쓴 것으로 이 지역 담당관 김 씨에게 내리는 명령이다. 집은 전 주인에게 반드시 돌려주어야 한다. 이는 이미 오래전에 내렸던 명령이다. 닥터 홀이 그의 아내와 함께 이곳에 온 것은 여기에서 오래 살겠다는 표시다. 그러므로 전 주인은 즉시 이 집을 반납받으라. 많은 구경꾼은 큰 혼란을 초래한다. 고로 환자들만 그곳에 갈 수 있게 하라. 다른 사람들은 근접을 금한다. 천주교와 기독교는 해악이 되므로 누구를 막론하고 절대로 설교를 듣지 못한다.

이 일로 결국 홀 선교사는 한성의 선교사들에게 도움을 구하는 전보를 보냈고, 전보를 받은 선교사들을 통해 미국과 영국 공사관은 왕실에 이 사실을 알리며 협조를 구했다. 이에 왕실은 급히 평양감사에게 사역의 보장과 동역자의 석방을 강력하게 명함으로 사태가 해결되었다.

4) 청일전쟁과 홀 가족

1894년 9월 15일, 평양에서 큰 전투가 벌어졌다. 이것은 청일전쟁의 전환점이 되었다. 일본은 전승국으로 부상했고, 청국 군대는 평양에서 패주하여 압록강을 넘어 후퇴함으로 더 이상 조선에서의 영향력을 잃게 되었다. 이 전쟁으로 일본의 시모노세키에서 평화조약이 체결되었다. 청국은 일본의 요구대로 일본에 유리한 교역 약정과 일본에 네 개의 새로운 항을 개항한다는 조건을 들어주었다.

이 같은 내용으로 이루어진 '시모노세키조약'은 조선이 사실상 청국의 속국이라는 틀에서 벗어나게 한 대신 조선에 대한 일본의 영향력을 증대시켰다. 이어서 일본은 즉시 일방적으로 조선 정부의 고문 역할을 하면서 내정에 간섭하였다. 청일전쟁이 끝나게 되자, 닥터 홀은 장로교 선교사인 마펫과 그레이엄 리 선교사와 함께 10월 초순에 평양의 사역지로 돌아왔다. 평양에서의 극렬한 청일전쟁에도 불구하고 그곳의 감리교 기독교인들은 예배당과 집을 잘 관리하고 있었다.

그러나 마펫 선교사의 교회와 집은 심각하게 파괴되어 있었다. 그런 관계로 이들 선교사는 닥터 홀의 집에 거주하게 되었다. 이때 평양을 취재하러 온 외국인 기자 〈뉴욕 월드〉지의 크릴맨과 런던 〈이브닝 스탠더드〉지의 프레드릭 빌리어스도 있었다. 닥터 홀은 이들에게 편의를 제공하면서 전쟁이 남긴 상처를 이렇게 기록했다.

> 10월 8일, 몇 군데 전쟁터를 가 보았다. 아직도 청군의 시체가 깔려 있었다. 어떤 시신은 땅 위에 노출되어 있거나 흙을 약간 그 위에 뿌린 정도였다. 지독한 악취가 났다. 참상은 말로 표현할 수 없을 정도다. 청국군 1만 4천 명과 일본군 1만 명이 이 전투에 동원된 것이다.

전쟁 중 평양감사 민병석도 도망갔다고 한다. 그의 가마가 구덩이 속에 뒤집힌 채로 뒹굴고 있었다. 평양의 선교사들은 한성에 피신하였다가 전쟁이 끝나자 10월 1일에 다시 평양으로 복귀했다. 평양에서 사역하였던 그레험 리 목사는 복귀하면서 본 참상에 대해 후에 이같이 기록하였다.

> 우리는 처음 며칠간 전쟁터를 둘러보았다. 이곳 전쟁의 자취는 전쟁터로 보기에 이상한 데가 있다. 이 전쟁의 실상을 알아 두면 훗날 극동의 여러 나라에 대한 역사를 평가하는 데 도움이 될 것이다. 평양은 성으로 둘러싸인 도시로 방어하기에는 가장 좋은 지리적 조건을 갖추고 있다. 도시의 정면에는 대동강이 흐른다. 이 강은 넓고 깊어서 성을 지키는 병사가 있는 한 적병은 강을 건널 수 없다. 이러한 수비 요건을 갖추고 있어 방어군이 지키는 한 어떠한 적병도 이 성을 함락시킬 수 없다. 청국군은 일본군이 주로 정면 공격을 하여

강 건너편에서 넘어올 것으로 예상하고 그 대비를 잘했다. 그러나 일본군은 이틀 동안 상대의 주의를 끌기 위해 대포를 강 건너편에 계속 주둔시키는 한편, 2개 사단 병력을 몰래 평양성 뒤로 이동, 공격할 준비를 갖추었다. 9월 15일 이른 아침 모든 준비를 마친 일본군이 삼면에서 공격을 시작했다. 청군은 하나씩 요새를 빼앗겼다. 밤이 되기 전에 모든 요지를 일본군이 점령했다. 청국군은 아직도 북쪽의 고지를 잃지 않았다. 이 고지가 청군의 운명을 결정하는 곳이다. … 이 전쟁터의 잔해 중 어떤 상황은 참으로 몸서리쳐진다.

5) 평양의 최초 순직자가 된 홀

홀 선교사는 홀로 평양에서 밤낮을 가리지 않고 몰려드는 전쟁 부상자들을 돌보고 있었다. 그의 동료들은 대나무 침대로 움직이지 못하는 환자들을 싣고 날랐다. 그렇게 바쁜 가운데서도 처음에 운영하였던 학당을 다시 열고, 그곳의 기독교인들과 매일 밤 예배를 드렸다. 홀은 자신의 건강을 돌보지 않고 주야로 혹사하였다. 그로 인해 건강이 급격히 나빠지기 시작했다. 홀의 이런 모습에 대해 마펫 선교사는 이렇게 기록했다.

지난해 여러 번 평양을 왕래하면서 너무 심한 혹사를 당해 그의 건강은 많이 약해졌다. 그래서 그는 전쟁터였던 이 도시 안팎의 극히 비위생적인 환경에 저항할 힘을 잃게 되었다. 시체가 썩는 냄새, 가축들의 잔해가 곳곳에 널려 있어서 어느 곳으로 가든지 이런 것들을 계속 만나게 된다. 악취와 불결함은 말로 표현하기 힘들 정도이다. 우리는 말라리아를 앓았다. 닥터 홀의 병세가 더욱 심해지자 우리는 관리들의 도움으로 일본의 교통수단을 이용해서 한성까지 가도록 조처했다. 우리는 대동강을 따라 65km쯤 내려가서 약 6백 명의 병든 일본 군인을 실은 배에 탔다. 그 군인들은 이질이나 각종 열병을 앓고 있었다.

우리를 실은 배가 제물포에 도착했을 때 닥터 홀은 열이 다 내린 것 같았다. 그런데 그 후 다시 발진티푸스에 걸린 모양이다. 제물포에서 하루를 지냈을 때 그의 병세는 상당히 좋아진 것 같았는데, 강을 따라 한성으로 올라갈 작은 기선을 기다리는 동안에 다시 열이 올라가는 것이었다. 배는 오후에 출항했다. 어두워질 무렵 강화도 건너편 지점에 도착하였으나 거기서 배가 암초에 걸려 거의 뒤집히게 되었다. 필사적인 노력을 기울였으나 배는 움직이지 않았다. 우리는 닥터 홀을 해안으로 옮겨 조선집 오막살이에 눕혀 놓는 수밖에 별도리가 없었다. 그리고는 돛단배를 찾았다. 새벽이 돼서야 겨우 배를 구하였다. 느린 항진 끝에 한성에 닿은 것은 그다음 날 아침이었다. 거기에서 닥터 홀은 아내에게 맡겨졌다. 의사들은 온갖 노력을 다했다. 우리는 그가 회복되기를 기도했다.

그 당시 홀의 병세가 얼마나 위중하였는지 그 부인이 친구에게 보낸 편지에서 엿볼 수 있다.

11월 19일 월요일, 아침 왕진하러 가려고 약을 챙기고 있는데, 그가 도착했다는 연락이 왔다. 나는 급히 아들을 안고 뛰어나갔다. 그는 병이 너무나 중해 혼자 서지 못했고 겨우 입을 열고 말했다. "건강할 때 돌아와 아내를 만나는 게 얼마나 행복한 일인지는 이미 알고 있었지만 이제는 병이 났을 때 집에 돌아와 눕는다는 게 얼마나 편한가를 알게 되었소."

그가 집에 돌아온 첫날은 표정이 밝고 유쾌해 그토록 위독한 병에 걸려 있는지 알아차리지 못했다. 그러나 그때도 열은 섭씨 40도를 오르고 있었다. 그날 밤은 옆에 놓아둔 변기에 혼자서 소변을 볼 수가 있었는데, 수요일 아침에는 연필과 종이를 가져오라고 하더니 노블 선교사에게 이번 여행 중에 쓴 경비를 항목별로 알려주었다. 그는 이런 지경에서도 공무에 철저했다. 공무가 끝나자 그는 "이제 죽든지 살든지 내가 할 일은 다 끝냈다. 하나님의 뜻이 날 더 원한다면 더 오래 일하고 싶다"라고 말했다.

그는 이미 말하는 것조차 힘들었고, 온몸이 마비되어 가면서 목의 근육까지도 기능을 잃어갔다. 다섯 명의 의사가 머리를 맞대고 할 수 있는 방법은 다 썼다. 그러나 그는 우리를 남기고 세상을 떠나려 하는 것 같이 보였다. 그는 내 배 속에 있는 또 하나의 생명에 대해서도 물었다. 내가 "아주 튼튼한 것 같아요. 셔우드 때보다 오히려 더 심하게 움직여요"라고 대답하면 미소를 짓곤 했다.

목요일 아침, 그는 무엇을 쓰려고 연필과 종이를 달라고 했으나 너무나 힘이 없어서 글을 쓰기가 불가능했다. 그에게 있어 가장 큰 좌절감은 그의 가슴에 벅차도록 담겨 있는 말을 하지 못하는 점인 것 같았다. 그의 눈은 슬픈 듯이 나를 바라보았다. 그가 할 수 있는 것은 "당… 신을 사… 랑…… 하…… 오"라고 겨우 띄엄띄엄 한마디 하는 것뿐이었다. 오후가 되자 그는 꼬마 셔우드를 데려와 달라고 했다. 그는 사랑하는 눈으로 셔우드를 바라보았다. 미국에서나 조선에서나 '아이들의 친구'라고 불리던 그였는데 자신의 하나뿐인 아들과는 말 한마디도 나누지 못한 채 영원한 작별을 고하려하고 있었다. 그가 마지막으로 나에게 말하고자 애썼던 것은 "내가 평양에 갔었던 것을 원망하지는 마시오. 나는 예수님의 뜻을 따른 것이오. 하나님의 은혜를 받았소"라는 말이었다.

그의 믿음은 이처럼 어린아이의 믿음과 같이 항상 순수했다. 그는 갓난아이처럼 엄마 품에 안겨서 편안히 잠들 듯 죽음 앞에서도 아무 두려움이 없었다. 1894년 11월 24일, 석양이 물들 무렵 그는 예수님 품에 안겨 고요히 잠들었다. 영원한 안식일에 다시 깨어날 때까지 편안히 잠자기 위해 그는 먼저 천국으로 들림을 받았다.

로제타 홀은 그녀의 방에 가서 아들 셔우드를 안고 와서는 하나님께서 그와 나에게 약속해 주신 바를 이루게 해 달라고 기도했다. 닥터 홀이 이 세상을 떠난 그다음 날짜로 기록된 노블 선교사의 회고록에는 이같이 기록되었다.

일요일, 우리는 사랑하는 형제를 커다란 조선식 관에 넣고는 아름다운 한강 둑으로 가서 매장했다. 그곳은 잠들기에 평화로운 장소 (양화진)다.

그가 생명을 바쳐 일한 조선 땅, 먼저 간 사람들 사이에 묻힌 것이다. 조선에서의 3년 동안 그 부부의 사역은 너무도 헌신적이었다. 그들의 사랑은 지극히 순결하였고 절절하였기에 영원토록 기억하기 위해 남편 홀은 천상의 재회를 기약하고 먼저 떠난 것이었다. 닥터 홀의 평양에서의 사역은 그곳에 학교와 병원과 교회라는 겨자씨를 심었으며, 그의 부인 홀과 아들 셔우드와 며느리 메리안 홀은 미국에서 의사가 되어 그 바통을 받아 조선에서 반세기에 걸쳐 의료 사역을 이어갔다.

6) 평양 최초 근대식 의료기관 '홀기념병원' 건립 준비

홀기념병원

1894년 11월 27일, 고 닥터 홀의 추도예배를 배재학당 강당에서 노블 선교사의 인도로 드렸다. 이 행사를 지낸 뒤 홀 부인(로제타 홀)은 한 살 된 아들(셔우드)을 데리고 뉴욕주 리버티의 친정으로 돌아갈 준비를 하였다. 그때 그녀의 태중에는 7개월의 생명이 잉태되어 있었다.

그동안 로제타 홀의 조수였던 에스더 박은 자기도 미국으로 데리고 가 의학을 공부할 수 있도록 간청하였다. 하지만 이는 선교부의 허락이 있어야기에 선교부에 부탁을 하고 허락을 받았다. 에스더와 결혼한 박 씨도 함께 가게 되면서 모두 4명이 미국으로 떠나게 되었다. 이 과정에 친구 선교사들은 재정적 도움을 주었다.

미국 친정집에 도착한 지 얼마 되지 않아 1895년 1월 18일에 셔우드의 여동생이 태어났다. 아이의 이름은 남편이 생전에 이미 '에디스 마거리트 홀'이라고 지어 두었다. 두 번째 자녀를 얻은 로제타 홀은 출산을 한 후 그녀의 일기에 이처럼 기록하였다.

꼬마 에디스는 내가 태어났던 이 집에서 파란 눈을 떴다. 아빠가 가장 좋아했던 「이사야」서 43장을 보면 '두려워 말라 나는 너와 함께 있느니라 … 나는 동쪽에서 너에게 씨를 갖다 줄 것이며, 서쪽에서 이를 거두어 줄 것이니라'고 적혀 있다. 아들 셔우드가 저 멀리 동쪽에서 태어난 지 15개월이 못 되어 누이동생이 서쪽 1만 6천km

가 떨어진 뉴욕에서 태어났다.

로제타와 함께 온 박에스더는 리버티 공립학교에 입학하였다. 그녀의 남편 박 씨는 셔우드가의 농장에서 일을 하였다. 에스더는 총명하여 그다음 해 1896년 10월에 볼티모 여자의과대학(Women's Medical College of Baltimore, 현 존스홉킨스대학)에 입학했다. 그녀는 서양 의학을 공부한 최초의 조선인이 되었다.

7월 31일에 로제타 홀은 남편이 섬겼던 그의 고향의 '글렌뷰엘 교회'를 방문하였다. 그 교회의 목사님과 성도들은 따뜻이 맞아주며 환영사에서 이같이 위로해 주었다.

> "우리는 당신과 두 자녀, 그리고 조선에서 온 형제자매를 환영합니다. 예수님의 힘으로 이국에서 다른 민족을 구원시키는 일을 하고 돌아온 당신들을 환영합니다. 홀은 우리와 함께 살았었습니다. 그의 온화하고 친절한 태도, 하나님의 사업을 위해 어디에서도 자신을 돌보지 않은 그의 헌신적인 고귀함에 대해 어떤 말로도 표현이 불가능합니다. 그는 조선에 씨앗을 뿌렸습니다. 그것은 그에게 있어서 절실한 사명이었음을 우리는 가슴 깊이 느끼고 있습니다. 지난 날 우리에게 보내온 그의 편지에서는 저 먼 나라의 백성들에 대한 열렬한 사랑으로 충만해 있었습니다. 그가 맺은 아름다운 결실을 우리는 지금 이 자리에서 보고 있습니다."

글렌뷰엘 교회 앞에는 대리석 액자가 봉정되었다. 이 교회에서는 홀이 세상을 떠났을 때 '평양기금'을 모았고 나머지 기금은 닥터 홀을 기념하는 병원 설립에 사용되기를 원했다. 그 당시 병원 건립에 대한 조선 감리교 본부의 의견을 아펜젤러 선교사는 1896년 9월호인 〈World-Wide Mission〉지에서 이같이 밝혔다.

> 미세스 홀(로제타)의 남편 닥터 홀의 진정한 추모는 차갑고 비싼 대리석이나 화강석으로 만든 비석을 세우는 일이 아니라 인간을 발전시키고 고통은 덜어 주는 사업의 바탕이 되는 병원을 세우는 데 있다고 봅니다. 그러한 추모야말로 살아 있고 따듯하며 생산적인 것입니다. 닥터 더글라스 포웰(Douglas Fowell)은 고 닥터 홀의 후임으로 온 의사입니다. 우리는 닥터 홀의 기념병원을 설립하는 사업을 매우 성스럽게 여기고 있습니다. 우리가 닥터 포웰과 함께 평양을 방문한 것은 특별한 일입니다. 5월 6일 우리는 병원을 건립하기 위해 조선인 목수와 공사 계약을 했습니다. 그 목수는 5개월 안에 병원 건물을 짓겠다고 하였습니다. … 이 건물의 크기는 12m×18m이며 조선식 건물입니다. 구조는 대기실, 진료실, 약제실, 의사 사무실 등으로 구성될 겁니다.

이처럼 조선 감리교 선교회에서는 평양에 닥터 홀의 헌신과 희생을 기념하는 병원을 로제타 홀이 미국에 있는 동안 이미 추진하고 있던 것이다. 그뿐만 아니라 미국에서 로제타 홀도 남편을 기념하는 병원 건립을 위해 동분서주하면서 그 건립 기금을 모으고 있었다. 그다음 해인 1897년 2월 1일 '홀기념병원'이 개원되었다. 이 병원은 사실상 이북지역 최초의 근대식 병원이 되었다. 이에 병원의 담당자인 닥터 포웰은 다음과 같이 보고서를 보냈다.

> 이 병원은 모든 사람을 위해 개원되었다. 이 건물은 선교회로부터

아무런 재정적 지원을 받지 않고 동료 선교사인 홀의 아내와 조선
의 가까운 동료 선교사들, 그리고 조국에 있는 친지들의 노력으로
세워졌다. 환자들을 수용할 방과 필요한 의료 기구를 구입할 기금
만 있으면 우리는 일을 할 모든 준비가 된다. 수술에 필요한 기구
와 입원실이 없기 때문이다. … 새해에는 필요한 의료 기계들을 평
양에서 쓸 수 있기를 바란다.

한편 로제타 홀은 이러한 평양 병원의 현실을 알고 있었기에 홀기념
병원에 필요한 시설과 의료장비 구입을 위한 모금 활동을 하면서『윌
리엄 제임스 홀 의사의 생애』를 출간하기 위한 자료를 수집했다. 드디
어 1897년 8월에는 뉴욕 감리교 계통의 출판사(Press of Eaton & Main)
에서 이 책을 출간하였다. 이 책을 판매한 수익금은 병원 설립을 위해
조선에 보냈다.

7) 평양 최초 맹인학교 설립

평양에 돌아온 로제타 홀은 남편에 이어 미국에서 출산한 두 번째
자녀를 전염병으로 또 자신의 품에서 떠나보내야 하는 크나큰 아픔을
겪었다. 그러나 그녀는 오히려 그 아픔을 딛고 일어서서 더 많은 일에
헌신할 것을 하나님께 약속했다. 지금까지 성취한 일을 보면 하나님께
서 그녀의 기도에 응답하시어 인도해 주신 것이기 때문이었다. 그녀는
중국 상해의 휴가에서 돌아와 곧 맹인 교육을 시작했다. 새로이 지은
어린이 병동은 맹인 소녀들을 위한 교육 장소로 이용되었다.

1904년 3월에는 맹인학교가 평양에 최초로 세워졌다. 이 사역은
1894년 한 명의 맹인 소녀를 가르치면서 시작되었다. 1906년에는 맹

인을 형제로 둔 미국 뉴욕시의 클로크(Clocke) 여사가 조선 소녀들을 위해 교실을 마련하도록 후원금을 보내왔다. 로제타 홀은 이어서 1909년에 농아(聾兒)들을 위한 학교를 세웠다. 그 후 대구에서 온 한 맹인 남자는 읽는 법을 배우고 돌아가서 다른 사람들을 가르치기 위해 평양까지 약 600여km 이상을 걸어왔다. 평양과 한성 그리고 다른 지역의 교회들이 맹인학교에 후원금을 보냈고, 그 금액이 약 600달러에 이르게 되었다.[216]

1907년에 12명이었던 남학생 수는 1912년에 39명으로 늘었으며 그들 중 10명은 맹인이자 벙어리 소년이었다. 1915년에는 일본 고위 관리인 마츠나가가 그 학교에 와서 홀 박사의 사역을 환영하는 치사를 하였는데, 그때 학생이 40명 있었다.[217] 1914년 11월 28일자 시카고 〈헤럴드(Chicago Herald)〉지는 평양의 어린 맹아 여학생들이 벨기에 여왕에게 직접 만들어 보낸 선물들이 그 사무실 창문에 진열되어 있다고 보도하기도 하였다. 이 선물들은 아기 겉저고리들, 긴 양말, 장갑들이었다.

학습 교재는 그녀가 뉴욕 점자를 조선말로 맞게 고쳐 만든 것이었다. 미국에서 조선으로 돌아올 때 여가를 이용하여 조선어 교재를 점자법으로 복사했다. 그 외의 교재는 조선 글자 가, 나, 다, 라와 조지 히버 존스 여사가 지은 〈조선어 기도서〉 그리고 십계명이었다. 로제타 홀은 빳빳한 조선 기름종이에 바늘로 찍어 점자를 만들었다. 그녀는 평양에 온 뒤 다시 맹인인 오 씨의 딸 봉래를 데리고 교육을 시작했다. 이 점자 교육은 처음에는 진도가 느리고 지루했다. 그러나 봉래가 점

---

216   해리 로즈(Harry A. Rhodes, A.M., D.D.), 최재건 역, 『미국 북장로교 한국 선교회사』, 연세대학교 출판부, 2016.9, p.497

217   『Korea Mission Field』, 1915.3, p.81

자로 조선 알파벳을 해독하기 시작하면서 순풍을 만난 돛단배같이 진도가 빨랐다. 그렇게 일 년 만에 봉래는 그녀가 만들어 준 교재들을 읽을 수 있었다. 그뿐만 아니라 점자로 글을 쓸 수 있게 되었고, 말하는 것까지 교육받아 자신이 점자 교습을 하기에 이르렀다. 로제타 홀은 봉래에게 뜨개질까지도 가르쳤다.

봉래가 글도 배우고 행복해진 것을 본 병원 환자들은 로제타 홀에게 다른 맹인 소녀들도 받아 달라고 청했다. 이렇게 하여 조선에서는 최초의 맹인학교가 설립된 것이다. 평양 여학교가 설립된 후에는 맹인 반이 추가되었다. 학교에서는 정상적인 소녀 학생들과 맹인 소녀들과 함께 배우고 운동하며 친밀한 관계를 가져야 하는 교칙을 실행하였다. 필요한 것은 초보 학생을 위한 특수 교사를 양성하여 일반 교사들과 같은 교사진에 넣는 일이었다. 봉래는 특수 교사가 되어 맹인들을 가르쳤다. 맹인학교는 계속 확장되어 농아자(벙어리) 학생들까지도 수용하게 되었다.

로제타 홀이 이 같은 장애인들을 단순히 점자 교육만 한 것이 아니라 이들을 학교라는 제도에 동참시키어 일반 학생들과 함께 교육시켰다는 점은 파격적으로 박애적인 교육 열정을 보여 준 것이었다.

2. 2대 : 결핵 퇴치를 위해 헌신한 셔우드 홀 부부

1) 결핵 퇴치를 준비한 셔우드 홀

1906년 8월 평양의 선교사들은 원산의 캐나다 의료 선교사인 닥터 하디(R. A. Hardie)[218]를 초청하여 부흥 사경회를 갖기로 했다. 닥터 하디는 셔우드 홀의 아버지인 닥터 홀이 처음 부산에 도착했을 때 마중을 나왔던 분이기도 하다. 지난날 닥터 홀이 세운 평양의 교회에 와서 그는 조선말로 특별 예배(사경회)를 인도했었다. 그의 설교는 웅변적이거나 격동적인 것이 아니었지만 듣는 이로 하여금 그의 마음과 맞닿게 하는 직선적이고 진지한 것이었다. 닥터 홀의 아들 셔우드 홀은 그 집회에 참석하여 닥터 하디의 설교에 큰 감동을 받았다.

그때 셔우드는 서양으로 돌아가 사업가가 되려는 계획을 세우고 있었다. 그랬던 그는 인생에 있어 특별한 의미가 된 그 날, 의료 선교사가 되어 조선으로 돌아와 일하겠다고 하나님 앞에 결심하였다. 셔우드는 닥터 하디의 설교에서 영적인 힘을 얻어, 마음이 열망하는 바를 이룰 수 있다는 자신감을 가지게 되었다. 당시 닥터 하디 선교사는 조선 방방곡곡에서 하나님의 메시지를 전했다. 그는 1907년 평양 대부흥운동을 촉발시킨 선교사이기도 하였다. 그 시기에 수천 명의 사람이 예수를 구세주로 믿고 거듭나는 역사가 있었다. '은둔 왕국'의 새 기독교 신자 가운데에 있던 백인 소년이 바로 윌리엄 제임스 홀의 자녀인 '셔우드 홀'이었다.

그 당시에 평양에는 선교사 자녀들을 위한 '평양외국인학교'가 있었으나 8학년 과정밖에 없었다. 가을이 되자 그의 어머니는 그 아들을 영국 선교부에서 운영하는 중국 제푸(산동성 연대)의 한 고등학교에 진학시켰다. 그 학교는 규율이 엄해 학교생활은 즐겁지 않았다. 그런 관계로 로제타 홀은 한 학기가 끝나자 그를 평양으로 데려와 집에서 개인

218　　로버트 알렉산더 하디(1865~1946) 선교사는 부산, 원산 지역에서 활동한 캐나다 출신의 의료선교사이자 부흥 운동가이다. 그는 1903년 원산 부흥운동의 주축이었다. 후에 피어슨기념성경학원 교장을 역임하면서 신학교육에도 힘썼고, 44년을 의료선교사 겸 교육가로 헌신했다. 저서로서는 『웨슬리의 일기』, 『웨슬리의 도리적 강도』, 『1918』, 『구약총론』 등이 있다.

교습시켰다. 로제타 홀은 2년 후인 1911년에 안식년에 휴가로 미국에 돌아와 아들 셔우드를 오하이오 주의 마운트 허먼학교(Mount Hermon School)에 입학시켰다. 허먼학교 졸업 후 셔우드는 1923년 토론토 의과대학을 졸업하고 1924년에 뉴욕 롱아이랜드의 홀츠빌 서퍼크 결핵 요양소에서 결핵을 전공했다. 1925년에는 미국 감리교 의료선교사로 임명되어 파송되었다.

2) 셔우드 홀과 메리안 홀, 의사 부부가 되어 조선으로

1900년 6월, 16세의 셔우드 홀이 조선에서 어머니와 함께 미국으로 돌아와 하나님 앞에 의사가 되어 조선에서 헌신하겠다고 했던 그 서원은 장장 25년 만에 이루어진다. 이뿐만 아니라 같은 의대에서 공부했던 의사 메리안[219]과 결혼하여 함께 조선으로 가게 된 것이다. 이들은 조선으로 오기 직전에 조선인들의 결핵 퇴치와 이질 질병에 최고 전문의가 되기 위해 영국 최고의 전문병원에서 교육을 받기도 하였다. 이런 교육 과정은 전적으로 조선인들을 위한 준비였다.

셔우드 홀과 메리안 홀

그가 보낸 편지에는 그들이 조선에 도착할 날을 고대하고 있다는 내용도 들어 있었다. 그러나 셔우드 어머니의 편지에는 불만이 담겨 있었다. 그 이유는 아들 부부가 바로 '평양연합기독병원'에 가야 함에도 불구하고 해주 병원으로 가게 된 것이 중대한 실수라

---

219   메리안 홀(Marian B. Hall, 1896~1991)은 미국 필라델피아 여자의과대학을 마치고 셔우드 홀과 결혼하였다. 결핵 전문의 과정을 마치고 조선에 와 남편과 함께 결핵 퇴치를 위해 헌신하였다.

는 것이었다. '평양연합기독병원'은 1920년 '홀기념병원'과 '평양장로교병원'을 통합하여 이름을 바꾼 것이다. 셔우드 어머니의 주장은 셔우드가 아버지 홀이 세운 병원에서 그 부친의 대를 이어 의료 활동을 하는 것이 합당하다는 주장이었다. 그러나 셔우드 부부는 애초부터 조선의 결핵 퇴치를 계획하고 준비하였기에 이들 부부의 생각도 합당한 것이었다.

선교회에서도 이미 '평양기독연합병원'은 훌륭한 의료 선교사들이 책임을 지고 있으므로 셔우드 부부를 해주로 보낸 것이었다. 이 문제를 놓고 셔우드도 많은 고민을 하였다. 그러나 그는 성자와도 같던 아버지의 발자취가 살아 있는 그늘 밑에서 지내는 것이 자신의 미숙한 인격으로는 감당키 어렵다고 판단하였다. 게다가 평양에서 남쪽으로 약 100km 거리에 있는 황해도 해주에서는 그들을 절대적으로 필요로 하고 있었다.

해주의 선교 사업은 1909년부터 감리교 감독의 책임하에서만 운영되었다. 그전까지는 장로교 선교사들의 활동도 있었으나, 이 지역의 감리교 선교 활동에 중복되는 사업은 장로교에서 하지 않기로 쌍방이 합의한 것이다. 닥터 아더 노튼(Arther H. Norton)은 이곳에서 조그마한 치료소를 열어 1913년에 2층 벽돌 건물인 '루이자 홈즈 노튼 기념병원'을 신축, 발전시켰다. 이 병원은 황해도의 1/3을 점하는 해주 지역 주민들에게 봉사하도록 되어 있었다. 하지만 병원의 병상 침대가 30개뿐이었기에 환자들을 수용하기에는 부족했다. 때로는 환자들의 수가 3배로 늘어나서 방바닥에 눕히기도 했다. 이 병원에는 의료 시설 외에도 조선 학생들을 교육할 교육자 시설도 필요했다.

감리교 선교회에서는 남학교와 여학교를 설립하여 운영하고 있었다. 각 학교에 4명의 교사가 있었고 학생 수는 여학교가 100명, 남학교가 280명이었다. 이 학교는 지역 사회를 위해 귀중한 역할을 맡고 있었지만 이처럼 병원과 학교에서 일할 손이 크게 부족했으므로 이럴 때 셔우드 부부가 해주로 가는 것은 그들의 노력으로 기여할 수 있는 좋은 선교 활동이 되리라 생각한 것이다. 그뿐만 아니라 그 병원에는 김창식의 아들이 의사가 되어 함께 일하게 되었으니 너무도 잘된 일이었다. 김창식은 셔우드의 아버지 닥터 홀이 평양에서 교회를 개척할 때 큰 힘이 되어 주었고, 관가에 붙잡혀 가 거의 죽음에 이르는 큰 고초를 이겨 낸 동역자였다. 그런데 그 아들이 자신과 함께 의료 사역을 하게 되었으니 너무도 잘된 일이었다. 그 김창식은 조선에서 1901년에 가장 먼저 목사로 임직되었다.

1926년 4월 19일 닥터 셔우드 부부는 고베에서 현해탄을 건너는 배를 타고 부산에 도착하였다. 이 무렵 이미 조선에는 부산을 출발하여 경성(서울)을 거쳐 평양과 신의주를 이어서 압록강 건너의 만주에 이르는 기차 철길이 일본에 의해 만들어져 있어 편하게 해주에 갈 수 있었다. 특별히 이 기관차는 필라델피아의 볼드윈 공장에서 제작된 것이기에 셔우드 부부에겐 특별한 의미가 있었다. 부산항에서는 어머니와 그곳의 지인들이 개선군을 맞이하듯 반갑게 환영해 주었다. 부산에는 호주 선교사들이 활달하게 선교 활동을 하고 있어서 여러 선교사와 교제할 수 있었다.

셔우드 가족 3명은 열차에 몸을 싣고 경성에 도착하였다. 거기에는 2인용 인력거가 나와 있었는데, 이는 로제타 홀이 왕진 갈 때 사용하려고 수입해 온 것이다. 왕진을 갈 때는 간호사와 같이 가야 했기 때문이다. 경성은 일본의 조선 식민지화로 그동안 도시가 크게 발전하면서 큰길이 만들어지고 전차도 궤도 위를 달렸다. 이 전차는 한때 조선 사람들에게 외국 마귀들의 발명품이라고 지탄받기도 했었다.

3) 해주 결핵병원에 둥지를 틀고

첫 임지인 해주 병원에서는 간부진과 많은 기독교인이 그 부부를 마중 나와 있었다. 기독교 신자인 남학생들은 일렬로 서서 멋지게 경례를 하였다. 닥터 셔우드가 학생들의 인사에 감사하다고 하자, 옆에 있던 사람이 정중하게 알려 주기를 학교 이사회에서 그를 새 교장으로 임명했다는 것이다. 현재의 교장 왁스(V. H. Wacks) 선교사가 곧 이곳을 떠날 예정인데, 건강상의 이유로 다시 돌아오지 못한다는 것이다. 메리안은 남편에게 교장직을 맡아도 병원 일에 지장이 없는지를 알아보라고 했다. 알아본 결과 교장직에 시간을 많이 쓸 필요가 없으며 지금으로써는 교장직을 맡을 다른 사람이 없었다.

다음 날에는 닥터 김과 린드 선교사의 안내를 받아 병원을 둘러보았다. 수용 인원 30여 명 규모의 입원실은 응급 환자들 때문에 자리가 모자란다고 했다. 그는 남자들의 치료를 맡아 하였다. 그러던 중 하루는 호랑이에게 물린 사람이 들것에 실려 왔다. 산에서 나무를 하다 습격받은 것이다. 호랑이는 가만히 내버려 두면 대개는 사람을 헤치지 않는다. 그러나 다친 호랑이는 먹이를 쉽게 얻기 위해 사람을 해치는 야수로 변한다. 다행히 그 사람이 공격을 당했을 때 근방에 나무하던 사람이 있었고, 비명을 듣고 뛰어와 그를 구하였다. 하지만 그때는 이미 호랑이 발톱에 할퀴어 눈알이 빠지고 심하게 상처를 입은 뒤였다. 셔우드는 환자를 본 순간 당장 위험한 것은 병균의 감염임을 알았다. 이에 따라 적절한 치료를 하였다.

4) '평양의 오마니'가 된 로제타 홀의 환갑잔치

1926년 9월 19일 셔우드 홀의 모친 로제타 홀의 예순한 번째 생일을 맞았다. 그 날은 개신교 복음전도회 연합위원회 회의가 있었기 때문에 특별한 생일 축하 모임을 하지는 않았

로제타 홀의 환갑잔치

다. 그러나 조선의 친구들은 그렇게 중요한 날을 아무 행사 없이 그냥 넘기도록 내버려 두지 않았다. 조선에서는 61회 생일은 대단히 특별한 날로 여겨 '환갑'이라고 한다. 그들은 축하 모임을 시간이 날 수 있는 제일 가까운 날로 잡았다. 그렇게 10월 26일이 로제타 홀의 환갑날로 결정되었다. 메리안은 시어머니 고향 마을 신문인 〈The Liberty Gazettee〉에 환갑잔치에 대한 글을 기고했다. 그 글은 이날 행사가 얼마나 감격스러웠는지를 보여 준다.

† **닥터 로제타 홀, 조선에서 영예의 환갑잔치를 받다.**(닥터 메리안 홀이 보낸 통신)

시어머니의 '환갑'날, 특별한 손님으로 참석하게 된 것은 나로서는 분에 넘치는 영광이었다. 조선에서는 부모가 61회 되는 생일을 맞으면 자녀들이 큰 잔치를 베푼다. 많은 손님을 초대하고 그분의 생전의 공적을 축하하고 기리는 것은 조선의 아름다운 관습이다. 친구들은 선물들을 보내오고 온갖 축하 인사를 드린다. 이 축하연은 생업의 노고가 끝나는 것을 의미한다. 61세의 이후는 여생을 편안하고 행복하게 지내라는 뜻이다.

61년째라는 것은 중요한 의미를 가진다. 이것은 조선 달력의 한 주기가 끝나는 때로, '환갑'이라고 하는 것이다. 60년을 한 주기로 보는 내용은 다음

과 같다. 조선 달력은 갑을, 병정, 무기, 경신, 임계라는 이름을 각 해에다 붙여 10년의 기간을 정한다. 이것은 우리가 년을 말할 때 쓰는 시간의 길이를 가리킨다. 여기에다 십이지를 각 짐승이나 파충류의 이름을 붙여 부른다. 자는 쥐, 축은 소, 인은 호랑이, 묘는 토끼, 진은 용, 사는 뱀, 오는 말, 신은 원숭이, 유는 닭, 술은 개, 해는 돼지를 뜻한다. 각 해에 이러한 짐승 중 하나의 이름이 붙는다. 예를 들면 첫해가 갑자, 두 번째 해가 을축 등의 순서로 나간다. 그러나 거기에는 연보다 시간이 더 많기 때문에 10년이 지난 후에는 새로운 이름의 배합이 이루어진다. 즉 갑자 대신 갑술이 되고 그다음 해는 을해가 된다. 산수로 풀어 같은 시간과 같은 해가 다시 일치하려면 60년이 지나야 한다. 이것을 주기로 치는 것이다. 조선의 아기들은 태어나면 그 해를 한 살로 치기 때문에 61세를 말하는 환갑은 우리 방식대로 하면 60세가 된다.

조선인들은 선교사들을 위해 자신들이 아들과 딸의 역할을 맡아 잔치를 차려 준다. 조선에 온 선교사 중 60세가 되어 환갑잔치를 받지 않은 사람들은 거의 없을 정도다. 닥터 로제타 홀의 환갑은 작년이었다. 그러나 본인의 아들과 며느리가 조선에 도착할 때까지 잔치를 연기해 달라고 조선 친구들에게 부탁하였다. 그래서 올해가 된 것이다. 이 잔치의 모든 계획과 진행은 조선의 이름 있는 인사들로 구성된 33인의 준비위원회에서 맡고 있었다. 우리 가족이 할 일이라고는 아무것도 없었다. … 이런 공식적인 절차가 지나자 진미의 조선 음식들이 나지막한 조선상 위에 차려져 있는 방으로 자리를 옮겼다. 닥터 로제타 홀과 가족을 위한 특별한 상이었다. 그 상의 앞쪽 건너편에는 화려하고 밝은 색깔로 치장한 조선식 캔디, 떡, 과일들이 원통 모양으로 각각 높이 담아져 있었다. 이 음식들은 이 자리에서 다 먹으라는 것이 아니라, 나중에 주인공의 집으로 가져가서 이 자리에 참석하지 못한 사람들에게 나누어 주는 것이었다. 이 중의 많은 음식을 평양으로 보내 닥터 로제타가 시작했던 맹인 학교의 학생들에게 나누어 주었다.

각 상의 음식들은 모두 같았다. 첫째 주식으로 '국수'라는 것이 나왔다. 이 것은 메밀가루로 스파게티같이 실 모양의 가락을 만든 것이다. 끓는 물에 삶은 국수를 고기 수프에 말아서 먹는다. 국수는 먹을 때 숨을 내쉬지 말고 마시는 소리를 내면서 빨아들여야 국수 가락이 잘 들어간다. 그렇지 못하 면 엉켜진 국수 가락을 분리시키느라 애써야 한다. 국수 외에도 셀 수 없을 만큼 많은 종류의 보조 음식이 나왔다. 이것들은 생선, 고기, 쌀, 호도, 밤, 채소, 과일들로 만들어진 것들이다.

잔치가 진행되면서 조선의 고관들은 36년간 조선에서 봉사한 닥터 홀의 공적에 대해 치하를 아끼지 않는 연설을 계속했다. 그들은 주인공의 공적 중 특히 두 가지에 대해 진심으로 감사를 표시했다. 첫째는 맹인학교를 설 립하고 뉴욕 점자법을 조선 점자법으로 만들어 도입한 점, 둘째는 조선 사 람들을 의사로 양성시킨 점이었다.

이러한 공적들은 여러 사람의 치하에서 반복되었는데, 그들이 사용한 말 들은 오직 동양인들만 표현할 수 있는 고귀하고도 간절한 것이었다. 갑작 스럽게 약 스무 살가량의 한 소녀가 자발적으로 나와 자기 어머니와 자신 이 지금까지 살아 있는 것은 닥터 홀이 자기가 태어날 때 산모와 아기를 위 험에서 구해 주었기 때문이라고 말했다. 또 다른 한 사람은 "닥터 홀이 어 떤 화상을 입은 어린아이와 부인에게 자신의 피부를 떼어 이식 수술을 해 주었는데, 그 부인은 너무나 감사해서 자기의 살점을 도려내어 닥터 홀에 게 혈서로 감사 편지를 써서 보냈다. 미국에서 마지막 안식년 휴가가 끝나 면 꼭 한국으로 돌아와 달라"고 간청한 내용이 있었다는 이야기를 전했다. 병원의 한 여의사의 남편은 직접 지은 시에 곡을 붙여 병원 직원들과 합창 을 불렀다.

산중 깊은 곳에 금은이 숨겨져 있네

진주는 깊은 바다 밑에 놓여 있지만

하나님의 은혜로 하여 닥터 홀은 우리에게 보내졌네

60년간의 노고와 눈물은 끊임없었네

서슴지 않고 바친 그의 생애는 진정 기억되리

마지막 축사가 끝나자 한 사람이 밝은 분홍색 리본으로 장식한 상자를 조선인들을 대표해 닥터 홀에게 증정하였다. 은으로 만든 아름다운 꽃병이었다. 조선의 장인이 만든 미술 작품은 75달러나 되는데 많은 축하객이 있는 자리에서 발표되었다. 한글로 감사 문구가 새겨져 있었고 그림은 중국 고대의 무늬가 새겨져 있었다.

닥터 로제타 홀은 많은 사람의 축하에 대해 답사를 하였다. 식이 끝난 다음 하객들이 테이블 뒤에 쌓인 여러 선물을 구경하러 모였다. 은과 동으로 만든 장식품들과 실크로 만든 조선 옷들, 수놓은 병풍과 여러 수예품이었다. 이날 닥터 로제타 홀은 실크로 만든 한복을 입고 있었다. 이 옷은 한 맹인 부인이 손수 만들어 선물한 것으로 그녀는 맹인 학교에서 배운 기술로 번 품삯을 모아 그 옷을 만들어 보낸 것이다.

이 잔치에는 손님이 100여 명이나 참석하였다. 저명한 조선인들과 일본인들이 있었으며 기독교나 비기독교 단체를 막론하고 이렇게 많은 인사가 참석한 잔치는 이번이 처음이라고 하였다. 오늘 행사는 그동안 어머니가 남편과 딸이 묻힌 이 조선 땅에서 좌절감, 포기, 핍박, 위협, 질병 등의 난관을 극복하고 성취한 어머니의 노력에 대한 조선인들의 감사였고 뜨거운 그들의 사랑을 말해 주는 것이었다.

'조선여자의과대학'의 설립은 어머니의 사업 중 가장 기념할 만한 것으로 꼽을 수 있다. 이것은 조선의 여성들이 자기 나라에서 기독교 정신으로 의사가 될 수 있는 교육을 받아 의료의 도움이 절대적으로 필요한 동족 여성들을 위해 봉사할 수 있는 일이었다. 조선인들은 이미 이와 같은 교육 기관의 필요성을 절실히 느끼고 있었으므로 선교사들과 동포들의 협조로 어떻게 해서든지 이 꿈을 실현하고자 계획하고 있었다. 어머니는 마음속에서 우러나오는 진정한 기쁨으로 이 사업을 적극적으로 추진 중이었다.

환갑잔치가 있은 지 2년 후, 로제타 홀은 꿈을 실현시켰다. 1928년 9월 4일 '여자의학교(Women's Medical Institute)'를 설립해 경성(서울)에서 문을 열었다. 이는 최초로 조선에 세워진 여성을 위한 의학교였다.

5) 조선 최초의 결핵요양원 개원

해주 결핵요양원

1928년 10월 27일 셔우드 홀은 해주 왕신리에 폐결핵 퇴치를 위해 '해주구세요양원'을 설립했는데, 이는 그 당시 불치병으로 인식되던 결핵을 퇴치하기 위해 최초로 세워진 결핵요양소였다. 그는 그 필요성에 대해 다음과 같이 이야기했다.

"결핵은 다른 나라에서는 20명에 한 사람꼴인데 한국에서는 5명

중 한 명 비율로 나타난다. 일단 병균이 침투하면 한국인은 병을 피할 수 있는 희망이 거의 없다고 생각한다. 또한 결핵을 불치병으로 알고 부끄럽게 여기며, 악귀의 기분을 상하게 한 사람이 운명적으로 받는 벌이라고 생각한다. 따라서 요양원은 치료뿐만 아니라 계몽과 교육 목적에서도 꼭 필요하다."

그는 결핵 치료 자금을 마련하고 결핵의 심각성을 알리는 도구로 크리스마스 실(Seal)을 기획하였다. 1932년 12월 3일 한국 최초로 남대문을 그려 넣은 실을 발행했는데, 한국의 상징 남대문에 결핵을 방어하는 성루를 더했다. 사실 실의 원래 도안은 한국인의 적인 결핵을 향해 거북선이 대포를 발포하는 그림이었다. 그러나 임진왜란 당시 거북선에 호되게 패한 일본이 이를 승인할 리가 없었고, 결국 남대문을 담을 수밖에 없었다. 이러한 악조건 속에서도 크리스마스 실 운동은 성공을 거두어 1940년까지 9년 동안 계속 발행되었다.

일제 강점기하에 조선의 불안정한 정치적 상황은 셔우드 홀의 크리스마스 실 발행에 적지 않은 영향을 미쳤다. 1940년에는 관할 행정청의 허가를 받아 실의 인쇄를 모두 마쳤는데 군부가 실을 모두 압수해 갔다. 실 도안에 서기 연호를 사용했다는 것이 압수 이유였다. 이 때문에 서기 연호를 실 발행 9년 차를 뜻하는 'Ninth Year'로 수정해 발행했는데 이것이 그가 마지막으로 한국에서 발행한 실이 되었다.[220]

닥터 셔우드 홀과 메리안이 그토록 바라던 해주의 결핵요양소 설립은 처음부터 그곳 일본인 행정 시장으로부터 거절당했다.

---

220   김재현, 『한반도에 심겨진 복음의 씨앗』, KIATS, 2015.7, pp.165~166

"전염성 있는 결핵 환자들을 위한 요양소 설립 허가를 내줄 수 없습니다. 우리 도심에 결핵 환자들이 우글거리게 할 수는 없지 않습니까?"

해주 시장은 단호하였다.

"그 병원을 지으면 조선 천지에서는 폐병을 다루는 유일한 곳이 될 터인데, 그 병에 걸린 사람들은 모두가 해주로 몰려올 게 아니오? 그렇게 되면 우리 시의 좋은 평판이 어떻게 되겠소?"

그때 닥터 셔우드 홀은 요양소 대지 구입의 허가를 받으러 해주 시장실을 방문 중이었다. 시장은 계속해서 반대 의사를 분명히 하였다.

"당신이 고른 대지는 우리가 공원을 조성하려고 계획한 정부 소유의 소나무 숲 옆이오. 그러니 그곳에 결핵 환자들이 어슬렁거리게 할 수 없습니다."

이에 대해 닥터 셔우드 홀은 시장과 시의 유지들에게 시를 위해서도 환자들을 요양소에 격리 수용하는 것임을 납득시키려고 노력했다. 환자들은 요양소에서 어떻게 자신이 치료받을 수 있는지 배우게 된다고 설득했다. 나아가서 요양소라는 것이 그곳 주민들에게 혐오적으로 느껴질 수 있으므로 '결핵 환자 위생학교'라는 이름으로 붙이겠다고 제시했다. 그는 시장과 그곳 유지들을 설득시키려고 안간힘을 다하였다.

"지금 해주에서는 결핵 환자의 수가 지나치게 많습니다. 이들은 길에서, 상점에서, 공공장소에서 상당히 많은 병균을 퍼뜨리고 있으므로 매우 위험합니다. 요양소에 격리시켜 치료하면 일반인들에게 전염될 걱정은 없어집니다."

유지들은 그의 면전에 대고 비웃는 목소리로 말했다.

"당신이 말하는 병균이란 당신이 지어낸 거짓말이 아니요? 도대체 병균을 본 사람이라도 있단 말이오?"

그러자 닥터 셔우드 홀은 결핵균이 묻은 종이를 현미경으로 보여 주겠다고 제안했다. 그들은 세균이라는 것을 이해하지 못했기에 그 제안마저 일축해 버렸다. 그들의 대답은 항상 "안 된다"였다. 그러자 그도 심히 좌절하였다. 그 당시 조선에는 결핵이 전국으로 확산되고 있었다.

조선이 새로운 근대화 시대로 발전하면서 가장 활발하게 전염된 병균이 결핵이었다. 새로운 교통수단이 발달되면서 시골에서 도시로, 도시에서 시골로 전염되어 간 것이다. 특히 비위생적인 환경에서 일하는 도시의 공장 노동자들은 가장 좋은 감염 대상자들이었다. 일단 한 가정에 결핵균이 침투하면 조선인 가족들은 병을 피할 수 없었다. 일반 서민들의 주택은 대체로 불결하고 굴속같이 막혀 있는 구조여서 햇볕이 들어올 틈이 없었다. 이 때문에 병균은 농부, 도시의 근로자, 교육받은 사람, 젊은이, 늙은이를 가리지 않고 더욱 널리 퍼져나갔다.

조선의 결핵 환자 중에는 병균과 싸우다 죽는 사람만이 아니라 싸워 보기도 전에 자살하는 사람도 많았다. 폐병을 불치의 병으로만 알고 있었기 때문에 마음이 약한 많은 조선인이 공포와 미신에 사로잡혀 죽음을 택하곤 하였다. 그러니 요양소 건립은 치료만이 아니라 계몽과 교육이라는 목적에서도 절실히 필요했다.

　닥터 셔우드 홀은 소년 시절에 박에스더가 젊은 나이에 결핵으로 세상을 떠난 것을 보면서 의사가 되어 조선인들의 이 병을 고쳐 주어야 겠다고 결심했고 준비하였다. 그러나 현지인들의 반대로 그 꿈이 한순간에 허공에 사라진 기분이었다. 절망감이 너무도 컸던 그는 "세상의 종말이 왔으면 좋겠다"고 말한 사람들의 심정을 이해할 수 있을 정도였다. 그러나 그는 곧 자신이 부끄럽게 여겨졌다. 병원의 신앙심이 강한 직원들이 교대로 조를 짜서 기도하였다. 이들은 그가 용기를 잃지 않도록 격려했다. 점차 그는 보잘것없고 인간적인 자신의 힘만 믿고 일을 성취하려 했던 자신의 자만심을 다시 한번 깨달았다.

　그러나 계속되는 기도에도 문제가 해결될 기미는 보이지 않았다. 그러자 그는 다시 불안해졌다. 그렇게 희망이 사라져 가던 어느 날, 불현듯 해주에 도착해서 만났던 황해도 경찰 국장인 '사사끼'의 모습이 떠올랐다. 셔우드 홀은 지금까지 일본 친구들의 힘을 빌려 교섭하는 것이 양심상 주저되는 일이라 여겨 한 번도 부탁한 적이 없었다. 그러나 이미 희망이 사라진 상태였기에 사사끼 씨를 방문해 볼 수밖에 없었다. 마침내 면회를 신청해 그를 만났다. 그는 정중하고 부드러운 태도로 물었다.

　"이렇게 영광스러운 방문을 해 주신 용건이 무엇입니까?"

　그는 처음에는 주저했지만 솔직히 모든 것을 다 털어놓았다. 그러자 그는 의외의 반응을 보였다.

　"다른 대지를 찾아보시지요. 찾은 다음 허가를 신청해 보십시오. 이

다음에는 별일 없이 순조로울 겁니다."

그를 만난 후 새로운 장소를 찾는 데는 오랜 시간이 걸리지 않았다. 새 대지는 처음에 골랐던 곳에서 수백 미터밖에 떨어져 있지 않았고, 역시 남향에 경사를 이루고 있었으며 아래로 넓은 평야가 펼쳐져 있어 요양소로는 참으로 좋았다. 도시에서도 그리 멀지 않아 왕래하기에도 좋은 위치이면서 동시에 너무 가깝지 않아 매연을 피할 수도 있었다. 놀랍게도 땅임자도 기꺼이 팔고 싶어 했다.

1928년 3월, 해주의 결핵요양원 건축 허가가 나왔다. 그 허가서에는 어린 시절 평양에서 친구였던 루터 박 해주 도지사의 서명이 있었다. 이것은 닥터 셔우드 홀과 메리안의 인생에서 또 한 번의 '기쁨의 전환점'이었다. 4월 13일에는 그처럼 기다렸던 '결핵 환자 위생학교'의 기공식이 있었다. 이어서 5월 28일에는 정초식(定礎式)이 경사스럽게 열렸다. 이날 경성에서 온 여러 선교사와 함께 그의 어머니 로제타 홀이 정초식에 참여했고, 김창식 목사가 감명 깊은 설교를 하였다. 행사가 끝난 다음 셔우드 홀의 모든 가족은 도지사 루터 박으로부터 그의 집으로 초대를 받았다. 루터 박 지사는 무엇보다 로제타 홀을 만난 것을 기뻐했다.

이제부터 본격적인 공사가 시작되었다. 다시 긴장해야 했다. 문제는 한정된 예산으로 원하는 건물을 건축해 줄 업자를 만나기가 어려웠다는 것이다. 마침내 한 중국 기독교인을 만났는데 그는 먼저 세상을 떠난 아내를 기념하는 뜻에서 이익을 남기지 않고 건축해 주겠다고 했다. 또, 그는 안식일에는 공사를 하지 않겠다고 했다.

이 건물의 구조에서 가장 중요한 환자들의 병실에는 만주식 온돌이 적합하였다. 조선식은 방 전체가 온돌로 깔리지만 만주식은 침상처럼 일부분만 온돌이고 나머지는 활용 공간이기 때문이다. 이 구조는 취사와 난방의 두 기능을 하는 것이다. 또 한 가지 창문을 통해 적외선을 충분히 받아들일 수 있도록 구조를 달리하였다.

이 요양소 건물에는 제한된 건축비로 병동 2개에 각각 8개의 환자방과 엑스레이실, 암실과 병리실, 조제실, 치료실, 대합실, 의사의 집무실이 설계되었다. 요양소 건축에는 건물 문제뿐만 아니라 의료 인력을 구축 문제가 있었는데, 그중에서도 특히 간호원이 많이 필요하였다. 다행히 과거 1903년 마거리트 에드먼즈(Margaret Edmunds) 양이 해외여성선교회의 후원으로 평양에 처음으로 간호사 양성소를 시작했다. 그후 1906년에는 실즈(E. L. Shields) 양이 경성에서 세브란스 병원을 위해 간호사 양성 학교를 만들었다. 이 당시 조선의 풍습으로는 여자가 모르는 남자의 간호를 한다는 것은 용인될 수 없는 일이었다. 그들은 이를 서양의 악습으로 여겼다. 이곳 조선에서는 환자가 입원하면 가족들이 와서 함께 와서 음식을 만들어 먹었다. 그래서 그 가족이 취사를 하도록 독립된 부엌을 만들고 그들을 위한 임시 거처도 지어야 했다.

결핵요양원에 환자 치료를 위한 엑스레이 장비 등과 일반용품의 세관 통관은 2곳의 절차를 거쳐야 했는데, 이때 문제는 통관 세금이었다. 이를 줄이기 위해서는 닥터 셔우드가 직접 세관장을 만나 해결해야 했다. 세관장은 일본인이었다. 닥터 셔우드가 세관장에게 일본어 명함을 건네며 자초지종을 얘기하자 그는 예상과는 전혀 다른 반응을 보였다. 그는 조선인들은 일본이 많은 혜택을 베풀었음에도 일본에 대해 조금도 고맙게 여기지 않는다며 조선인들을 폄하하였다. 덧붙여 이런 조선인들에게 고가의 의료 장비를 쓸 필요가 있냐며 비평하였다. 이에 대해 닥터 셔우드는 그에게 일본의 조선에 대한 공적을 치켜세웠다.

"일본사람들이 조선에 와서 교통 시설과 산림 복구, 특히 공중위생 개선 등에 기여했다는 점을 잘 알고 있습니다. 내가 어렸을 때 그렇게 흔했던 천연두가 일본 사람들의 덕택으로 지금은 거의 다 없어졌습니다."

그러자 그의 태도가 점차 달라졌다. 셔우드 홀은 이때를 놓치지 않고 일본의 공적과 조선인들에 대한 위생 발전을 위해 의료 기구들을 관세 없이 통관시켜달라고 간청하였다. 마침내 그는 상당히 주저한 끝에 숨을 크게 내쉬더니 서류에 무관세 통관이라는 도장을 찍어 주었다. 셔우드 홀은 다시 일반 의약품 통관 담당자를 찾아갔다. 놀랍게도 그 담당자는 조선인이었다.

그 조선인 관리는 품위는 있었지만 덜 의례적이었다. 셔우드 홀이 그에게 인사를 건네자, 그는 갑자기 일본에 대해 거친 말을 해대었다. 일본 야만인들은 미개인보다 나을 것이 없다고 욕을 하기 시작했다. 일본인들이 아무리 조선을 업신여긴다 해도 옛날에 조선인들이 도예와 문화와 불교를 일본에 전파하여 가르쳐 주지 않았다면 지금같이 되지는 못했을 것이라고 했다. 일본인들은 비열한 모방꾼이어서 조선과 중국의 좋은 것만을 훔쳐 흉내를 냈는데, 이제는 서양의 것을 흉내 내고 있다는 것까지 지적했다. 그는 갑자기 너무도 날카롭게 말을 하였다.

"당신은 어째서 이렇게 비싼 서양 의약품들을 수입합니까? 예전부터 내려오는 우리 조선 의약품들은 오랜 세월을 걸쳐 그 효과가 증명되어 온 것인데 말이요. 서양 약보다 훨씬 우수합니다. 호랑이 발톱 가루보다 더 강인한 힘을 주는 약이나 표범의 담즙보다 더

좋은 강장제, 모든 질병을 치료할 수 있는 뱀으로 만든 약보다 더
좋은 약들을 어디에서 구할 수가 있단 말입니까?"

셔우드 홀은 그가 그런 말을 계속할 것 같자, 그의 말을 중단시키려
고 얼른 그 말을 받았다.

"그렇습니다. 저도 한성에서 태어났기 때문에 조선 전래의 처방에
대해 잘 알고 있습니다. 예를 들어 혈압을 내리게 하는 데에 감나무
잎이 효과가 있다는 것 등 말입니다."

그는 상당히 놀라는 표정을 지었다.

"그럼 당신은 벌써 다 알고 있었군요."
"그렇습니다. 황해도의 조선인 지사도 상당히 이해심이 많고 우리
병원을 여러 가지로 도와줍니다. 당신도 너그럽게 이 서양 의약품
을 무관세로 통관시켜 주시면 감사하겠습니다. 이 약품들은 방금
선생께서 말씀하신 조선 약들과는 용도도 다르고 효과도 다릅니
다."

그는 미소를 띠며 무관세 통관 직인을 찍어 주었다. 하나님께서
는 그들의 기도에 응답해 주셔서 기도한 것보다 더 좋은 것들로 축복
해 주셨다. 마침내 1928년 10월 28일로 '해주결핵요양학교'의 공식적
인 개교식이 진행되었다. 이날 행사에 많은 인사가 축하객으로 참여하
였다. 행사 진행에는 베이커 조선감리교의 감독과 노블 목사, 빌링즈
가 감독을 보좌하였다. 경과보고는 셔우드 홀의 어릴 적 친구이자 해

주 병원의 의사인 닥터 김이 발표하였다. 개원식의 개원 축하 테이프를 끊는 데에는 아내 메리안도 참여하게 되어 모두가 기뻐했다. 그 날 그는 아내가 테이프에 다가서는 순간, 그의 꿈이 이루어진 영광스러운 장면을 보면서 감격하며 조선에서의 사역에 보람을 맛보았다.

손님들이 다 떠나자, 닥터 셔우드 홀은 깊은 감회에 젖었다. 지난 세월을 잠시 돌이켜 보기 위해 평소 좋아했던 요양원 위쪽의 바위를 찾아갔다. 조선의 의료 선교사 생활 2년이 조금 지난 이 시점, 하나님의 지극한 은혜와 끊임없이 도와준 친구들 덕분에, 모든 일이 이루어졌음을 느끼자 감사의 뜨거움이 가슴을 적셨다.

셔우드 홀은 얼마 전까지만 해도 푸른 소나무와 진달래꽃들이 있던 곳에 요양원 건물이 들어서고, 곧 머지않아 산 사면에 별관들도 세워질 것을 상상하면서 지난날 이 언덕에서 결핵으로 쓰러졌던 보배라는 소녀가 생각났다. 이 소녀는 결혼을 앞두고 결핵이 심해지자 자신의 생명이 얼마 남지 않았음을 알고 혼사에 입으려 준비된 색동옷을 차려입고 진달래가 핀 이 동산에 올라 꽃다운 삶을 다했다는 얘기를 이 마을 사람들에게 들은 바가 있었다. 이 소녀처럼 폐결핵의 절망과 고통을 겪었던 이들에게 이제는 새로운 삶을 살게 해 줄 것이라는 소망을 더욱 품었다. 요양원 입구에는 커다란 금색으로 쓴 글씨가 새겨졌다.

"이곳에 들어오는 사람들은 누구나 다 두려움을 버리세요!
그리고 희망의 옷을 입으세요!"

6) 태극기를 흔들며 조선을 떠나다

일본은 미국과의 전쟁(1941~1945)에서 전세가 불리해지면서 조선 내의 미국인을 비롯한 외국인들을 추방했다. 셔우드 홀 가족에게도 간첩 활동을 하였다며 조사와 벌금에 이어 추방 명령을 내렸다. 그는 해주의 결핵요양원을 떠나기 위해 준비를 하였다. 자신이 설립하고 운영해 왔던 병원과 학교에 관해 황해도 지사와 해주 담당 관원들과 협의하여 저들이 이사회를 구성해서 계속 운영하도록 하였다. 셔우드는 평소 함께 지내며 일했던 조선인들을 찾아다니며 인사를 나누었다. 해주의 유지들은 헌병들이 알아채지 못하도록 은밀하게 환송식을 준비하였다. 하지만 그 기밀이 새어 나가 환송식 중에 두 군인이 나타났다. 다행히도 유지들이 셔우드에게 태극기를 전해 주는 순서가 끝난 뒤에 그들이 나타났다. 셔우드는 조선 국기를 코트 속 주머니에 감췄다. 헌병들은 참석자의 이름을 적기 시작했다. 환송식은 긴장된 분위기에 제대로 진행되지 못했다.

다른 날 학교와 병원에서 주최한 공식적인 환송식은 예정대로 진행되었고, 헌병대가 오지 않아 순조롭게 행사가 진행되었다. 맺음말을 한 김 목사는 셔우드 부부에게 언젠가는 다시 조선에 돌아와 달라고 간곡히 부탁하면서 울음을 참지 못했다. 참석했던 많은 사람이 눈물을 흘렸다.

환송식이 끝나자 요양원의 환자 여러 명이 셔우드를 홀을 찾아와서 그의 청진기를 자신들의 가슴에 대 달라고 강청했다. 그들은 그 청진기를 병을 진단하는 도구가 아닌 신비한 치유의 능력이 나오는 도구라고 믿고 있었다. 셔우드는 한 사람, 한 사람 그 가슴에 청진기를 대 주었다.

출발 날이 되어 해주역에 이르자 여러 사람이 슬픈 기색을 띠고 배웅을 나와 있었다. 정이 많은 조선인과 그동안 개인적으로 가까웠던 일본인들과도 석별의 정을 눈물로 나누었다. 열차는 해주역을 떠나 경성역에 도착하였고 그곳에서도 감시가 따를 것 같아 아내와 아이는 총영사 집으로, 셔우드 홀은 친구 선교사의 집으로 흩어졌다. 그러나 그는 곧 떠나야 했다. 경성의 거리 분위기가 전시 상태임을 실감할 수 있었다.

셔우드의 가족은 경성역에서 부산으로 가는 열차를 타고 다시 고베로 가는 배를 타야 했다. 놀랍게도 그곳 역에는 일본 지인들이 환송을 하러 나와 있었다. 더욱 놀란 것은 헌병대장이 부하들과 함께 역전에 나와 있는 것이었다. 그렇게 높은 장교가 전에 자기가 죄인으로 다루었던 사람에게 인사하러 나왔다는 것이 믿기지 않았다. 나와 지인들은 저들이 또 무슨 계략을 꾸미려고 저렇게 나왔을까, 하는 생각까지 했다. 그러나 그가 다가와서 정중하게 인사를 할 때야 안심할 수 있었다.

헌병대장은 "인도까지 안전하고 즐거운 여행을 기원하러 나왔습니다"라고 했다. 그의 친절한 작별 인사보다 더 중요한 점은 그가 셔우드 가족의 여행 안전을 보장했다는 사실이었다. 셔우드 가족이 일본 고베까지 여행하고 일본을 떠날 때까지 잘 보호하라는 엄한 명령서를 발부했다고 확언해 주었다. 열차가 출발하자 창밖의 환송객들에게 손을 흔들며 슬픈 작별을 고했다.

부산에 도착한 셔우드 가족은 일본행 연락선을 타기 전에 부산 공원에서 여유 있는 시간을 보낼 수 있었다. 셔우드는 조선에서 태어나 16년 동안 평양에서 보낸 시간과 유학을 끝내고 아내를 데리고 조선에서의 14년 6개월의 사역을 돌이켜 보았다. 셔우드의 가족은 2대에 걸쳐서 의사 부부로 사역한 기간이 합치면 50여 년이 되었다. 고요한 아침의 나라에서의 삶과 사역은 그야말로 사건과 흥분과 긴장의 연속이었다. 이제 조선을 떠나야 하는 조선의 절박하고도 위험한 상황이 가슴 아팠다.

부산항에서 일본 고베로 출항하는 시간이 되었다. 셔우드는 아이들을 불러 모았다. 그리고 그는 품속에 감추어 두었던 태극기를 꺼내었다. 그 태극기는 해주 환송식에서 조선인들이 전해준 것이었다. 그는 그 태극기를 나뭇가지에 건 다음에 가족과 함께 외쳤다.

"만세!"

그의 가족 5명 중 4명이 조선에서 태어났다. 그의 아내는 전성기에 조선의 결핵 퇴치를 위해 15년을 헌신했다.

셔우드 홀은 마지막으로 태극기를 향해 인사를 하자고 했다. 그들은 다시 외쳤다.

"조선 만세!"

그리고 그는 다시 주머니에서 종이쪽지를 꺼내었다. 거기에는 미니 허킨즈(Minnie L. Haskins)의 시 〈년의 문(Gate of the Year)〉이 적혀 있었다. 그 가족은 서로 손을 잡고 그 시를 낭송했다.

나는 새해의 문을 지키고 선 남자에게 말했다.
내게 등불을 주시오.
그러면 모르는 길도 내가 안전하게 갈 수 있으리라.
그는 대답했다.

어둠에 들어가시오. 그리고 하나님의 손을 잡으시오.

등불보다 그편이 나을 것이오.

아는 길을 걷는 것보다 그편이 안전하오.[221]

셔우드 홀은 1941년 11월 한국을 떠나 인도의 변방 '마르다(Marda) 연합결핵요양원'에서 결핵 퇴치사업을 계속하다가 1963년에 은퇴했다. 이후 캐나다 밴쿠버로 돌아가 여생을 보내다가 1991년 4월 5일 98세로 별세했다. 그가 남긴 유언은 다음과 같다.

"저는 여전히 한국을 사랑합니다. 제가 죽거든 저를 절대로 미국이나 캐나다 땅에 묻지 마시고, 제가 태어나서 자라났던 사랑하는 이 나라, 또한 제가 사랑하는 어머니와 아버지 그리고 누이동생이 잠들어 있는 한국 땅에 묻어 주시기를 바랍니다."

1991년 4월 10일 리치먼드 사우스 암 교회에서 장례식을 치르고 유해는 셔우드 홀의 바람대로 한국으로 돌아와 1991년 4월 17일 대한결핵협회장으로 양화진 제1묘역에 안장되었다. 결핵협회는 1993년 11월 10일 셔우드 홀의 탄생 100주년을 맞이해 양화진에 공적비를 세웠다.[222]

---

221   닥터 셔우드 홀, 김동열 역, 『닥터 홀의 조선 회상』, 좋은씨앗, 2021.10, p.711

222   김재현, 『한반도에 심겨진 복음의 씨앗』, KIATS, 2015.7, pp.166,167

조선의 나이팅게일이며
광주의 어머니인 쉐핑

쉐핑(Elizabeth Johanna shepping, 徐舒平, 1880~1934)은 1912년 일제 강점기의 암울한 시기에 조선에 건너와 간호 전문 선교사로 22년을 지냈다. 그녀는 그리스도의 사랑과 인류를 향한 박애주의를 몸소 실천하여 많은 조선인을 감

쉐핑과 간호원들

동시켰고, 소망과 치유의 사역에 헌신하며 성녀의 삶을 살아 냈다.

그녀가 조선에 발을 디딘 때는 나라를 잃은 백성들이 가난과 질병으로 소망을 상실하고 절망과 저주의 삶에 고통받고 있었다. 또, 아무에게도 돌봄을 받지 못하고 있는 나병 환자와 수많은 미망인들이 있었다. 그녀는 그들을 그리스도의 사랑으로 가슴에 품었다. 쉐핑은 34살에 조선에 들어와 22년 동안 한결같이 그들만을 위한 삶을 살다가 영원한 안식의 나라로 들림 받았다.

2011년 6월 26일 주일에 '아름다운 선교사 쉐핑 77주기 추모예배'를 전남 광주 양림동 선교사 묘역에서 가졌다. 쉐핑 선교사는 한국인들에게 너무도 오랫동안 잊혀 무명의 선교사로 묻혀 있었다. 그녀의 추모예배 때에 묘지에는 '예수 닮은 선교사님, 존경하고 그립습니다'라는 작은 화환 하나가 놓여 있었다.

1. 조선 간호사 교육의 개척자

쉐핑(Shepping) 선교 사역의 중심은 간호 사역이었다. 간호 선교사로 이 땅에 온 그녀는 간호사로서 활동해야 했기 때문이다. 1912년 내한 이래 그녀의 첫 사역지는 기독병원의 전신인 '광주제중원'이었다. 그 당시 그녀는 이곳뿐만 아니라 군산의 구암예수병원, 그리고 서울의 세브란스 등 세 병원에서 다양한 사역을 하였다.

그녀는 간호원을 총감독하는 역할을 담당했으며 실제 간호사로 일하는 와중에도 간호원들을 교육시켰다. 조선에서는 이미 서양식 간호사 제도를 시작한 보구여관(현 이화여자대학 병원)이 있었고 에드먼즈가 간호사를 양성하고 있었다. 세브란스에서는 쉐핑이 도왔던 선임 간호원 쉴즈가 간호협회를 먼저 만들었지만 쉐핑과 같은 조직력과 추진력을 갖추진 못했다. 쉐핑이 쉴즈 밑에서 간호원 양성 교육을 담당하기도 하였지만 간호협회를 만들었던 쉴즈보다 강인한 조직력과 추진력으로 간호협회를 발전시켜 나간 이가 쉐핑이었다. 그러한 이유로 쉐핑을 통해 '조선간호협회'가 조직되었고 발전한 탓에 그를 가리켜 '조선 간호학회의 개척자'라는 명예로운 이름을 붙이고 있다.

쉐핑은 1912년 2월 조선 입국과 더불어 광주제중원에서 간호 선교사로 근무를 시작했다. 3년 동안 조선어 훈련을 받으면서 그 지역의 부인들을 위한 봉사와 전도 사역에 힘썼다. 1917년 9월 쉐핑은 서울에 올라와 세브란스에서 근무하게 된다. 광주에서 군산으로, 군산에서 서울로 근무하게 된 것에 대해 그녀는 '구르는 돌에 이끼가 끼지 않는다'는 속담으로 위안을 삼았다. 그녀는 3명의 군산 간호 학생을 세브란스 병원으로 유학 보냈다. 이들은 치과, 식당 감독, 육아 담당으로 일하며 병원 일을 숙지했다. 쉐핑은 일주일에 14시간씩 광주제중원에서 간호

학생을 가르쳤다. 그 외에도 환자들의 의복 수선과 세탁을 맡았다.

오후에는 일본어를 공부했다. 당시 일제 총독부가 2년 안으로 모든 교육을 일본어로 진행하도록 지시했기 때문이었다. 교과서와 책에서도 한글은 허용하지 않았다. 그녀는 중국어도 공부했다. 그래서 한글과 한문이 병기된 신약 성경을 보았다. 그녀의 헌신적인 노력으로 1918년에 최초의 조선인 여자 간호사가 배출되었다.[223]

한일장신대학교 윤매옥 교수는 「한국인을 위한 간호 선교사 엘리자베스 쉐핑의 교육과 전인적 간호」(2016)라는 논문에서 이렇게 밝혔다.

> 광주제중원에 간호사로 부임했던 쉐핑(서평)은 먼 산골짜기 봉선리 마을 나병원 까지 오가며 정성껏 그들을 보살폈다. 나병원에 입원하면 배고픔과 추위 걱정도 잊고 병을 치료할 수 있어서 나환자들은 애양원을 천국이라 말했고, 애양원 문을 천국문이라 했다. 그만큼 광주제중원은 나환자를 치료하는 중요한 임무를 맡았으며, 그 중심에는 간호사인 쉐핑이 있었다. 손발이 짓무른 상처로 퉁퉁 부어 있고, 걸친 누더기는 피와 고름으로 엉켜 웅크리고 있는 나환자들을 위한 주거 복지 사업, 구라사업(나환자를 위한 거주지 건축 사업)을 전개했다. 그녀는 제중원에서 많은 나환자를 정성을 다해 간호했다. 길에서 여자 나환자나 거지들을 만나면 데리고 와서 목욕을 시키고 밥을 먹여 자기 옷을 나눠 입혔다.[224]

223   양창삼, 『조선을 섬긴 행복: 서서평의 사랑과 인생』, serving the People, 2012.3, pp.112~118

224   공병호, 『이름 없이 빛도 없이 미국 선교사들이 이 땅에 남긴 것』, 공병호연구소, 2019.11, pp.304~305

2. 걸인 구제 봉사

1900년 초 남장로교 선교사들은 광주 양림천 주변 달동네에 자리를 잡았다. 이곳은 대부분 극빈자가 사는 지역이라 다리 아래에는 거지들이 살았고, 갈 곳 없는 나병 환자들이 허기진 배를 채우기 위해 서양 선교사들의 집을 드나들었다. 당시 선교사들은 가난하고 병든 이웃들을 섬기는 사역을 복음을 전하는 사역과 같이 수행했다.

특히 쉐핑은 구제를 강조하였다. 그녀는 1928년 5월 평양에서 열린 조선간호부회 총회 설교에서도 구제를 강조했다.

> "남을 불쌍히 여기는 사랑이 없으면 어떻게 될까요? 사랑의 종교에서 구제를 배제해 버리면 무엇이 남을까요? 구제는 사랑의 발로입니다. 제아무리 십자가를 드높이 치켜들고 목이 터질 만큼 예수를 부르짖고 기독교 신자라 자처한다 할지라도 구제가 없다면 그것은 참 기독교가 아닙니다."

쉐핑이 사역했던 금정교회는 재정 형편이 아주 어려웠던 1930년에도 경상비 예산 335원 가운데 50원이 구제비였다. 전체 예산의 15%에 해당된다. 구제미로 매월 3가마 이상을 거두어 가난한 자와 환자들을 구제하는 긍휼미로 사용했다. 그녀는 1929년 생애 처음이자 마지막 안식년을 지내며 쓴 선교 편지에서 이같이 밝혔다.

> "저는 유치원과 소아건강증진센터 등에 관심을 가지고 방문했습니다. 저는 이곳에서 예기치 않게 가난한 동네의 가정 모습을 보았는데 그것은 조선의 빈민굴 상태와 같았습니다. 이러한 가정은 꼭 도

와줄 필요가 있습니다."

그녀의 관심은 조선에 있으나 미국에 있으나 가난하고 헐벗은 이들을 향해 있었다. 당시 미국도 경제 공황으로 어려운 처지에 있었다. 1930년 8월 7일, 캐나다 밴쿠버에서 조선으로 돌아가는 배에 오르기 전 안식년의 대미를 장식하는 마지막 선교보고서를 썼다. 쉐핑은 미국에서 많은 여성이 담배를 피우는 것을 보고 여성들이 담배에 사용하는 돈만으로도 영적으로 죽어가는 많은 생명을 구할 뿐 아니라 조선의 모든 나병 환자를 돌볼 수 있을 것이라며 안타까워했다. 그러나 그녀는 실망하지 않고 이렇게 말하였다.

"나의 하나님은 예수 그리스도 안에서 나의 모든 필요를 공급해
주실 수 있는 분임을 확신한다."

그녀는 가난한 사람을 괄시하거나 약한 자들을 학대해서는 안 된다고 말하는 것에 그치지 않고, 적극적으로 가난한 자를 돕고 약한 자들의 친구가 되어 주었다.

쉐핑이 지방 순회를 마치고 돌아오는 날이면 '이일학교' 학생들이 그녀에게 묻은 이를 잡느라 밤을 새웠다. 그녀는 '코리아미션필드'에 기고한 글에서 가난한 조선인을 세 가지 부류로 분류했다.

첫째, 가난한 자는 아주 가난한 자다.
둘째, 가난한 자는 하루 벌어 하루 살아가는 가난한 자다.
셋째, 가난한 자는 자신이 받은 혜택에 대하여 적절한 대가를 지불
할 능력이 있는 가난한 자다.

그녀는 특히 첫째 아주 가난한 사람에 대한 애착과 연민이 컸다. 쉐핑을 가까이서 본 어느 선교사는 이같이 말했다.

"그녀는 마지막 병고로 쓰러질 때까지 한 번도 흔들림 없이 시간과 마지막 마음과 그의 소유를 조선인들 가운데서 그리스도를 위한 오직 한길을 걷는 데 썼다."

어느 날 밤, 그녀는 이일학교 교사인 이봉림을 불러 함께 외출하였다. 봉림은 좋은 곳에 가는 줄 알고 구두에 날씬한 몸차림을 하고 따라나섰다. 그런데 쉐핑이 광주천 부동교 밑 자갈밭을 걸으며 어느 움막으로 쑥 들어가는 것이었다. 그곳에는 백발 거지 노인이 있었다. 쉐핑은 아무 거리낌 없이 추운 겨울밤 다리 아래서 거적을 덮고 잠을 청하던 그를 깨우며 말했다.

"최 씨 아저씨, 아직 안 죽고 살았소? 이불을 가져왔으니 덮고 주무시오."

뒤를 돌아보니 학교 소사가 이불과 옷가지를 싸 가지고 오고 있었다. 그를 깨운 쉐핑은 "이거 덮고 주무시오" 하면서 이불과 요를 나눠 주고 어둠 속으로 총총히 사라졌다. 봉림은 그때 자신이 너무 부끄러웠다고 고백했다. 추운 겨울 한밤중 빈민들을 생각하며 자신이 덮고 쓰던 이불과 요를 나눠 준 쉐핑은 찾아오는 사람에게 모두 나누어 주다 보니 정작 자신의 옷은 단 두 벌뿐이었다. 또 하루는 추운 겨울날 나병 환자 두 사람이 떨고 있는 것을 본 쉐핑이 그들을 자기 집으로 데리고 가서 한 장뿐인 담요를 둘로 갈라 두 환자에게 각각 한 조각씩 덮

어 주고 돌보아 주었다. 그는 자신이 덮고 있던 담요까지도 찢어 나누
어 줄 정도로 사랑과 희생을 몸소 실천한 믿음의 사람이었다.

쉐핑의 간호를 전담했던 변마지(M. Pritchard) 선교사는 쉐핑의 임종
을 회상하며, 그녀는 자신의 생필품을 가난한 사람들에게 모조리 주었
고, 심지어는 덮고 잘 이불까지도 내어 주었다고 하였다. 자신의 월급
을 아껴 조선 여성들을 가르치는 데 썼을 뿐만 아니라 길거리에 버려
진 고아들을 거두었다. 이 땅에 와서 고아원을 만들고 고아들을 돌본
선교사들은 많았지만, 고아들과 한 이불을 덮고 삶을 나눈 선교사는
흔치 않았다.[225]

3. 나병 환자를 내 몸같이 사랑한 쉐핑

쉐핑 선교사는 '광주제중원'에서 일하며 나병 환자들을 정성껏 돌봤
다. 당시 사회에서 차별 대우를 당하는 나병 환자의 고통과 서러움은
극에 달해 있었다. 또, 그들을 위한 치료소도 전무하였다. 그때 마침내
나병인들을 위한 병원이 세워진 것이었다.

광주에서 나병 환자들을 돌보던 그녀의 관심은 군산 구암병원으로
옮긴 후에도 계속되어 남장로교 선교부는 군산에도 나병 환자를 위한
병원을 별도로 운영하기로 하였다. 그녀는 고아 13명을 딸로 입양하
고 나병 환자의 아들을 입양해 요셉이라 하였다. 그는 나병 환자 자녀
를 아들로 삼을 만큼 헌신적이었다. 입양의 모범을 보인 그녀는 당시
처녀로 와 있던 선교사들이 나병 환자 자녀들을 입양하도록 주선했다.

---

225   같은 책, pp.181~187

쉐핑의 뒤를 이어 '이일학교' 교장을 맡았던 도마리아 역시 나병 환자의 사내아이를 입양하고 '이삭'이라 했고, 유화례 역시 나병 환우의 어린 딸을 양녀로 입양해 '진주'라 했다.

이들이 조선의 버림받은 나병 환자의 자녀를 입양한 것은 단순한 자비를 베풀려는 것보다는 이렇게 하는 것이 그리스도인으로서의 마땅한 본분이라고 여겼기 때문이었다. 학교와 주일학교, 부인 조력회, 간호원 양성 등 다른 선교사들보다 벌여 놓은 일이 몇 곱절이 많았던 쉐핑 선교사는 선교비의 반을 떼어 금정교회에 십일조로 헌금을 바치고 나머지 돈으로 빈궁한 삶을 살면서 동료 선교사들에게 항상 손을 빌려야만 하는 처지였다. 그 당시 조선 전국에는 약 12,000명의 나병인이 있었다.[226]

4. 사회구원 사역의 선구자

쉐핑 선교사가 가졌던 사역의 관점은 사회봉사로서 곧 사회구원(Social Relief Work)사역이었다. 그녀는 1920년 '코리아미션필드'와 '미셔너리 써베이'에 사회봉사에 대한 자신의 견해를 밝혔다. 조선의 유교 문화에서 사회봉사는 미개척 분야지만, 가능성이 무한한 영역으로 보았다. 대부분 조선인은 병원에 오는 것을 꺼리는데, 그 이유는 너무 무식하여 병원을 두려워하거나 치료비를 지불할 능력이 없는 가난 때문으로 보았다. 이러한 의식이 개화되기까지의 예방 사업도 쉬운 일이 아니다. 그녀는 현실적으로 실행 가능한 네 가지 방안을 제안했다.

---

226   같은 책, pp. 198~199

첫째, 병원에서 퇴원한 환자들을 돕는다. 아직은 완쾌되지 않았고, 친구도 없거나 직장이나 집도 없는 사람들이 직업을 가질 때까지 적합한 집을 제공하고 옷가지도 제공한다.

둘째, 아주 가난한 자, 병든 자, 그리고 나이 든 자들을 돕는다. 극빈자가 거할 방들을 찾아 주고, 병든 자는 치료될 때까지 병원 시설을 이용하도록 하며, 노약자의 경우 그들 집을 매일 방문하여 돕는다. 이것은 예수 그리스도를 위해 친구를 얻는 것이며, 그 자신이 하늘로부터 상급을 받는 것이다.

셋째, 예방 사업을 실행한다. 이는 어머니들과 자녀들을 위한 사업으로 매일 집을 방문해 환자들을 돌아보며, 가정에서 해야 할 일들을 가르치고, 약한 사람들에겐 건강을 회복하는 법, 그리고 어린이를 건강하게 돌보는 방법들을 가르치는 것이다.

넷째, 긴급 구제 사업이다. 구제는 지체할 이유가 없는 급한 일이다.

쉐핑은 사회 선교 활동의 일환으로 금주, 금연 운동을 전개했고 윤락여성 선도 사업을 주도했다. 그녀는 '조선여성절제회'를 조직했고, 책상에 앉아서 회의만 한 것이 아니라, 금주운동을 전개하면서 윤락여성을 구출하기 위해 윤락가, 유흥가, 시장을 직접 찾아다녔다. 1925년 경 그녀는 어깨띠를 두르고, 이일학교 학생들과 함께 광주 시내를 돌며, "금주로 구국하자!" 구호를 외치고 〈금주가(禁酒歌)〉를 불렀다.

1절〉 금수강산 내 동포여 술을 입에 대지 마라
건강 지력 손상하니 천치 될까 늘 두렵다
2절〉 패가망신 될 독주는 빚도 내서 마시면서
자녀 교육 위하여는 일전 한 푼 안 쓰려네

3절〉 천부 주신 내 재능과 부모님께 받은 귀체

술의 독기 받지 말고 국가 위해 일할지라

후렴〉 아 마시지 말라 그 술, 아 보지도 말라 그 술

우리나라 복 받기는 금주함에 있느니라

〈금주가〉만 부른 것이 아니라 전단을 만들어 술의 해악을 알렸다. 한번은 전북 고창에 순회 전도차 나가 요정에 들러 즉석에서 금주를 권고했다. 그 자리에 있던 기생 송월향이 그의 설득에 감동하여 송한 나로 개명하고 이일학교에서 공부하여 전도부인으로 활약하기도 했다.

쉐핑은 '조선여자기독교금주동맹'을 조직했다. 이일학교 학생들을 교육시키고 팀을 짜 주류 판매에 대항해 싸울 십자군을 만드는 계획도 했다. 학생들은 금주 어깨띠를 두르고 주점가를 누비며 전단지를 나눠 주었고, "예수 믿고 바른 이성과 분별력을 가지라"고 외쳤다. 어느 선교사는 쉐핑의 이러한 모습을 보며 '선지자 드보라'라 하였다.

광주에서의 금주운동은 전국적으로 확산되었다. 이 운동은 절제운동으로 승화되었고 '조선기독교절제회'가 조직되고 채필근 목사가 회장이 되어 물산 장려, 공창 폐지 등을 외치며 거국적 운동으로 번져 나갔다. 그녀는 스스로 절제에 앞장섰다. 조선 농촌여성과 같이 무명 베옷에 검정 고무신을 신었고, 보리밥에 된장국을 먹으며 검소와 절제를 몸으로 실천했다. 선교비 대부분을 어려운 학교 유지비에 쓰다 보니, 쉐핑의 생활은 극도로 쪼들릴 수밖에 없었다. 그녀는 절제운동을 부인조력회 사업의 하나로 전개했으며 사경회 외에 강사로 설 때마다 금주와 생활 개선을 호소하였다.

쉐핑은 사창의 폐창 운동에도 앞장섰다. 1924년 5월 30일 남대문교

회에서 조선간호부협회 제2차 총회가 열렸다. 그녀는 오긍선 의료 선교사로 하여금 공창 폐지에 대한 강연을 하게 한 다음, 공창 폐지 기성회를 조직했고, 간호원 모두 기성회에 입회하기로 가결하였다. 윤락여성을 빼내는 데는 몸값이 필요했고, 빼내 온 그들을 교육하기 위해서도 자금이 필요했기 때문이다. 쉐핑은 자신의 돈을 드려 윤락여성을 빼내고 공부시키는 데도 힘을 썼다. 그녀는 1928년에 위험에 처한 두 여성을 구한 긴급 사례를 선교부에 보고했다. 돈이 없어 첩으로 팔려갈 처지의 두 여성을 하나는 경찰을 통해 구한 것이고, 다른 하나는 몸값 52원을 지불하고 빼낸 것이었다.

인신매매 반대, 축첩 금지, 공창제도 폐지 운동 등 윤락여성 선도 사업을 주도한 쉐핑은 남성뿐만 아니라 여성 자신들도 눈여겨 챙기지 않았던 여성 인권에도 참여한 것이었다. 윤락여성이 새 삶을 살기 원하면 대신 그 빚도 갚아 줬다. 나아가 그가 세운 학교에서 공부시켜 새 삶을 개척하는 데 도움을 주기도 하였다.

쉐핑의 빈민운동은 조직적이었다. 그녀는 거리나 다리 밑에 기거하는 거지들을 어머니처럼 보살펴서 '광주 어머니'로 불리었다. 양육하고 결혼까지 시킨 고아가 38명이나 되었다.

5. 세상 수고 끝내고

1934년 5월 26일 새벽에 쉐핑과 함께 23년 동안 생사고락을 함께 하였던 선교사들과 박해라, 문안신, 문천식, 제중원 병원 직원, 조화임, 이봉림 등이 그녀의 임종을 지켜보았다. 그녀는 갑자기 낮은 목소리로 "3시경에 천사들이 올 겁니다. 찬송을 불러 주세요!" 했다. 시름에 젖어 있던 이들은 그 자리에서 일어나 찬송을 부르기 시작했다. 창밖에 여기저기 둘러앉아 있던 여러 학생도 일어나서 같이 부르기 시작했다.

> 고생과 수고 다 지난 후 광명한 천당에 편히 쉴 때
> 인애한 주 모시고 사는 곳 영원히 내 영광되리로다
> 영광일세 영광일세 내가 누릴 영광일세
> 은혜로 주 낯을 뵈옵는 것 참 아름다운 영광이로다

쉐핑은 약간 고통을 느끼는 듯하다가 원기를 잠깐 되찾고는 몇 달째 계속되는 병간호에 지쳐 고개를 떨구고 있던 박해라의 어깨를 흔들며 말하였다.

"나는 하나님의 부르심을 받아 갑니다."

그녀는 그 자리에 있는 사람들 한 사람, 한 사람의 얼굴을 유심히 바라보았다.

"이제 나는 아무것도 할 말이 없습니다. 먼저 가니 하늘나라에서 다시 만납시다."

그러고는 오른팔을 번쩍 치켜들고 "할렐루야!"를 힘차게 외치었다.[227] 쉐핑이 하늘나라로 갔다는 소식이 알려지자, 양림천 움막에서 처절한 울음소리가 들렸다. 우는 자에게 사연을 묻자 오열하며 말했다.

---

227   백춘성, 『조선의 작은 예수 서서평 : 천천히 평온하게』, 두란노서원, 2017.4, pp.223~225

"내가 죽고 그분이 살았어야 하는데……."

그녀는 간호사로서 고통받는 이웃을 헌신적으로 사랑한 천사였으며 가장 낮은 자들의 친구요, 연약한 이웃들의 어머니였다. 표면적으로 드러난 쉐핑의 사역은 이루 헤아릴 수 없다.

❖

근대식 왕립학교 개원과 독립운동에 헌신한 헐버트

1. 미국 정부의 공식 파송 교사

호머 베절릴 헐버트(Homer B. Hulbert, 1863~1949)는 그의 부친이 목사였고 미들베리대학(Middlebury College) 학장인 칼빈 헐버트(Calvin B. Hulbert)와 인도 선교사 엘리어자 휠록(Eleazar Wheelock)의 딸 메리 헐버트(Mary W. Hulbert) 사이에 3형제 중 차남으로 태어났다. 독실한 기독교 가정에서 성장한 헐버트는 1884년 뉴욕 유니온 신학교(Union Theological Seminary)에서 신학을 공부했다.

헐버트 선교사

개화기 조선 정부는 1882년 미국과 조미수호통상조약을 맺고 조선 개화에 필요한 인재 양성을 위해 미국 정부에 교육을 맡을 교사를 요청했다. 미 정부는 교사 선발을 미국 교육국장 존 이튼(John Eaton)에게 맡겼는데, 그는 뉴욕시에 있는 유니온 신학교에서 교사들을 선발하려 했다. 이튼은 다트마우스대학 동창 칼빈 헐버트의 형 헨리에게 교사 제안을 했으나 거절당했고, 형보다 성격이 적극적인 헐버트가 이를 받아들여 교사로 오게 되었다. 그는 7개 국어에 능통하였기에 언어에는 특출하였다. 헐버트는 다른 초빙 교사 벙커(Dalziel A. Bunker), 죠지 길모아(Gilmore George Williams) 선교사와 함께 미국 정부 추천 교사로 조선에 파송되어 1886년 7월 4일 한성에 도착했다. 고종으로부터 매클레이가 학교와 병원 선교를 허락받은 지 정확히 2년 만이었다.

헐버트의 첫 공식 활동은 조선의 최초 왕립학교 육영공원의 '육영공원설학절목(育英公院設學節目)'을 제정하는 일이었는데, 이는 학교 운영 및 교육 내용과 방법을 상세히 다루는 일종의 규약문이었다. 이를 통해 육영공원의 운영은 조선 왕실이 맡고 교육은 외국인 교사들에게 전적으로 위임되었다.

헐버트와 동료 교사들은 영어, 역사, 자연과학, 지리, 수학 등 근대적인 서양 학문을 가르쳤는데, 현직 관리와 재능 있는 선비 중에서 선발한 학생들에게도 서양 학문에 대한 호응은 좋았다. 특히 학생들이 세계 지리에 큰 관심을 보이자, 헐버트는 1891년 간이 천문지리서의 성격을 가진 순 한글판 『사민필지(士民必知)』를 출간했다. 이 책은 사실상 조선 최초의 근대식 국정교과서가 되었다. 1892년 이후 기독교 계통 학교는 물론 일반 학교도 이 책을 필수 교재로 사용할 만큼 이것은 헐버트의 육영공원에서의 활동 가운데 가장 주목할 만한 일이었다.

1891년 조선 정부와 2차 계약 기간을 마치고 미국으로 돌아간 헐버트는 2년 후인 1893년에 감리교 선교사 자격으로 부인과 딸을 데리고 조선을 다시 찾아왔다. 헐버트는 1897년부터 1900년까지 한성사범학교에, 1900년부터 1905년까지 한성중학교에 고용되어 신학문 교육과 교과서 편찬 임무를 맡았다. 헐버트는 사범학교에서 많은 졸업생을 배출하여 그들이 각처에 학교를 설립하고 가르칠 수 있도록 돕는 역할을 하였다.[228]

2. 출판과 언론을 통한 계몽운동과 독립운동에 헌신

헐버트는 조선 백성을 계몽하고 조선을 해외에 알리기 위해 왕성한 저술 활동과 출판 사업을 전개했다. 1890년 아펜젤러에 의해 시작된 국내 유일의 인쇄소 '삼문출판사'는 1892년 조선을 외국에 알리기 위해 최초의 영문 월간지 「The Korean Repository」를 간행하고 각종 종교 서적을 대량으로 출판해 보급하였다. 출판사의 모든 업무를 맡은 올린저가 1893년 조선을 떠나자 휴간되었다가 헐버트가 책임자가 되어 1897년 재발간되기 시작하였다. 이 기간에 삼문출판사는 재정적인 자립을 이루고, 1895년『성경』번역 사업이 진척되면서 일감도 늘어났다. 1896년 제본기를 새로 들여와 배재학당 안에 제본소를 가동하면서 신문도 인쇄할 수 있는 대형 출판사로 거듭났다.

헐버트는 1896년, 〈독립신문〉의 창간에도 참여했다. 그는 인쇄 직원 2명을 지원했을 뿐만 아니라 〈독립신문〉 영문판 편집을 책임졌으며, 이 신문이 조선인들에게 매우 유익할 것으로 생각하고 기쁘게 신문의 창간에 관여하였다. 헐버트의 저술 및 출판 활동은 1901년 「The Korea Review」의 창간으로 이어졌다. 이 신문은 유일한 영문 월간지

---

228   김재현, 『한반도에 심겨진 복음의 씨앗』, KIATS, 2015.7, pp.97~98

였다. 초기에는 주로 조선 문화를 다뤘지만, 1904년 러일전쟁을 겪으면서 헐버트는 일본의 야심과 야만적인 탄압행위를 신랄하게 비판하는 글을 기고했다. 헐버트는 일본이 강제로 조선을 보호국으로 만들고, 일본의 자본가와 투기꾼들의 이익을 위해 조선이 착취하고 있다고 주장했다. 결국, 헐버트가 발행하는 신문은 일본 당국 감시 아래 놓이게 되었고, 1907년 1월부터는 발행이 중단되었다.

헐버트는 1905년 「The Korean Repository」와 「The Korea Review」 등에 발표한 글을 모아 책으로 출간하였다. 이에 대해서는 외국인이 조선 역사를 서술하면서 발생하는 여러 오류가 지적되고 있지만, 서양인으로는 최초로 조선사를 서술하였다는 것 자체로 의미가 있다. 1906년에는 「The Korean Repository」와 『The History of Korea』를 요약한 『The Passing of Korea(대한제국멸망사)』에서 러일전쟁 이후의 조선 현실에 관한 자신의 견해를 자세하게 서술하였다.

한편 헐버트는 1896년 그동안 입에서 입으로 구전되던 〈아리랑〉을 최초로 채보(採譜)하여 「The Korean Repository」에 싣기도 하였다. 이 같은 출간물을 통해 우리는 당시 헐버트가 조선에 가지고 있던 관심과 애정을 알 수 있다.[229]

1904년 청일전쟁이 일본의 승리로 끝나자, 미국 정부는 선교사들이 조선 문제에 깊이 개입했을 때 일본과의 관계가 악화되지 않을까 우려했다. 그래서 미국 공사관은 물론 선교사를 포함한 주한 미국인들에게 조선의 정치적 문제에 일체 개입하지 말 것을 강력하게 지시하였다. 이런 이유로 대부분의 선교사는 직접적인 선교 사업 이외에는 조선 정치 문제에 개입하지 않으려 했다. 그러나 헐버트는 당시 조선인의 민

---

229   같은 책, pp.98~100

족적인 문제를 외면한 상태에서 선교하는 것은 불가능하다고 생각하였다.

헐버트의 구체적인 정치 참여는 1895년 11월 28일 국왕 탈출 미수 사건인 '춘생문 사건'을 통해 이루어졌다. 춘생문 사건은 을미사변 이후 친일 정권에 포위된 채 불안과 공포에 떨고 있던 고종을 궁 밖으로 나오게 하여 친일 정권을 타도하고 새 정권을 수립하고자 했던 일이다. 을미사변으로 명성황후가 시해된 후 신변의 위험을 느끼고 있던 고종은 항상 자기 주변에 외국인 선교사들을 두어 보호를 받으려 하였는데, 그들과 함께 있으면 안전할 것이라는 판단에서였다. 이에 헐버트를 비롯하여 존스, 게일, 언더우드, 에비슨 등이 교대로 고종을 호위하였다. 춘생문 사건은 거사에 참여했다가 변심한 무관 출신 이진호의 배신으로 실패했으나 이런 일련의 움직임은 1896년 고종과 세자가 궁궐을 탈출하여 러시아 공사관으로 가는 데 큰 도움을 주었다.

헐버트의 조선을 위한 민족운동은 여기서 그치지 않았다. 1905년 을사늑약이 체결되자, 헐버트는 미국 루스벨트 대통령에게 조선의 자주독립을 강조하며 고종의 친서를 전달하였다. 그 내용은 다음과 같다.

1883년 이래 미국과 조선은 우호적인 조약 관계에 있어 왔습니다. 조선은 그간 여러 차례에 걸쳐서 미국 정부와 그 국민의 친선 동정을 받아 왔습니다. 미국의 대표자들은 항상 조선의 번영과 발전에 대해서 동정적이었습니다. 귀국에서 파견된 교사들도 이 백성의 정신 교양을 위해서 많은 공헌을 해 온 것이 사실입니다. … 지금껏 보여 준 것과 같은 정도의 마음과 판단으로 이 문제(독립상실)를 다루어 주시기 바랍니다. 그리고 이 나라의 위기에 전과 다름없이 베풀 수 있는 도움을 주시기 바랍니다. … 일본이 조선의 외교권을

271

박탈하려 하고 있으며 이는 자의에 의한 것이 아니고 무력에 의해 강압으로 이룩한 것입니다. 조미수호통상조약의 규약과 그 정신에 입각하여 미국은 조선의 입장을 도와주십시오.[230]

고종이 이같이 간곡히 미국의 도움을 구하였던 데에는 지난 1882년 맺은 조미수호통상조약문의 '거중조정(居中調整, Good office)' 조항이 근거가 되었다. 이는 조약을 맺은 두 나라 중 한 나라가 다른 나라로부터 중대한 위협을 받을 경우 다른 나라가 도와준다는 조항이다. 고종이 미국에 큰 기대를 걸었던 것이 바로 이 '거중조정' 조항 때문이었다. 그러나 그 조약문에는 '반드시'라는 문구가 없었고 단지 외교적 수사문(Rhetoric)이었다.[231]

이미 친일 정책을 쓰고 있던 루스벨트는 미국의 국익을 위해 조선의 사정에 귀를 기울이려 하지 않았으며, '가쓰라-태프트 밀약'[232]으로 조선의 공사관을 폐쇄하면서 미국과의 수교 관계는 완전히 끊겼다. 그로 인해 헐버트의 시도는 결과적으로 실패로 끝나고 말았다.

헐버트는 1907년 또다시 조선의 민족운동에 동참했다. 1907년 6월 '제2차세계평화회의'가 헤이그에서 개최된다는 사실을 알게 된 그는 고종에게 이 사실을 알려서 헤이그에 밀사를 파견하도록 제안하였다. 나아가 헐버트는 조선인 밀사보다 먼저 헤이그에 가서 자신도 조선 대표로 회의에 참석하기 위해 백방으로 노력하였다. 하지만 일본의 방해로 헐버트를 비롯한 이상설, 이준, 이위종 등은 결국 회의에 참석

---

230   길원필, 『내 사랑 코리아 (초기선교사 30선)』, 탁사, 2002.12, p.166

231   박호용, 『하나님의 시나리오 "조선의 최후"』, 동연출판사, 2022.2, p.548

232   1905년 2월에 미국과 일본 간에 맺어진 외교 밀약으로, 미국은 일본의 조선 지배권을 인정하고 일본은 미국의 필리핀의 지배권을 인정한다는 내용을 담았다. 그렇게 미국은 일본의 조선 식민지화를 인정하였으며 일본은 그해 10월에 을사늑약으로 조선의 외교권을 빼앗았다.

하지 못했고 오히려 이 일로 이준은 그곳에서 화병으로 생을 마쳤다. 고종은 7월 19일에 강제로 퇴위를 당하였다. 헐버트 역시 일제의 압박을 받아 미국 정부의 소환 형식으로 조선을 떠날 수밖에 없었다. 하지만 헐버트는 조선을 떠난 후에도 기고와 저술 활동을 통해 조선의 독립운동을 지원하였다. 1949년 8월 15일 대한민국 건국기념행사에 이승만 대통령의 초청으로 해방된 조선을 방문했으나 7일 만에 여독으로 1949년 8월 5일 한국에서 몸을 묻었다.[233]

그는 "나는 웨스트민스터 성당보다 한국 땅에 묻히기를 원한다"는 유언을 남겼다. 수많은 인파가 그의 죽음을 애도하면서 운구의 행렬을 이었고, 그는 유언대로 양화진 외국인 묘지에 안장되었다. 대한민국 정부는 다음 해인 1950년 3월 1일 헐버트 박사에게 건국공로훈장인 '태극장'을 추서했다.

헐버트는 조선 최초의 한글 교과서인 근대식 『사회지리총서』를 출간한 외국인, 최초로 〈아리랑〉을 외국에 알린 외국인, 대한제국 황제 고종의 밀서를 미국 대통령에게 전하려 했던 외국인, 사회장으로 장례가 치러진 최초의 외국인, 최초로 건국훈장을 받은 독립운동가 외국인, 대한민국 대통령으로부터 묘비명을 받은 최초의 외국인, 이달의 독립운동가로 선정된 최초의 외국인이다.[234]

233   같은 책, pp.100~101
234   김용삼, 『대한민국 건국의 기획자들』, 백년동안, 2015.5, p.83

그레이트하우스의
근대 사법제도 확립과 공헌

그레이트하우스(C. R. Greathouse, 1843~1899)[235]는 당시 선교사의 신분은 아니었으나, 조선의 갑오경장(甲午更張)[236]으로 불리는 갑오개혁으로 정치, 행정뿐만 아니라 군사, 경찰, 사법, 사회, 교육제도에 이르기까지 조선의 근대 문명화를 위한 사회 전반에 걸친 개화와 개혁에 공헌하였다. 이러한 개혁의 요체는 조선의 근대식 사법제도를 정착화시키는 것이었다.

CLARENCE R. GREATHOUSE.
(Kentuckian Who Was for Years Prime
Minister of Corea.)

그레이트하우스 판사

그 당시 법무대신 서광범의 기획안은 다음과 같다.

---

† **개국 503년 12월 16일 봉지의윤(奉旨依允)[237]**

법무대신 서광범(徐光範, 1859~1897)[238] 아룀.

---

235   그레이트하우스는 미국 켄터키주 출생이고 법학을 공부한 후 샌프란시스코에서 변호사로 활동하다가 1886년 주일 요코하마 총영사로 4년 재직하다 1890년 9월에 조선의 내무협판으로 임명되어 우정국 총판직을 겸하였다. 1896년에는 외무고문 겸 임시법률고문으로 재직하다 1899년 10월에 조선에서 사망하여 양화진 외국인묘원에 안장되었다.

236   조선 탐관오리들의 수탈과 부패와 탈취에 항거하며 개혁을 외친 전국적인 농민의 봉기는 조선 조종에 큰 충격과 행정의 전반적인 개혁을 단행하게 된 계기가 되어 1894년 7월부터 1896년 2월까지 약 19개월 동안 3차에 걸쳐 정치, 경제, 사회 등 여러 방면에서 진행된 근대화 개혁이다. 특히 근대적 행정 체제를 도입하여 오늘날 사법제도의 근간이 되는 행정 조직이 탄생하는 계기가 되었다.

237   김효진, 『법관양성서와 근대 한국』, 소명출판, 2015, p.18(재인용)

238   조선 말기의 문신, 정치가이며 개혁파 사상가였다. 그는 일찍이 박규수, 오경석의 영향을 받아 미국, 유럽 일본의 선진 문물을 접하였고 근대화 문명의 선구자였다. 1884년 12월에 갑신정변에 참여했고 실

법률학교를 설치하는 까닭은 사법 인재를 배양하고 법률을 익혀 타일에 지방 재판관으로 선보하는 데 용비하기 위함이며, 또한 때에 맞추어 재판관을 아울러 취학게 하여 법률을 행하게 하기 위한 것으로서 그 경비를 양의타산(量宜打算)하여 탁지아문(度支衙門)으로 하여금 변획게 할 뜻으로 삼가 아룀.

1894년 갑오개혁의 새로운 관제 개편에 따라 법무대신에 임명된 서광범은 법관 양성소 제도를 시행하기에 앞서 재판관을 양성하는 교육이 반드시 필요함을 역설하고 있었다. 이는 기존의 천거 제도와 관리를 뽑는 과거 제도에서 근대식 학교를 통한 인재 양성으로의 변환을 역설한 것으로, 갑오개혁의 제도개혁은 관리 등용 제도 개혁의 출발점이 되었다. 1895년 3월 25일 법률 제1호로 재판소 구성법이 공포되고 동시에 제49호 법관 양성소 규정이 공포되었다.[239] 3월 29일에는 '법관 양성소 설치의 건'이 주청되었다.

법부 내에 법관양성소를 설치하여 미인(미국인) 구례(C. R. Greathouse)와 일본인 구사가베 산쿠로 등에게 법률학 강의를 촉탁하며 또 법관의 양성은 공평무사 청렴결백의 덕의를 발양케 할 의무가 가능할 일임.[240]

법관 양성소에서 법률학의 강의를 하는 핵심 교수는 미국인 법률 고문이었던 그레이트하우스와 구사가베 산쿠로였다. 양성된 법관의 기

패 후 일본 망명을 하였으며 미국에서 유학하던 중에 사망하였다.

239   『고종실록』, 1895년 3월 25일

240   『한국근현대사연구』, 제16권, 2001년 3월호, p.43(재인용)

본 덕목은 공평무사와 청렴결백이었다. 조선 정부는 법관양성소 설립에 매우 집중하였다. 당시 관리들의 부정부패가 매우 심각해 공정한 법치가 필요했기에 이 같은 과단성 있는 제도를 도입하게 된 것이었으며 이보다 더 결정적인 이유는 과거제도가 폐지되면서 갑오개혁의 첫 번째 관리 임용책이었던 법관양성소는 졸업과 동시에 사법관리로 임용되어 출사할 기회가 주어진 것이다. 1895년 4월 16일에 모두 50명이 첫 기수로 입학했다. 수업 연한은 6개월이었다. 당시 법관양성소가 설립 목적은 근대식 사법관의 자격을 갖춘 인물을 속성으로 교육하여 배출하는 것이었다. 그만큼 갑오개혁을 주도했던 세력은 근대 문명국가로의 개화를 위해서 사법제도의 변화가 절실하였다.

조선의 최초 외교 고문인 그레이트하우스는 법원의 회기에 참석하여 증인들을 조사하고 절차를 감독하였다. 법원은 약 15일 동안 회기를 가졌으며 다수의 증인이 조사되었고, 모든 공식 문서에 대한 완전한 접근 권한이 부여되었다. 법관 양성소의 초대 소장은 법부 참사관이었던 피상범(皮相範)이 담당하였다.

법관양성소 학과 시간표

요일/시간	10~11시	11~12시	1~2시
월요일	민법	민사소송법	법학통론
화요일	형법	형법	민사소송법
수요일	형법	민법	법학통론
목요일	민법	민사소송법	형사소송법
금요일	형사소송법	형사소송법	법학통론
토요일	현행 법률	소송 연습	-

교수진은 일본인 3명과 미국인 그레이트하우스, 조선인 피상범이었다. 일본인 교수진들이 주로 실무적인 과목들을 담당했고, 이들 1기 법

관양성소 교수진에서 가장 두드러지는 존재가 그레이트하우스였다. 그는 1891년 고종의 외교 고문으로 내부협판의 직위를 가지고 국내에 들어와, 1890년부터 약 9년간 외교와 법률고문으로 조선의 격동기를 함께한 미국인 고문관이었다. 그는 법학을 전공한 변호사 출신으로 조정의 정치에 참여하였으며 내무부에 소속되어 각종 외교 현안과 국제법 문제들을 담당하였고 우정총국 회판으로 재직하면서 우편 조직의 독립성을 확보하였다. 갑오개혁 후에는 법관양성소의 교수와 명성황후 시해 사건 진상 조사 담당, 한성 재판소의 주요 정치 재판에 참여하여 직접 감독, 심리를 통해 근대 사법제도의 정착에 크게 기여하였다.[241]

고종은 근대식 사법 체계를 추진하면서 서구열강과의 동조와 재판의 투명성과 공정성을 인정받기 위해 조선인이나 일본인이 아닌 제3국 미국 출신인 외교 고문 그레이트하우스를 고등재판소 임시 고문으로 임명하여 재판을 담당시켰다. 당시로는 대단한 결단이었다. 그가 법관양성소의 문을 열었을 때 교관으로 있던 것은 그만큼 영향력을 발휘할 수 있는 위치에 있었음을 보여 준다.

그레이트하우스는 명성황후 시해 사건의 진상 조사를 담당하면서 고등재판소 판사 권재형과 함께 약 2개월에 걸쳐 재판을 이끌어 갔다. 그는 소송 문서 확인 및 증인신문을 진행했는데, 심지어는 대원군까지도 명성황후 시해와 관련된 서면 질의를 했다. 모든 재판에 입석하여 관행적 잔학 행위를 근절하고, 근대적 사법 절차에 따라 재판이 이루어지도록 하였다. 그 결과 13명의 체포자가 고문 없이 공정하고, 공개된 재판으로 1명 사형, 4명 종신 유배, 나머지는 더 짧은 유배를 선고

---

241   김현숙, 『한국근현대사연구』, 제31집, 2004년 12월호, p.319

받았다.

그레이트하우스는 이를 통해 서양식 기준에 맞춰 심문 및 재판 절차에 대한 투명성과 정당성을 확보하였다는 평을 받았으며 서양적인 정의와 통합의 관점에서 다루어지는 법치의 정신을 보여 주었다.[242] 그는 조선의 법관양성소에서 근대적 의미의 법관으로서 그 출발을 준비하는 졸업생들에게 엄격한 법 집행에 있어 중요한 것은 정당성과 투명성 그리고 공정성이라는 분명한 원칙과 방향성을 제시해 주었다. 특히 법관의 독립성과 재판에서의 태도를 강조했다. 그레이트하우스의 가르침은 조선의 법관들에게 사표가 되었다.[243] 그는 1899년 10월 21일 별세하여 양화진의 선교사 묘원에 안장되었다.

❖

3.1 만세운동에 동참한 선교사
: 벡커, 스코필드, 모우리, 맥쿤, 토마스, 마펫, 노블

일제 강점기 중에 많은 선교사들은 교회와 학교를 통해 애국, 애족, 독립정신을 일깨워 주었다. 이에 각성된 많은 기독교인들과 학생들이 일제의 탄압에 항거하며 독립을 쟁취하기 위해 치밀한 준비를 하는 데에 선교사들이 큰 힘이 되어 주었다. 3.1만세 운동이 일어나기 바로 전날인 2월 28일, 연희전문학교 교수 벡커(Arthur L. Becker, 1879~1978) 선교사는 제자 박희도에게 옥외보다는 옥내에서 독립선언서를 발표하는

---

242   김현숙, 「한말 법률고문관 그레이트하우스의 국제법 및 사법 자문활동」, p.91

243   김정희, 『송암 함태영』, 연세대학교 대학출판문화원, 2022.4, pp.34~44

것이 좋겠다고 권하며 태화관에서 발표하도록 조언을 주었다. 또 세브란스 의학전문학교 교수 스코필드(Frank W. Schofield, 1889~1970) 박사는 제암리 학살 사건의 참상을 사진으로 찍어 일본의 폭정과 야만적 행동을 전 세계에 알렸다.

평양 숭실전문학교 교수 모우리(E. M. Mowry, 1880~1970) 선교사는 독립선언서와 태극기를 제작한 5명의 학생을 이틀 동안 자기 집에 보호해 주고, 선언서를 번역하여 선교부에 보낸 일 때문에 일경에 체포되어 평양 감옥에서 6개월간 복역하기도 하였다.[244]

이들 외에도 여러 선교사가 3.1 운동에 직간접적으로 참여하여 조선인들을 도왔다. 동양선교회 선교사 토마스 목사는 강경에서 독립운동을 협조하다가 일본 헌병에 구타당하였다. 또 선천 신성중학교 교장 매큔 박사는 교회 지도자들과 함께 3.1 운동을 계획했다 하여 국외 추방당하였다. 숭실전문학교 교장 마펫 선교사는 세계선교대회에서 조선독립을 협조하자는 연설을 하였다. 서울 감리교의 노블 선교사, 빌링스 선교사 등도 3.1 만세운동에 참여하였다. 그리고 중국 상해 YMCA 총무 질레트 박사와 피셔 박사는 상해 임시정부에 크게 협력하였다.[245]

조선 주재 외국 선교사들은 선교사 회의를 열어 맹산, 안주, 강서 등에서의 잔학 행위와 제암리의 죽음, 대구 잔학 행위, 선교사들의 집 수색 사건과 기독교 박해 등 12개 조항의 조선인들에 대한 일본 경찰의 잔학 행위를 기록하여 '미국기독교연합회 동양관계위원회'에 보고하였다.[246]

---

244   Carlton Waldo Kendall, 『The Truth About Korea』, Kessinger Publishing, 2010.1, pp.33(재인용)

245   김양선, 『한국기독교사 연구』, p.118

246   오윤태, 『한일 기독교 교류사』, 혜선출판사, 1980.6, p.195

이들의 활동은 마침내 세계 여론의 시선을 집중시켰다. 지방의 선교사들은 각 지방에서 일어나는 독립운동과 그로 인한 일본 경찰의 박해와 교회의 피해를 선교부에 속속 알려 주었다. 이와 같은 보고를 접한 선교부는 '미국기독교연합회 동양문제연구회'를 설치하고 「한국의 상황(The Korean Situation)」이라는 책자를 만들어 전 세계에 일본의 만행을 알리는 데 크게 기여하였다. 그 외에도 영국인 저널리스트 매켄지(F. A. McKenzie)를 비롯한 많은 외국인은 글을 기고함으로 일본의 만행을 105인 사건에 이어 또다시 전 세계에 알렸다.[247]

이 같은 움직임에 힘입어 미국 내 42개 신·구교 교파는 조선독립을 위해 매일 1회 이상 기도하기로 결의하고 전국 교회에 이에 대한 실행을 호소하였다. 미국교회연합회는 주미 일본 대사에게 일본의 만행에 대한 강력한 항의서를 제출하고, 월슨 대통령에게 건의서를 제출하며 조선의 독립을 지원하였다.[248]

---

247   J.O.P.Bland, China, Japan and Korea(New York : Charles Scribner's Sons, 1921), p.194~195

248   김양선, 『한국기독교사 연구』, p. 118

조선 여성의 최초 교육과
의료 사역자인 스크랜튼 모자

1. 메리 스크랜튼의 이화여학당

"내가 하는 일이 이 땅의 사람들 마음에 들든지 안 들든지, 나는 이
땅의 사람들을 사랑하기로 결심했다."

조선이 서서히 쇠망해져 가고 있는 어둠과 혼돈의 시기, 언더우드
와 아펜젤러의 뒤를 이어 조선 여성 교육을 위해 1886년 5월 3일에 윌
리엄 스크랜튼(William B. Scranton, 1856~1922)
과 그해 6월에 그의 모친 메리 스크랜튼(Mary
Scranton, 1832~1909)이 조선에 입경하였다. 아
들 스크랜튼은 의사로서 제중원에서 의료 사역
을 하였으며 어머니 스크랜튼은 우리나라 최초
의 여학당을 만들어 여성 교육 사역을 시작하
였다. 첫 여학생은 고관 관리의 첩의 딸이었다.
이 학당은 설립된 1886년 5월 31일 이후 조선

메리 스크랜튼

의 왕후로부터 '이화학당(梨花學堂)'이라는 당명을 하사받았는데, 그 뜻
은 '배꽃처럼 희고 아름답고 활짝 피어나라'는 것이었다. 이 당시 서양
인이 적었고, 조선인들이 보기에 그들은 외모가 기이하였기에 '서양의
도깨비'로 불리었다. 조선인들은 외국인에 대해 경계심이 많았기에 학
생들을 받을 때 부모의 허락 없이는 단 10리라도 아이들을 데리고 나

가지 않기로 서약 증서를 써야만 하였다. 메리 스크랜튼은 여성 차별과 남존여비 문화의 고정 관념에서 여성들을 자유롭게 하는 사역을 시작하였다.

남녀가 함께 집회에 참석할 수 없는 당시의 시대적 상황에서 『성경』 공부 형태로 추진되는 여성들만의 주일학교를 조직한 것이다. 19명의 여성으로 시작된 주일학교는 여성들만의 주일 예배로 발전하여 1889년 2월 12일 한국 최초의 여성교회가 조직되었다.

메리 스크랜튼은 1892년 5월에 미감리교회 여선교부가 주관하던 동대문 선교사업에 합류해 여성들을 가르쳤다. 그리고 1894년에는 선교지역을 정동에서 상동으로 옮겨 '공옥여학교'를 설립해 여자아이들을 가르쳤다. 1890년대에는 상동교회에서 전도 부인을 대상으로 단기 『성경』 교육을 시작했는데, 이것이 1900년 어간에는 부인성경학원으로, 1920년에는 감리교 '협성여자신학교'로 발전하였다.

메리 스크랜튼의 선교 활동은 지방으로 확장되었다. 1894년 수원과 오산 등 경기도 남부지역에서 선교 사역을 하였다. 1901년부터 교육이 시작된 덕고개의 여자매일학교에서 학생들을 가르쳤다. 1902년에 수원 교육사업에도 적극적으로 참여하여 이듬해에는 '삼일학교'를 설립하였다. 그녀는 1906년 고종황제의 계비(繼妃)인 순헌황귀비 엄 씨와 그의 동생 엄준원을 도와 진명여학교를 설립했다. 1907년에는 상동교회 내에 공옥여학교, 부지내여학교, 그리고 덕고개에 있는 여학교 외에 수원에 있는 여학교까지 포함해서 네 곳의 학교를 감독했다.

메리 스크랜튼은 한국 감리교 여성 교육에 어머니 같은 존재였다. 그녀는 나이가 많음에도 대단한 열정을 가진 여성 교육의 개척자이며, 열정적인 복음 전도자였다. 75세까지 교육 현장에서 일한 그녀는 1909년 10월 8일 한국에서 소천하여 양화진에 묻혔다. 비문에는 이렇게 기록되었다.

> 오늘 이 땅에 자유, 사랑, 평화의 여성 교육이 열매 맺으니, 이는 스크랜튼 여사가 이화 동산에 씨 뿌렸기 때문이다.[249]

그녀가 조선에서 세운 여자 학당은 처음에는 몇 명으로 시작하였으나 현재는 세계에서 가장 규모가 큰 여자종합대학이라는 명성을 갖게 되었으며 기네스북에도 기록되었다. 이화학당과 여자대학은 근현대 여성 지도자의 모판과 산실이었다.

2. 윌리엄 스크랜튼의 의료 사역

윌리엄 스크랜튼 선교사

윌리엄 스크랜튼 박사는 의사이자 목사였다. 그는 어머니의 신앙을 물려받았으나 처음부터 선교사의 꿈을 가진 건 아니었다. 총명하였던 그는 1878년에 예일 명문 대학을 졸업하고 뉴욕 의과대학에 진학, 1882년에 졸업하였으며 그해 롤리 와이드 암즈(Loulie Wyeth Arms)와 결혼하고 클리블랜드에서 개업의를 하였다. 그러던 1884년 여름, 일본에 선교 활동을 하는 맥클레이를 통해 조선 정부가 병원과 학교 설립을 허락했다는 소식을 들었다. 이에 미국 감리교 해외선교부에

---

249   김재현, 『한반도에 심겨진 복음의 씨앗』, KIATS, 2015.7, pp. 57~59

서 조선 선교사 파송을 적극적으로 검토하였다. 이때 맥클레이 선교사가 클리블랜드에서 의사 활동을 하던 스크랜튼을 만나러 왔다. 놀랍게도 그는 당시 열병에 걸려 투병 생활을 하던 중이었는데도 선교사로 헌신할 것을 결심하였고 이를 아내에게 알리자, 그녀는 "당신이 가는 곳이라면 어디든 저도 가겠습니다. 거기서 뼈를 묻겠습니다. 나는 결혼하던 날 결심한 것 중에 하나가 무슨 일이 있어도 남편을 거역하지 않겠다는 것이었습니다"라고 하였다.

그의 어머니 스크랜튼은 아들의 간병을 하였고 아들과 며느리가 선교사가 되어 조선으로 가겠다는 이야기를 듣고는 자신도 함께 갈 것을 결심하였다. 이때 메리 스크랜튼의 나이는 50을 바라보고 있었다. 이 모자가 조선 선교를 결심하자 미 감리교 해외선교부는 파송을 결정하였다. 먼저 어머니 스크랜튼은 1884년 10월에, 아들 스크랜튼은 1884년 12월에 조선 선교사로 임명받았다.

아들 스크랜튼은 1885년 조선에 와서 첫 사역으로 알렌이 설립한 광혜원에서 6주간 근무한 후 정동에 집 한 채를 마련하여 그곳에 1887년 4월에 별도로 병원을 세워 고종으로부터 '시병원(施病院)'이라는 이름을 하사받았다. 그는 이것에 만족하지 않고 조선인들을 위한 의료활동과 교회 설립까지 구상하였다. 그가 '선한 사마리아인 병원' 계획을 수립하고 성문 밖 세 곳에 시약소(施藥所)를 개설한 것은 의료 시설을 넘어 교회 설립까지 내다봤다는 증거다.

이 모든 시약소에는 장차 예배당으로 사용할 부지가 포함되어 있으며 궁극적으로는 그런 목적을 갖고 부지를 매입하였다. 이처럼 시약소를 많이 세우는 목적은 이들 시약소가 삼림 속에 들어가 벌채하는 역할을 해서 미래의 목적에 사용되도록 땅을 개간하려는

것입니다. 우리가 기대하는 바는 10년 안에 이들 부지를 예배당 용
도로 넘겨주고 우리 의사들은 아직 복음이 들어가지 못한 지역에
들어가서 병원을 세우는 것입니다.[250]

스크랜튼은 세 곳의 시약소에 의약품뿐 아니라 『성경』과 전도 책자
도 비치해 놓고 남녀 전도인을 상주시켜 환자와 주민을 대상으로 복음
을 전하게 하였다. 1893년 4월에는 상동교회에 100명의 교인이 출석
하고 있다고 선교부에 보고하였다. 그는 장차 1,000명이 예배를 드리
는 교회를 위해 기도하고 있다고 하였다. 그의 기도대로 1896년 여름
에 출석 교인이 300여 명이 되었다.

정동에서 1885년 6월 15일 개설한 정동병원과 의료선교, 여성교회
선교활동은 곧 서울로 확장되어 갔다. 정동병원, 정동여성 병원을 이어
1888년 12월에는 애오개 지역에 시약소를 설립했고, 같은 해 9월부터
는 남대문 부근에 병원과 교회부지를 사들여 1889년에 상동병원을 열
었다.[251] 1886년부터 동대문 인근에서 진행하던 진료 활동은 1887년
도 동대문 진료소 개설 계획으로 이어졌고, 1891년 1월 14일에는 동
대문에 '여성병원(保救女館)'을 설립하며 여성교회와 합세하였다.[252]

스크랜튼의 계획은 원대하였다. 찾아가는 의료선교처인 '진료소(시
약소)'뿐만 아니라 정동병원과 진료소들을 집결한 종합병원인 '선한 사
마리아인 병원'으로 확장할 원대한 계획을 구상하고 있었다. 이에 우선
1888년에 서민들이 왕래하기 편리한 남대문 일대의 토지 2,200평을

---

250   <윌리엄 스크랜튼의 선교보고서>, 1889.9.3

251   Report M.E.S, 1891, p.275

252   동일 자료, p.273

매입하였다.[253] 남대문 병원은 1891년 10월 중순에 완공되었다. 남대문 일대는 서울 동서남북 인근 지역과 지방 선교를 통괄하는 또 하나의 감리교 여선교회의 기지가 되었다.

스크랜튼 모자는 정동에서 서대문, 남대문, 동대문 지역에 순회 진료소와 교회를 세워 동서남북 지역으로 선교 사업을 확장시켜 나갔으며, 그렇게 서울에 세워진 정동교회, 아현교회, 상동교회, 동대문교회 등은 오늘날까지 국내 선교를 넘어 세계선교의 사명을 감당하고 있다.

장로교 첫 선교사인 알렌 선교사는 초기 감리교 선교사들의 활동에 놀라고 부러워하였다. 그의 일기에 스크랜튼이 정부병원(광혜원)에 협조하지 않고 자신의 길로 간 이유에 대해 '순수한 복음 전도 사업이 아니기 때문에 고집을 굽히지 않고 완고했다'고 썼다. 이어서 알렌의 선교 편지에서 감리교 선교 활동에 대해 평가하였다.

> 감리교도들은 처음에 조선인들에게 조그만 대지를 구입했습니다. 우리는 별생각 없이 의기양양했습니다. 하지만 그 이후 그들은 지금까지 사방으로 대지를 구입하여 초가집으로 이루어진 마을을 사들였습니다. 이 마을은 도시 성벽에 붙은 언덕 위 가장 좋은 택지에 있습니다. 그들은 심지어 길도 인수했습니다. 그들은 시야를 가리는 집을 허물고 그 길을 막아 외국인 학교와 기숙사와 병원을 건축하려고 합니다. 그들은 자신의 일에 최선을 다하고 있습니다.[254]

윌리엄 스크랜튼은 1895년에 한성 내에 콜레라가 창궐하였을 때에 에비슨 박사와 함께 치료 사역을 하였다. 그 후 감리교 선교부의 간부

---

253   동일 자료, 1889, p.293
254   알렌 편지(1885.8.16)

로 '성서한역통일회' 회장이 되어 성서 번역에도 힘썼다. 그는 1907년 선교 정책을 둘러싸고 친일파인 해리스 감리교 감독과 의견 충돌을 일으켜 선교사직과 함께 감리교 목사직을 사임하고 성공회로 교파를 옮겼다. 그 후 서울과 평북 운산, 충남 직산, 중국 대련 등지에서 평신도 의사로 사역을 하였다. 1917년에는 일본 고베로 건너가 의료 활동을 하다가 1922년에 소천하여 고베의 외국인 묘지에 안장되었다.[255]

❖

백정들의 해방자
무어 선교사

무어(Samuel Forman Moore, 1860~1906)는 몬마우스대학(Monmouth College)을 졸업하고 다시 맥코믹신학교(McComick Theological Seminary)에 입학하여 1892년에 졸업했다. 당시 미국은 무디의 부흥 운동으로 젊은 신학생들이 선교의 정열에 불타고 있었다. 무어 선교사는 미국 북장로교에서 조선 선교사로 임명

무어 선교사

받고 1892년 8월 16일 부인 로즈와 함께 샌프란시스코를 떠나 1892년 9월 18일 조선에 입국하였다.

그는 조선어를 빨리 익히기 위해 조선인들의 마을에 방을 정하고 그

---

255   <KMC뉴스>, 곽일석, 2020.9.17

곳에서 조선어를 익혔다. 놀랍게도 6개월 만에 조선인들과 대화를 나눌 정도가 되었고, 한성 변두리 마을 곳곳을 다니며 전도하였다. 1893년에는 한성의 새문안교회에 이어 두 번째 장로교회인 곤당골교회(현 승동교회)를 개척하였다. 그의 전도의 관심 주요 대상은 성 밖에 거주하고 있던 백정들이었다. 그들 가운데 박 씨라는 백정이 있었는데 그 당시 백정은 천출로서 이름을 가질 수 없었다. 그러나 기독교인이 되어 세례를 받고 난 후 그는 무어 선교사로부터 박성춘(朴成春)이라는 이름을 받았다.

박성춘은 자신의 아들만큼은 문맹에서 벗어나게 하기 위해 학당에 보내려고 했으나 학비가 없어서 망설이던 중에 무어 선교사가 세운 곤당골교회의 부설인 예수학당에 보내게 되었다(곤당골은 순 조선어로 고운 담골의 줄임 말로 고운담으로 연결된 집들이 있는 동네라는 뜻). 그의 아들 이름은 '봉출'이었다.

1894년 어느 날, 박성춘이 발진티푸스에 걸려 심하게 앓아눕게 되자, 무당을 불러 굿을 하였다. 이때 그의 아들 봉출이 웬 서양 사람을 집으로 데리고 왔다. 그는 바로 제중원의 의사 선교사 에비슨이었다. 에비슨의 치료로 병이 완쾌되자 박성춘은 예수를 믿게 되었고, 1895년에 곤당골 교회를 다니기 시작하였다. 그러자 그 교회의 평민과 양반 계층의 교인들이 백정 천민과 함께 예배를 드릴 수 없다며 교회 출석을 거부했다. 이에 무어 선교사는 그들을 설득했지만, 완고한 저들은 이를 거부하고 별도의 건물을 얻어 다른 동네에 '홍문동교회'를 세웠다. 조선인들의 오랜 전통과 인습은 쉽게 변화되지 않았다. 그러던 1898년 6월 17일에 곤당골교회가 불에 탔다. 이 화재 사건을 통해 교회가 하나로 합치게 되면서 교회는 '승동교회'로 개명하고 예배당 건물도 크게 신축하게 되었다.

1898년 교인이 108명으로 불어나게 되었는데, 그중 백정 출신이 30여 명이었다. 무어 선교사는 조선 역사에서 500여 년 동안 인간 대접을 받지 못했던 저들의 인권을 찾게 하는 '백정해방운동'에 앞장섰다.

1894년 7월부터 1896년 2월까지 벌어진 갑오개혁(甲午改革)에서 특히 중요한 내용은 사회제도의 개혁이었다. 제1차 개혁으로 양반과 평민의 신분을 타파하고 백정과 광대 등 천민 신분의 폐지와 함께 공사노비(公私奴婢)제도를 없애고 인신매매를 금지하는 법령이 공포되었다. 이어서 1894년 12월부터 1895년 7월까지 제2차 개혁을 단행하자, 백정 박성춘은 왕실 내무 부서에 호소문(訴志)을 올린 것이다. 백정들의 조합인 승동도가(承洞都家)의 지도자였던 그가 1895년 4월 12일 내무아문(내무부)의 대신에게 한 통의 호소문을 올렸다.

당신의 비천한 종들인 우리는 500년 남짓 백정 일을 생활 수단으로 살아왔습니다. 연례적인 대제(大祭) 때마다 조정의 요구에 순응해 왔지만, 항상 우리는 무보수였고 가장 천대받는 일곱 천민 중의 하나로 취급받아 왔습니다. 다른 천민 계층은 도포와 갓과 망건을 쓸 수 있었으나, 우리에게는 아직 그것이 허용되지 않았습니다. 우리는 모든 이에게 멸시를 받고 심지어 지방관아의 아전들은 우리의 재물을 수탈해 가곤 했습니다. 만일 그들의 요구에 불응하면 갖은 행패를 다 부리고 때로는 관가에 잡혀가서 희롱을 당하고 욕을 먹으며 억지로 일을 하기도 했습니다. 그뿐 아니라 삼척동자에게까지 하대를 받습니다. 이 세상 어디에 이런 고통이 있겠으며 그 외에도 우리가 당하는 천대를 어찌 말로 다 할 수 있겠습니까? 우리보다 낮은 계층인 광대조차도 갓과 망건을 쓰는데 유독 우리만 그것이 허용되지 않고 있으니 그 한이 뼈에 사무치고 있습니다.

이제 듣건대 대감께서 옛 악습을 폐하고 새 법을 만드신다고 하옵는데, 이것 때문에 당신의 비참한 종들이 희망을 가지고 주야로 열망하며, 지금 공포에서 벗어나게 되었사오니 각하께서는 저희에게 갓과 망건을 쓸 수 있게 한 특별한 법이 전국 어디에서나 알 수 있도록 해 주시기를 청하옵니다. 지방관아 아전의 학대를 금하도록 해 주시기를 간절히 호소하는 바입니다.

이 호소문에 대한 정부 측의 응답은 '이미 포고문을 발표한 바 있으니 금후에는 아무런 걱정이 없을 것이다'라는 것이었다. 그 이듬해 3월에 다른 호소문을 올렸다.

다른 천민들은 다 민적(民籍)에 오르게 되었는데 당신의 비천한 이 충복들만은 인구조사에서 빠져 있으니 갓과 망건을 쓰게 되었으면 무슨 소용이 있겠습니까? 외모로는 다른 사람들과 똑같이 되었지만 실속은 그렇지 못합니다. 간절히 바라옵기는 우리도 민적에 오를 수 있도록 두루 살펴 주시고 은혜를 내려 주시기를 바라옵니다.

이에 대한 응답은 '온 백성이 다 한결같이 나라 백성인데 어찌 너희의 염원을 거절할 수 있으며, 너희의 고생을 모른척할 수 있겠느냐'라는 것이었다. 이 같은 정부의 회신은 실의에 빠져 있던 무어 선교사와 백정 박성춘에게 기쁜 소식이 아닐 수 없었다. 이제야 백정들이 사람다운 대우를 받게 된 것이다. 무어 선교사는 당시 백정들이 기뻐했던 모습을 다음과 같이 묘사하고 있다.

링컨 대통령의 노예해방 선언을 들었던 흑인들의 기쁨도 앞으로 갓을 써도 좋다는 허락을 받은 조선 백정들의 기쁨만큼은 못했을 것이다. 어떤 백정은 너무 좋아서 밤낮으로 갓을 쓰고 있었다.

드디어 1895년 5월 13일에는 지방에도 포고문이 붙었다. 박성춘이 올린 호소문의 열매가 맺힌 것이다. 한성에 포고문이 게시된 것은 6월 6일이었다. 제2차 갑오경장기에 해당되는 이 시기에는 내무대신 박영효(朴泳孝)의 주도하에 모든 문물 제도가 개혁되고 있었다. 백정 박성춘은 너무 기쁜 마음에 무어 선교사에게 찾아와서 이렇게 말하였다.

> "이것이 애굽의 압제로부터 구원받은 이스라엘 민족과 같은 경우이고 이러한 구원은 하나님만이 할 수 있다."

박성춘은 도저히 그대로 있을 수가 없었다. 우선 시골에 살고 있는 백정들에게 자신들의 신분상 해방이 왔음을 편지로 전했다. 이 편지에서 박 씨는 예수그리스도에 대하여 말하면서 이 위대한 축복이 '곤당골교회'로부터 왔다고 하였다. 덧붙여 백정들에게 너무 기뻐하여 득의 양양하다가 다른 평민들이나 양반들과 충돌하지 않도록 하라고 충고하는 것을 잊지 않았다.

한편 무어 선교사도 자신의 사비를 들여 전국 방방곡곡에 보낼 360여 장의 포고문 제작을 진행하였다. 그는 누구보다도 이에 대해 기뻐하였다. 이제 가장 낮은 계층에 속한 사람들도 인간다운 대접을 받을 수 있게 되었다. 무어 선교사는 그것을 "참으로 가장 낮은 자는 위대하다"라고 표현하였다. 이 당시 전국에는 약 3만여 명의 백정이 산재해 있었다.

1895년 10월 13일에 박성춘은 수원의 약 50여 명의 백정이 모인 예배 모임에서 연설을 하였다. 1898년 10월 29일, 종로에서 열린 관민공동회의에서도 그는 백정을 대표하여 연설하였다.

> "나는 대한의 가장 천한 사람이요, 무지몰각한 사람입니다. 그러나 충군애국의 뜻은 대강 알고 있습니다. 이에 이국평민(利國平民)의 길인즉 관민이 합심한 연후에야 가능하다고 생각합니다. 저 차일(遮日)에 비유하건대 한 개의 장대로 받친즉 역부족이나 많은 장대를 합한즉 그 힘이 견고합니다. 원컨대 관민이 합심하여 우리 대 황제의 성덕에 보답하고 국조(國祚)로 하여금 만만세를 누리게 합시다."

수천 명이 모인 민중대회에서 가장 천대받던 백정이 개막 연설을 한 것이다. 이 같은 연설문과 박성춘 등이 정부에 제출한 것은 무어 선교사와 어학 선생이 정리 요약해 준 것이었다. 박성춘은 이러한 연설문을 작성할 만큼 유식하지는 못하였다. 무어 선교사의 백정 해방운동은 성공하였고, 백정들은 비로소 국민의 자격을 얻게 되었다. 그들은 국민의 한 사람으로서 민적에 등재됐을 뿐만 아니라 갓도 쓰고 망건도 쓸 수 있게 되었으며 법률상으로는 동등한 대우를 받게 된 것이었다. 박성춘은 1911년 12월에 승동교회 초대 장로가 되었다. 아울러 그의 아들 박서양(봉출)은 곤당골교회의 예수학당을 나와 1899년에 제중원의 의학교인 세브란스의대에 입학하였고, 1908년 제1회 의사가 되었다.

무어 선교사는 그 후 평양신학교에서 여러 『성경』 과목을 가르쳤고 영국 역사와 영국의회주의 정치제도를 가르치며 자유민주주의 사상을 신학생들에게 고취시켰다. 그는 한때 선교사들에게 따돌림을 받기도 하고 양반 계층에게도 미움을 받기도 하였다. 그렇게 그는 당시 조선의 가난하고 배우지 못한 천민들의 이웃과 개혁자로서 헌신하다가 1906년 12월 29일, 장티푸스에 전염되어 제중원에서 소천하였다.[256]

❖

조선의 YMCA 창시자
질레트 선교사

1. 조선 청년을 위한 헌신

외국인 선교사들의 사역 중 빼놓을 수 없는 사역 중에 하나가 그 나라가 기독교화와 문명화, 자유민주화를 스스로 이끌어 갈 수 있도록 각 분야에 민족지도자를 배출하는 일일 것이다. 조선에 들어온 선교사들의 교회와 학교와 유기적 관계는 오랜 봉건 문화에 익숙했던 조선 지도층에 영향을 주어 서구의 근대화와 기독교 문명을 배우고자 하는 열망이 자연스럽게

질레트 선교사

조성되었다. 이 조선 청년들은 식자층이고 대부분 양반 계층이며 관직에 있는 인사들도 있었다.

1899년, 이들 중 약 150여 명이 언더우드 선교사에게 조선에도 일

---

256   길원필, 『내 사랑 코리아 (초기선교사 30선)』, 탁사, 2002.12, pp.245~254

본이나 중국처럼 YMCA를 창설할 것을 강력히 요청하였다. 이들은 이를 위해 단체적인 행동으로 각자가 날인한 YMCA 설립 요청서를 언더우드와 아펜젤러를 통해 미국 뉴욕 YMCA 본부에 보내었다. YMCA 국제위원회는 중국 YMCA를 설립 중이던 라이언(David W. Lyon)을 조선에 보내 조선 YMCA 설립 가능성을 조사하도록 하였다. 그는 조선에 와서 언더우드, 헐버트, 아펜젤러, 게일, 벙커, 스크랜튼, 그리고 여병현 등과 면담하였고, 조선 YMCA 창설에 대한 긍정적인 조사 보고서를 미국 본부에 제출하였다. 이 보고서에 기초하여 뉴욕 본부는 조선 YMCA 창설을 결정했고, 조선에 파송되어 이 총괄을 맡을 실무 간사를 물색했다.

라이언의 제안을 따라 YMCA 국제위원회가 찾는 인물은 다음과 같은 기준을 갖춰야 했다.

지식층의 청년들을 다룰 수 있고, 신앙이 독실하고, 조선어를 열심히 배울 수 있으며, 다재다능하고, 대인 관계가 좋고, 미혼이고 사교적인 인물 등.

그런 인물로 지목된 사역자는 필립 질레트(Philip L. Gillett, 1874~1939)였다. 그를 면담한 YMCA 국제위원회 학생부 간사 존 모트(John R. Mott)는 다음과 같은 추천서를 제출했다.

질레트는 1874년 일리노이주에서 태어났고 콜로라도대학을 졸업했는데, 그는 재학 당시 기독교 신앙 운동에 열중하여 콜로라도 스프링스의 부간사가 되었다. 그 뒤 예일대학에서 1년 반 동안 공부하고 그 대학 YMCA의 전도 사업을 담당하는 부목사가 되었다.

그는 적극적인 성격의 소유자이며, 열정적이며, 유망한 간사이며 학생 합창단과 문학 클럽을 조직했고 신문 기자의 소질도 있다.

이렇게 질레트는 미국 YMCA 국제위원회에 추천을 받아 조선 YMCA 창설 책임자로 선임되어 1901년 9월에 언더우드와 아펜젤러 등 선교사의 영접을 받으며 입경하였다. 그는 인사동에 있는 태화관을 임시 회관으로 사용하면서, 조선어를 익히었다. 그러는 동안 문화에 적응하며 조선 청년들과 교류를 넓히며 『성경』 학습반도 조직하였다.

그는 이렇게 간절한 기도를 올렸다.

"하나님께서 나를 이 땅에 보내셨으니 뜻대로 이루소서. 조선 청년들을 위하여 일생을 바치겠나이다."

그는 우선 한성에 있는 외국인들이 YMCA 사업에 관심을 갖게 하고, 회관을 짓기 위한 건축비 모금 운동을 시작하면서 조선 청년들의 접근을 유도하는 방법을 강구한다는 방침으로 활동을 하였다.

질레트는 중국, 조선, 홍콩 YMCA 전체 위원회의 총무 플레쳐 브로크만(Fletcher F. Brockman)을 조선으로 초청해 도움을 요청했다. 그는 1903년 3월, 3주간 한성에 머물면서 질레트를 도왔다. 브로크만의 동생 프랭크 브르크만은 1905년에 조선에 와서 조선 YMCA의 부총무로 사역했고, 1908년 '황성기독교청년회(조선 YMCA)'의 공동총무를 맡기도 하였다.

질레트는 회관 건립을 위한 모금 운동의 일환으로 1903년 3월 18일 저녁에 외국인과 사회 유지를 자신의 집으로 초청했다. 이 행사에 당시 미국 공사였던 알렌을 비롯해 영국, 독일, 일본, 중국, 러시아 등 각국 공사와 선교사들, 그리고 선교회들이 세운 학교의 교장들, 은행가, 실업가, 세관장, 이민관을 포함해 조선 정부 측 고관들이 참석했다. 알렌이 사회를 보고 게일과 존스가 주제 강연을 하였다. 그리고 YMCA 운동의 목적과 필요성에 관한 브로크만의 강연이 이어졌다. 이날 모임의 큰 수확은 조선 정부 측 고관들이 이 운동에 협조할 것을 약속한 것이었다. 질레트는 이 모임에 자문위원회를 조직하여 6천 원의 모금을 목표로 두었는데 결과적으로 7천 6백 원이 모금되었다.

2년간의 준비를 거쳐 질레트는 1903년 10월 28일에 횡성기독교청년회 YMCA를 창립하고, 초대 총무가 됐다. 초대 회장은 헐버트가, 부회장은 윤치호가 선정됐다. 조직과 행정에 뛰어난 질레트는 YMCA 회관 건립을 위해 계속 기금을 모금하였고 결국 종로회관을 건축하였다. 1908년 12월 3일에 현재 종로2가에 있는 YMCA 회관이 준공되면서 이른바 '종로 YMCA' 시대를 열었다. 이를 두고 『매천야록』의 저자 황현은 이렇게 평하였다.

"그 집은 높기가 산과 같고 종현의 천주교당과 함께 남과 북에 우뚝 마주 서서 서울 장안 가운데 제일 큰 집이 되었다."

2. YMCA를 견제한 일제

조선을 강제로 속국으로 만들고 무단정치를 꿈꾸던 일제가 기독교 사상에 기초를 둔 YMCA의 창설을 긍정적으로 볼 리가 없었다. 일본은 조선의 YMCA를 '선교사들과 손잡고 종교의 탈을 쓰고 정치적 선동을 하는 단체'라고 규정하며 창립 초기부터 해산시킬 명분만 찾고 있었다.

선교사들이 주축이 되어 계몽과 교육과 문화를 앞세우는 YMCA는 나라의 운명을 보고 비탄에 잠긴 지도자들에게는 민족운동의 일환으로도 더없이 좋은 대안이었다.

이상재는 1902년 한성 감옥에서 풀려난 이후 "기독교가 아니면 민족을 구원할 힘이 없다"고 믿으며 활동했다. 그는 49살의 나이에 YMCA의 종교부 간사라는 말단 직책을 맡아 청년들을 계몽하고 수많은 『성경』 연구반 지도자들을 배출해 내었다. 영원한 청년 이상재가 조선의 청년에게 고한 3요소인 '청년성', '예언자성', '야성'도 질레트의 요청을 받고 YMCA에 합류하면서 만든 것이다.

이런 맥락에서 독립협회 구성원 중에는 상류층(양반) 지도자들에 이어 평민과 천민 출신의 애국지사들이 YMCA에 대거 참여하여 민족 사상 최대의 연합 세력을 구축한 것은 전혀 놀라운 일이 아니었다. YMCA는 질레트를 비롯해 선교사 언더우드, 아펜젤러, 헐버트, 게일 등의 헌신을 바탕으로 윤치호, 이상재, 신흥우, 김정식, 조만식, 전덕기, 남궁억, 이승훈, 이승만 등의 YMCA 운동 지도자들에 의해 굳건하게 뿌리를 내렸다. 이들은 사실상 민족지도자들로서 독립과 건국 운동을 이끌어 가게 된다.

YMCA는 1912년에 '105인 사건' 등으로 일제의 탄압을 받았지만, 1919년 '2.8 독립선언'과 '3.1 운동' 등 독립운동을 선도했고, 1922년부터 물산장려운동, 농촌강습소개운동 등의 자립 경제 운동을 펼친 핵심 기관이었다. 또한 YWCA, 보이스카우트, 신간회 등의 단체도 지원하였다.

3. 농촌의 문명화에 기여

1925년부터는 YMCA 사역 중심지가 도심에서 농촌으로 집중되기 시작하였다. 이들은 미국의 선교회 외에도 다른 나라 선교회와 농촌 개화 사역을 위해 전문가들을 확보하였다. 이러한 농촌 사역 프로그램은 선교사들과 조선의 교회들이 협력하고 세계교회협의회의 후원을 받으며 추진되었다. 이 사역은 YMCA 사역자 중 한 명인 클라크(F. O. Clark)의 지도력에 고취되어 이루어졌다. 북장로교 선교부에서는 이 농촌 사역에 더욱 집중하기 위해 캠벨(E. L. Campbell)과 챔니스(Chamness)를 파트 타임으로 임명하였다. 1930년에는 이 사역자들과 여러 조선인 사역자가 협력하여 20회의 농업 강습회를 실시하였다. 등록자는 놀랍게도 4천 2백여 명이었으며, 저녁 집회에는 총 4만여 명이 참석하였다.

브르너 박사는 이 농촌 사역을 면밀히 조사하면서 '조선농촌교회를 위한 조치'라는 사업을 제안하였다. 그 내용은 경제 문제에 대하여 11가지, 교육 문제에 관하여 10가지, 사회생활에 관하여 4가지, 교회에 관하여 6가지, 일반 행정 업무에 관하여 9가지의 제안이었다. 여기에는 선교회들과 교회들이 이 농촌 사역을 계속하여야 한다는 신념이 담겨 있다. 이처럼 농촌 사역은 처음에는 선교사들과 교회들의 연합으로 시작했으나 후에는 조선 청년들이 자발적으로 참여하고 봉사하게 되었다. 이와 관련해 이화여전의 학장인 김활란 박사는 『Rural Education for the Regeneration of Korea』라는 책을 발간하기도 하였다.

이 당시 조선의 농민층이 약 80% 이상이었기에 교회와 YMCA의 역할이 매우 컸다. 다행스럽게도 이런 봉사 활동이 조선에서 고무적으로 진행되었다. 브르너 박사에 의하면 일본 본토에 있는 교회들은 배타적이기에 대부분 도심지에 있지만, 조선 개신교회는 약 73%가 농촌에 있다고 하였다. 조선에서는 시골교회가 남부지방의 인구 가운데 약 8분지 1을 차지하고, 중부 지방에서는 5분지 1을 차지하고, 북부 지방에서는 3분지 1 이상을 차지하였다. 중요한 것은 그 교회들이 약 7천여 개 마을에 들어서서 그 지역의 개화 사역의 중심에 서 있게 되었다는 것이다. 즉 교회를 중심으로 수많은 강습회와 조직이 농촌을 근대 문명화하는 역할을 하게 되었다는 것이었다.

선교사들에 의해 조선에 들여온 과일, 곡식류, 채소류, 목초 등의 신품종 또는 개량된 품종도 농촌 사역에 영향을 미쳤다. 버터필드 박사는 이같이 농촌 사역에 대해 "조선에서의 농업선교 개척 선교사"라고 하였다. 이남 지역에서는 연희전문학교에 농과가 개설되었고 이북 지방에서는 숭실전문학교에 농과가 설치되어 그 일꾼들을 배양하였다.[257]

4. 야구, 농구 등의 서양 운동을 전한 한국 근대 체육의 아버지

최초의 야구팀

질레트는 1904년 미국에서 야구용품을 들여와 태화관 앞에서 시연회를 하며 야구를 당시 이 땅에 소개하였다. 청년들에게 인기가 높아져 배우고자 하는 사람들이 많아졌다. 1905

257   해리 로즈(Harry A. Rhodes, A.M., D.D.), 최재건 역, 『미국 북장로교 한국 선교회사』, 연세대학교 출판부, 2016.9, pp.502~504

년에 질레트는 YMCA 소속 청년들을 모아 한국 역사상 최초의 야구단인 'YMCA 야구단'을 조직했다. 이에 자극을 받은 미션 계통의 학교들도 이를 배우기 시작하였다. 1911년에는 이북 지방 평안도에도 야구가 전해져 그들과 원정 경기를 하기도 하였다. 그 지역에는 오산, 숭실, 대성학교 등이 있었다.

2005년 한국야구 100주년 기념식에는 질레트의 외손자 로렌스 허바드(Lawrence Hubbard)가 참석해 외조부 대신 공로패를 받았다. 질레트는 야구뿐만 아니라 농구, 스케이트 등 한국 스포츠계 발전에 초석을 놓은 기독교 선교사였다. 이처럼 YMCA는 일제의 강점으로 좌절한 가운데 있던 조선 청년들에게 스포츠를 통한 민족의 단결심과 결기를 함양시켰다.

❖

북간도 조선인을 위한 교육, 의료 사역자
: 바커, 맨스필드, 푸트, 마틴, 스코트

조선 동포들이 집성촌을 이루어 거주하던 북간도는 두만강 건너편으로 지금의 연변 지역 용정으로서 캐나다 선교사들이 진출하였다. 그들 중 대표적 인물이 아치볼트 바커(Archibald H. Barker) 선교사이다. 그는 1912년 함경북도 회령에 부임하였다가 1913년 6월에 북간도 용정 선교지부가 설립되면서 선교사로서 간도의 용정 중앙교회와 동산교회를 세우고, 은진중학과 명신여학교를 설립하였다.

그렇게 되기까지 바커는 1910년에 회령에 건물을 짓고, 1911년부터 함경북도 성진에서 본격적인 선교 활동을 준비하였다. 선교부에서는 바커 부부를 맨스필드(Thomas D. Mansfield)와 함께 회령으로 파송하였다. 북간도 지역은 1910년 이후 일제의 학정을 피해 수많은 조선인이 모여들면서 그 인구가 약 50여만 명에 육박하였기에, 이들을 위한 선교가 시급하였다.

바커 선교사는 함경도 국경 지역인 회령과 북간도 용정을 오가며 사역하다가 1913년 6월에 용정 선교지부를 개척하였다. 캐나다 선교부의 용정 사역은 원래 1907년부터 시작되었지만, 본격적인 사역은 바커 선교사가 선교지부를 세우고 거주하며 시작되었다. 뒤이어 원산을 근거로 두면서 함경도와 강원도 일대에서 순회 전도 활동을 하던 푸트(William R. Foote)가 1914년 용정으로 사역지를 옮겼고, 1915년에는 의료선교사 마틴(Stanley H. Martin)이 합류해 환자들을 돌보기 시작했다.

이들은 용정 외곽에 있는 동산 언덕을 구입하여 선교사 사택과 병원, 학교와 교회를 점차 건립해 갔다. 이 언덕은 영국 사람이 살던 언덕을 줄인 말인 '영국덕이'로 불리었는데, 이는 캐나다장로회 선교사들이 영국 국적을 지니고 있었기 때문이다. 이처럼 만주 북간도로 진출한 선교사들은 그곳 조선인들을 위한 교육, 의료 전도 활동을 위해 헌신하며 근대 문명의 개화와 구령 사역을 감당하였다.

캐나다 출신인 스코트(William Scott, 1886~1979) 선교사는 밴쿠버의 웨스트민스터신학교를 졸업하고 캐나다 장로교의 선교사로 파송을 받아 원한, 함흥과 성진 지방에서 활동하다가 1919년 만주 간도 용정으로 옮겨 1922년 용정 은진학교 교장으로 섬겼다. 1920년대에는 간도 지역에도 러시아 혁명으로 공산주의자들의 활동이 활발히 전개되고 있었다. 그가 봉직하는 학교에서도 그 같은 움직임이 있었다. 그래서 수업 1시간 전에 학교에 가서 책상 위에 공산주의자들이 뿌린 전단지를 없애는 것이 그의 일과의 시작이었다. 그 전단지에는 공산주의를 상징하는 망치와 낫이 그려져 있었고 '일본제국주의 타도! 일어나 투쟁하자!'와 같은 문구가 실려 있었다. 용정에서도 공산주의자들에 의해 교회가 문을 닫았고 병원은 공산주의자 또는 강도에 의해 부상당한 환자가 매일 늘어났다.

1930년대에는 일제의 신사참배 요구가 노골화되면서 각 선교부의 태도가 둘로 첨예하게 갈렸다. 미국 북장로회와 남장로회 선교부가 신사참배 요구에 반대하여 대부분 학교 문을 닫은 것과는 대조적으로 캐나다 선교부는 학교의 역할을 다하기 위해 학교를 유지하기로 하였다.

스코트 선교사는 공산주의의 위협과 신사참배 요구라는 무거운 짐을 지고 일제 말기 간도와 함흥에서 꺼져 가는 교육의 불을 이어 나갔다. 1937년 중일전쟁 이후 일본의 압력과 전쟁의 위험으로 각 선교부는 선교사들을 본국으로 소환시키기 시작했다. 그러나 그는 프레이저(Edward J. O. Frazer), 머레이(Florence Murray), 본스(Beulah Bourns) 선교사와 함께 선교 지역에 남을 것을 선교부에 청원했고, 이 요청이 허락되어 1941년 4월 4명의 선교사를 제외한 모든 캐나다연합교회 선교사가 한국을 떠났다. 머레이와 본스는 함흥의 병원에서, 프레이저는 원산에, 그리고 스코트는 함흥의 학교와 교회에서 일을 계속하였다. 그러나 1941년 12월에 일본의 미국 하와이 진주만 공격으로 제2차 세계대전이 본격화되자, 일제 조선총독부는 선교사들 모두를 추방시켰다. 후에 그는 캐나다에서 한국의 해방 소식을 듣고 반가워하면서 이 같은 시를 지었다.

여명의 아름다운 코리아
우리의 사랑하는 땅 코리아 만세

부끄러운 멍에와 채찍을 벗어났으니

전능하신 하나님께 감사드린다.

산들의 나라, 바다의 나라,

영광의 희망을 품고 일어난다.

우리 조상의 땅, 흙덩이마다 사랑스러워라.

하나님의 아름다운 동산 코리아!

그러나 해방 후 1946년 한국에 돌아온 스코트 선교사는 공산주의자의 통치에 점령된 옛 사역지 함경도 지역과 북간도에는 들어갈 수 없었다. 그는 대신 북에서 자유를 찾아 내려온 피난민들에게 캐나다 적십자사의 도움을 받아 옷과 스웨터, 양말, 장갑, 비누 등 위생용품을 전달하고 미군의 요청에 따라 각 선교부와 연합해 구호물자 배급에 힘쓰는 구제 사역에 힘썼다.

스코튼 선교사는 '관북기독교우회'라는 관북 지역 기독교인들의 친목회를 조직했다. 관북 지역은 일반적으로 지금의 함경도, 양강도, 라선특별시 일대를 가리킨다. 이 조직은 피난민들의 정착과 교회의 형성에 도움을 주었다. 피난민들이 세운 교회가 여기저기 생기면서 스코트 선교사는 매 주일 교회들을 오가며 말씀을 전하는 사역을 하였다.[258]

1. 독립운동의 근거지를 제공했던 간도 용정 선교부

1913년 용정 선교지부를 설립한 바커 선교사가 건설한 주택과 선교

---

258   김재현, 『한반도에 심겨진 복음의 씨앗』, KIATS, 2015.7, pp.255~258

부는 치외법권이 적용되는 지역에 있었기에 이후 독립운동을 모의하는 장소로 종종 활용되었다. 1919년 3월 13일 간도 지방에서 '해란강의 봄 우레'로 불리는 만세운동이 일어났다. 일본은 맹부덕이 이끄는 중국군을 사주해 한인들의 시위를 진압하였는데, 이때 진압군이 군중에게 총을 발사해 17명이 죽고 30명이 부상당하는 사건이 발생했다.

이에 바커 선교사는 일제의 만행에 침묵하지 않고 현장에 있는 사망자와 부상자의 사진을 찍어 서울의 선교사들과 선교본부에 보냈다. 이러한 용감한 행동은 1919년 3.1 독립만세 현장 사진을 찍어 전 세계에 알린 캐나다 선교사 프랭크 스코필드의 기질과 같은 것이었다. 이뿐만 아니라 제창병원 지하실에서는 이 사진을 근거로 한 독립선언서와 〈독립신문〉이 인쇄되었다. 대한민국은 일제의 만행을 폭로한 바커와 마틴 선교사의 공로를 인정하여 1968년에 그들을 독립유공자로 지정했다.

2. 민족지도자의 요람이 된
북간도 명동, 명신여학교, 은진중학교

1920년에 간도에 세워진 은진중학교는 민족운동가이자 목사인 김약연과 이동휘[259]의 요청에 따라 캐나다 선교부가 설립했다. 함경도 출신의 목사 김약연은 가족들과 마을 사람을 이끌고 용정 위쪽에 있는 명동촌에 들어와 명동학교를 짓고 민족의 독립을 위한 교육과 신앙에

259 　이동휘는 1873년 함경남도 단천에서 태어났다. 대한제국의 군인, 정치가로 활동하면서 비밀결사대인 신민회를 설립에 참여했고 1913년에 간도 용정으로 망명하였다. 1914년에 대한광복군정부에 참여했고 부통령직을 담당하였으며 대한민국임시정부가 수립되는 데 찬성하고 한인사회당 세력에 합류하였다. 초대국무총리가 되어 활동하였다. 이승만 불신임안이 관철되지 않자 1921년 1월에 대한민국임시정부를 탈퇴하였고 고려공산당의 지도자로 변신하여 볼셰비키와의 연대를 통해 고려공산당을 이끄는 지도자가 되었다.

역점을 두었다. 이곳에서 민족지도자 윤동주와 문익환 등이 배출되었다.

명동학교

캐나다 선교사 그리어슨에게 용정을 설교 지역으로 부탁한 이동휘는 캐나다 선교부와 밀접한 관계를 맺었다.

강화도에서 김우제 전도사를 통해 예수를 영접한 이동휘는 이상재, 윤치호를 비롯한 YMCA의 지도자들과 교류하고 있었다. 또한 아펜젤러나 벙커와도 교분을 가지면서 신앙을 키워 온 그는 강화도에서 자신의 전 재산을 교회에 헌납하기도 하였다. 이동휘는 스스로 '기독교야말로 쓰러져 가는 나라와 민족을 구할 수 있다'라고 기록하였다.

이들의 요청에 따라 세워진 은진중학교의 '은진(恩眞)'은 '하나님의 은혜로 진리를 배운다'는 뜻이다. 개학 당시 6명의 학생은 성경서원 건물 2층에서 수업을 받았다. 은진중학교는 『성경』을 가르칠 뿐만 아니라, 일제가 금지한 한글과 국사를 가르쳐 민족의식을 일깨웠다. 개교 20일 만에 3.1 운동 1주년을 맞아 기념의식에서 나누어 줄 격문을 등사하다가 교원 2명과 학생 20명이 체포되어 구금되는 일이 발생하였다.

한편 바커 부부 선교사는 북간도 용정에서 사역과 함께 여성 교육을 시작했다. 1913년, 기존 상정여학교의 규모를 확대해 학생 158명을 모집하고 교원 12명을 초빙해 명신여학교를 세웠다. 이후 1920년에 중학교로 승격되었고, 1941년 광명여학교와 통합되기까지 21회에 걸쳐 졸업생 255명을 배출하였다. 간도의 용정 한인 동포들은 비록 일본이 지배하고 있던 고국을 떠나 이방 땅에 살고 있었지만, 고국에서 일어난 만세운동에 무관심하지 않았다. 1930년에는 광주 학생의 항일 애국 운동을 응원하기 위해 명신여중과 광명여중의 학생 수십 명이 함께 시위행진과 동맹 휴학을 단행하기도 하였다. 이처럼 은진중학교는 간도 지역 민족운동의 요람이었다.[260]

❖

한국군 군종 창설과
4대에 걸쳐 헌신한 쇼 가문

윌리엄 쇼(William E. Shaw, 1890~1967)는 1916년 미국 오하이오 웨슬리안대학교(Wesleyan University)를 졸업하고 1918년 제1차 세계대전 말기에 미국 육군 군목으로 유럽 전신에서 종군했다. 쇼는 1921년 컬럼비아대학원을 졸업하고 감리교 한국 선교사로 내한했다.

윌리엄 쇼 선교사와 그의 아들

260   김재현, 『한반도에 심겨진 복음의 씨앗』, KIATS, 2015.7, pp.249~253

그의 첫 사역지는 평양으로 1894년 윌리엄 제임스 홀이 창립한 평양 최초의 학당이었던 '광성고등보통학교'에서 1926년까지 교사로 섬겼다. 이후 평북 영변 감리사로 영변과 만주와 황해도 해주 지방에서 활동하였다.

1938년도에는 무어 선교사와 평양 '요한학교'를 창설하여 관서지방(평안도, 황해도)의 교역자 양성에 힘썼다. 미일의 태평양전쟁으로 1941년에는 미 선교부로의 귀환 명령을 받고 본국에 돌아와 모교인 웨슬리안대학교에서 신학부장을 역임했다.

1. 한국 국군의 군종제도 도입에 공헌

제1차 세계대전에 참전하여 군목으로 활동했던 윌리엄 쇼는 1950년 한반도에서 전쟁이 발발하자, 그의 나이 60에도 불구하고 캐롤 신부와 함께 그해 6월 27일에 일본에 건너와 다시 미군이 한국에 진주할 때 참여하기 위해 극동사령부 군종 과장 이반 베넷(Ivan L. Bennett), 존 단(John Dahn)과 함께 부산에 왔다. 쇼는 국방부 장관과 국무총리, 그리고 이승만 대통령을 만나 군종 제도의 창립을 건의하였고 9월 13일에 미 고문단을 만나 협조를 얻어 냈다.

이에 1950년 9월 18일에 천주교와 개신교가 합동하여 '군종제도 추진위원회'를 조직하고 천주교의 캐롤, 장로교의 한경직, 성결교의 유형기 목사를 대표로 선출하였다. 이 세 사람은 19일 이승만 대통령을 만나 군종 활동의 필요성을 재차 설득하며 군종제도 설립을 제안했지만, 이승만은 예산 문제로 이를 거절했다. 9월 25일 쇼와 캐롤 신부가 다시 이승만을 만나서 군종제도 도입과 실행 예산을 각 종단에서 부담하는 조건으로 군종 제도를 승인받음으로써 대한민국의 군 복음화에 큰 기여를 하게 되었다. 군 복음화는 대한민국의 가장 큰 황금 어장으로 민족의 복음화와 반공사상과 애국 사상을 함양하는 데에 큰 역할을 하였다.

윌리엄 쇼는 1954년 스톡스(Charles D. Stokes)가 목원대학교의 전신인 감리교 대전 신학교를 설립할 때 창립 이사로 참여했다. 그는 동시에 대전 신학교의 신학교수를 역임하면서 한국 목회자 양성과 수련을 위해 미국에서 헌금을 모아 목사관과 수양관 건립에 큰 공헌을 하였다. 그는 1961년 정년 은퇴를 하고 본국으로 돌아가 1967년 캘리포니아에서 별세하였다. 그의 유언대로 그의 아들 해밀턴 쇼가 아버지의 유해를 양화진 묘원에 안장시켰다. 쇼의 아내 역시 1921년에 평양에 남편과 같이 들어와 1955년에 전쟁미망인을 돌보았고, 1960년까지 교육에 힘을 썼다. 그녀도 역시 남편 곁인 양화진에 묻혔다.

2. 선교사 4대를 잇는 한국 사랑, 한국전쟁의 참전과 전사

쇼의 아들 윌리엄 해밀턴 쇼(William H. Shaw, 1922~1950)는 1922년 평양에서 출생해 평양외국인학교를 졸업하고 이후 아버지의 모교인 웨슬리안대학교를 졸업했다. 1944년에는 미 해군 장교로 입대해 제2차 세계대전에 참전하였고, 한국 군정청을 거쳐서 1947년 해군 중위로 전역했다. 1948년에는 경남 진해 해군사관학교의 교관으로 활동하였다. 1950년에 미국으로 돌아가 하버드대학교에서 철학박사 과정을 공부하던 중 한국에서 전쟁이 발발하자 학업을 포기하고 해군에 입대하여 정보장교로 근무하였다. 이성호 해군 중령이 6.25 전쟁에 참전하는 이유를 묻자 그는 이같이 대답하였다.

"나도 한국에서 태어났으니 한국 사람입니다. 내 조국에서 전쟁이 났는데 어떻게 마음 편하게 공부만 하고 있겠어요? 내 조국에 평화가 온 다음에 공부를 해도 늦지 않아요."

그는 맥아더 장군이 실시한 인천상륙작전에 참여하고 이후 1950년 9월에 미 해병대 5연대 소속으로 자원해 서울 탈환 작전에 참여했다. 그리고 9월 22일 아침, 적을 정찰하기 위해 녹번리에 들어선 해밀턴 쇼는 매복해 있던 북한군과 전투 중에 전사했다. 그는 양화진 외국인 선교사 묘지에 안장되었고 그의 아버지 쇼는 아들의 희생이 헛되지 않기 위해 기금을 모아 1956년 5월 부활절에 대전의 목산 언덕에 윌리엄 해밀턴 쇼 기념 예배당을 준공하였다. 그리고 이 예배당이 후에 목원대학교 채플관이 되었다. 한국 정부는 그에게 1956년 '금성을지무공훈장'을 수여하였다. 그리고 해군, 백낙준, 김활란 등을 중심으로 '쇼추모공원건립 추진위원회'가 조성되어 1956년 9월 22일 그가 전사한 곳에 전사 기념비를 세웠다. 2001년 해군사관학교 2기생들이 '쇼의 숭고한 한국 사랑과 거룩한 희생을 추모하여'라는 글귀가 새겨진 좌대석을 추가로 놓았다. 이후 도시 계획으로 응암동 어린이공원으로 옮겨졌던 기념비는 2001년 새로 조성된 '은평평화공원'에 이전 설치되었고 이와 함께 공원 내에 해밀턴의 동상이 건립되었다.

아버지 쇼는 평양에 들어와 헌신했고 한국군의 군종제도를 만들었다. 그의 아들은 한국의 해군 창설에 기여했고 다시 하버드대학에서 공부하던 중 한국에서 전쟁이 발발하자 자원하여 참전하던 중에 전사하여 한국을 위해 피를 흘린 공헌자였다. 그의 아내 조니타 로빈슨 쇼 (Juanita Robinson Shaw) 역시 전쟁미망인이 되었음에도 1956년 한국에 들어왔다. 하버드대학에서 남편이 못 이룬 박사 학위를 취득하고 서울 외국인학교 교사와 이화여대 사회학과 교수로 활동했으며 세브란스 병원 사회사업 실업과를 개설하기도 했다.

쇼의 큰 손자 로빈슨(William Robinson, 1944~1993)은 1944년에 출생하여 서울외국인학교를 다녔다. 하버드대학에서 박사 학위를 받고 내한하여 한미교육위원단의 풀브라이트(Fulbright) 장학사업을 했다. 또한 하버드 법률연구센터와 한국 대학생을 위한 교류에 힘썼다. 1966년 캐롤 쇼(Carol Cameron Shaw)와 결혼해 다섯 자녀를 두었고, 1993년 심장 질환으로 버지니아 스프링필드에서 별세하였다.

쇼의 손자며느리 캐럴 캐머린 쇼는 하버드대학에서 한국어와 근대 중국사를 전공한 작가로서 주미 한국대사관 역사편찬 작업 중 하나인 하버드대학 도서관과 미국 국회 도서관의 외교 자료 발굴 작업에 참여했다. 그녀는 서울대 출판사를 통해 『The Foreign Destruction Korean(외세에 의한 한국 독립의 파괴)』을 출판했는데, 이 책에서 그녀는 일본의 한일합방 과정에서 미국이 어떻게 외교적으로 영향을 주었는지를 소개하였다.

쇼의 증손녀 줄리는 오산의 공군기지에서 1990년부터 2년간 복무했으며, 증손자 데이비드(David Cameron Shaw)는 〈연세 메디컬 스쿨〉의 편집자로 근무했다. 이처럼 쇼 가족들은 4대에 걸쳐 한국 근현대사의 교육과 문화, 국방에 크나큰 공헌을 하였다.[261]

---

261   김재현, 『한반도에 심겨진 복음의 씨앗』, KIATS, 2015.7, pp.295~299

조선의 흥망과 함께한
선교사들

1. 고종의 호위무사가 된 선교사들

1890년 7월 26일 제중원의 2대 원장이었던 헤론(John W. Heron, 1856~1890) 선교사가 이질병에 걸려 사경을 헤매다가 조선 선교사 가운데 최초의 순직자가 되었다. 이에 그를 매장할 묘지를 조선 왕실로부터 허가를 받아야 했다. 동료 선교사들은 천주교인들의 처형지였던 양화진 일대를 조선 왕실에 간구하였고[262] 결국 절두산 뒤 양화진 지역에 매장할 것을 허락받았다. 그 후 그곳은 조선에 온 선교사들과 그들의 가족 중에 전염병과 풍토병으로 희생당한 이의 안장지가 되었다. 이는 당시 조선인들이 겪는 삶의 고통, 시련을 함께한 것이라고도 말할 수 있다. 선교사들은 조선의 격변기와 위기의 상황을 직접 체험하면서 위로는 왕실과 아래로는 평민과 천민들의 위로자가 되고, 소망과 생명을 전하며 미래라는 가능성의 겨자씨를 심어 주었다.

조선의 여러 격변 중에 1895년에 발생한 비극적인 을미사변(민비 시해사건) 직후 공포에 떠는 고종을 선교사들이 보호하게 되었다. 고종은 마펫과 언더우드와 헐버트 등에게 야간에도 자신의 신변을 지켜 줄 것을 요청하였다. 특히 마펫과 언더우드는 조선말에 능통해 고종은 이

---

262   우리는 조약상의 권리에 따라 조선인들에게 한성 성 밖에 묘지를 달라고 요구했는데, 몇 번 연기되고 여러 가지 난처한 일(도성 안에 매장하려던 시도에 대한 백성들의 반발)이 있은 후 조정에서는 약 6km 떨어진 한강이 내려다보이는 양화진을 지정하여 주었고 헤론은 그곳에 묻히게 되었다. 그렇게 결정되기 전까지는 미공사관 뜰에 가매장해 두었다.

들을 매우 반기며 의지하였다. 선교사들은 왕의 침실 옆에서 잠을 잤고 심지어는 왕의 식사를 미리 먹어 보는 역할도 하였다. 그렇게 선교사들은 1895년 10월부터 1896년 1월까지 계속 왕궁에 들어가 권총을 소지한 채 경호를 위한 보초를 섰다.[263] 이 당시 고종을 경호하였던 마펫 선교사의 선교보고 편지에서 이같이 기록되었다.

불쌍한 조선! 다시 한번 조선 앞에는 어둠과 음침함과 실망밖에 없는 것처럼 보입니다. 왕과 백성은 영국과 미국이 구해 주러 오고 조선이 개혁을 이룰 수 있도록 맡아 주기를 희망했지만, 어느 쪽에서도 조언 외에는 기대할 것이 없는 듯합니다. 그 어느 쪽도 다른 열강과 충돌을 야기할 수 있는 일을 기꺼이 하려고 하지 않습니다. 러시아와 일본은 심각하게 대립하고 있습니다. 일본은 러시아와의 전쟁 준비가 될 때까지 자신들의 뜻대로 모든 일을 처리하려고 합니다.

왕궁에 있을 때 저는 왕을 알현하도록 허락을 받았는데, 그는 제가 조선어를 할 수 있어 크게 기뻐하는 것 같았습니다. 고종과 왕세자는 우리를 접견했습니다. 그들은 정말 가련한 분들입니다. 사실상 자신의 방에 연금된 죄수들인데, … 그는 개신교 선교사들을 좋아하지만 너무 나약하여 그의 소원과 정책은 무시됩니다. 왕비는 강력한 사람으로 왕과 대원군과 영의정과 일본의 장관이자 대단한 니우노우에 공사를 차례로 눌러 이겼습니다. 그녀는 불쌍한 여인! 그들이 그녀를 이길 수 있는 유일한 방법은 그녀를 제거하는 것뿐이었습니다. 한성은 정치인들로 가득하여 저는 이곳을 벗어나기를 고대합니다.*

* 옥성득, 『마포삼열 자료집 2』 pp.117~119

---

263   박성배, 강석진, 『한국 교회의 아버지 사무엘 마펫』, 킹덤북스, 2021.1, p.147

1895년 11월 28일에 선교사들은 미국 공사관으로 왕을 피신시키려던 이른바 "춘생문사건"을 주도하였다. 비록 이 시도는 실패했지만, 이듬해 고종은 러시아 공사관으로 피신한다. 고종은 총애하던 왕자 이강(李堈) 의화군(義和君)을 미국에 보내는 일을 상의하기 위해 아펜젤러와 언더우드를 러시아 공사관으로 친히 불렀다. 고종은 두 사람을 치하했다.[264]

아관파천 이후 사태가 진정되자 아펜젤러와 언더우드는 1896년 9월 2일과 1897년 8월 23일, 두 해에 걸쳐 고종황제 탄신일 축하예배를 실행해 실의에 빠진 왕을 위로했고 1897년 10월 12일 '대한제국(大韓帝國)'이 건국되었다. 그때를 맞추어서 정동제일교회에서는 두 선교사의 주도로 명성황후 합동 추도 예배를 함께 드렸다.

두 선교사는 이승만[265], 김정식, 이상재 등이 한성 감옥에 갇혔을 때도 신약성경을 비롯해 『천로역정』 등의 서적을 반입하여 이승만을 중심으로 40여 명의 양반 출신 관료 지식인들이 기독교로 개종하도록 이끈 바가 있었다.[266]

264   1896년 2월 28일자 아펜젤러 일기, 류대영, 『개화기 조선과 미국 선교사』, 한국기독교역사연구소, 2004, p.310

265   이승만은 1899년 1월 박영효와 관련된 고종 황제 폐위 음모 사건에 연루되어 1904년 8월까지 5년 7개월간 한성 감옥에 투옥되었다. 알렌은 이승만의 석방을 조정에 건의하기도 하였다.

266   서정민, 「구한말 이승만의 활동과 기독교 : 1875~1904」, 연세대학교 교육대학원, 제18호, p.64~67

2. 경의선 철도 부설로 고통받는
평양 주민을 대변한 마펫

　일본은 1905년 러일전쟁에서 러시아 군대를 추적하여 압록강 건너 만주 대륙까지 진출하였다. 그들은 승리를 확고히 하기 위해 평양을 거점 삼아 병참 기지화를 위한 여러 토목공사를 강행하였다. 문제는 그 과정이었다. 그곳 주민들은 땅을 일방적으로 압류당하거나 저가의 보상만을 받고 추방당하였다. 그렇게 얻은 땅에서 군사용 철도를 부설하기 시작한 것이다. 또, 이 철도 공사에 많은 인력이 필요하자, 평양 주민들과 교회 성도들, 그 외의 지역 주민들까지도 식비도 안 되는 임금만 지급한 채 강제 노동을 시켰다. 심지어 이에 불응하는 농민에게는 폭력을 행사하여 그들의 원성과 고통이 심각하였다.

사무엘 마펫 선교사

　이런 사정을 본 마펫은 공분을 느끼고는 한성의 미국 공사 서기관으로 재직하고 있는 알렌[267]에게 다음과 같은 편지로 그 실상을 알리며 호소하였다.[268]

267　알렌은 1884년 9월에 조선에 와서 미국공사관에 공의로 들어갔다. 12월에 일어난 갑신정변에서는 민비의 조카인 민영익이 테러를 당하여 사경을 헤맬 때 외과 수술을 통해 그를 살려낸 공로로 알렌의 소원인 조선 최초의 근대식 병원을 1885년 5월에 건립하게 되었다. 그 후 1887년에 조선에서 미국 워싱턴에 공사관을 설립할 때 주미 공사 참찬관으로 임명되어 조선의 외교에 헌신하였다. 1890년에는 조선에 미공사관이 결원되었을 때 미국 정부의 요청으로 주한 미국 공사관 서기관으로 임명되어 외교활동을 하면서 여러 선교사에게 음양으로 도움을 주었다. 1905년에 을사늑약이 체결되자 공사관이 폐쇄되어 본국으로 돌아왔다.

268　박성배, 강석진,『한국 교회의 아버지 사무엘 마펫』, 킹덤북스, 2021.1, p.259

미 공사관 알렌에게

우리 공동체의 여러 선교사는 귀하께서 이 지역의 일본인과 조선인 관계의 특정 측면에 대해 관심을 갖고 있으리라고 생각합니다. 그래서 그들은 우리가 귀하께 계속 알려 주어야 한다고 여깁니다. 그들은 철도 건설 사역과 만주에 있는 일본군을 따르는 짐꾼으로 조선인을 강제 징용함으로써 발생하는 상황에 대해 알리는 편지를 제가 귀하께 써 보내야 한다고 제안했습니다. 며칠 동안 식비에도 못 미치는 불충분한 임금을 받고 철도 강제 노동을 하는 것에 엄청난 분노가 있었는데, 우리에게 보고된 바로는 하루 일당은 조선 돈으로 16전에서 80전이라고 합니다.

이들은 집에서 20km나 40km 떨어진 곳까지 분대 단위로 선발해서 며칠간 강제로 일을 시킨 후에 돌려보내는데, 그들이 한 일에 대한 노임은 왕복 여비는 말할 것도 없고 식비도 지불하지 못할 정도입니다. 이런 일은 조선인 관리와 마을의 유지나 이장에 의해 이루어집니다. 농번기가 되니 많은 농부가 농작물을 돌보기 위해 그 일을 피하려고 했습니다. 일본인들은 농부들을 구타하고 강제로 일을 시켰습니다. 받은 임금이 식비를 지불하기에도 충분하지 않았던 곳에서는 보도에 의하면 마을이나 소도시에서 부족한 노동자를 채우기 위해 사람을 강제로 징용했다고 합니다.

평양 시내와 주변의 집마다 한 명의 노동자를 제공하라는 명령을 받았고 거부할 경우에는 일본인들이 집에 들어가 명령을 따르겠다고 약속할 때까지 그 집의 가장을 방망이로 때렸다고 들었습니다. 황주의 한 마을에서는 일부 기독교인들이 철도에서 일하는 것을 거부했습니다. 그러는 동안 일부 기독교인들은 일을 하지 않을 것이라는 말이 일본인들에게 들어갔습니다. 그러자 곧 일본인들은 마을로 가서 책임자를 때리고 전도사를 구타하겠다고 협박하면서 이 두 사람으로 하여금 35명을 철도에서 일하도록 보낸다고 약속하는 서류에 강제로 서명하도록 했습니다… 그러나 더욱 심각한 것은 만주에서 일할 짐꾼에 대한 요구로 인해

315

발생한 소요였습니다. 진남포와 평양의 일본 영사들은 가능한 많은 노동자를 만주에 보내는 명령을 내리도록 조선인 군수들에게 강요했습니다. 일부 군수들은 거절했지만, 다른 군수들은 그에 응했습니다. 평양감사는 처음에는 거절했지만, 일본인들은 그가 명령을 내리지 않으면 감리인 팽 씨로 하여금 그의 자리를 대신하도록 하겠다고 했습니다.

이런 조치는 분노와 경악을 야기했을 뿐만 아니라 안주군에 폭동이 일어나도록 했고 그 소란으로 강서, 용강, 증산군에서는 폭동 직전까지 갔습니다. 한편 안악군에서는 더욱 심각한 상황이 발생했습니다. 이곳에 일본 군대를 파송하여 조선인들을 잡아서 배편으로 만주로 보낸다는 소문에 놀라서 늙은이들을 제외한 모든 사람이 마을을 버리고 도망갔다고 합니다. …

우리는 현장의 기독교인들이 일요일에는 일을 하지 않도록 그가 일본인 감독관들과 조정해 줄 것을 요구했습니다. 그는 이 일을 어느 정도 기꺼이 할 것 같습니다. 일본인과 조선인 사이에 우호적인 관계를 유지하기 위해 우리의 영향력을 사용하고 싶다고 그에게 확실히 말했기 때문에 저는 그가 우리의 방문과 정보 제공에 대해 고마워한다고 생각합니다. … 많은 조선인이 철도 용도로 차압된 토지에 대해 어떤 보상을 받을 수 있는지 알기 위해서 우리에게 오고 있습니다. 저는 아직 정부와의 합의 내용이 무엇인지 알 수 없습니다. 이점과 조선인들이 누구를 통해 그들의 토지 가격을 보장받을 수 있는지에 대해 귀하가 어떤 정보를 주실 수 있다면 대단히 감사하겠습니다. 헌트 목사와 저는 이곳 철도 본부가 우리의 요청을 고려하리라는 사실을 조금 전에 알았습니다.

안녕히 계십시오.

마포삼열 올림*

* 옥성득, 『마포삼열 자료집 4』 pp.265~271

이 당시 조선은 대한제국의 고종 황제가 중립국을 선포하여 나라를 다스리고 있었지만, 실제는 일본이나 러시아, 청나라로부터 그에 걸맞은 국격의 대우를 받지 못하였다. 특히 청일전쟁(1894)과 러일전쟁(1904)이 일본의 일방적인 승리로 마무리되자, 일본은 더욱 기승을 부리며 조선을 식민지화하고자 군사와 외교, 조선 내에서의 상업 활동을 본격화하면서 각 지방에 영향력을 행사하였다. 일본은 청국과 러시아의 영향력을 제압하고 만주의 지배권을 강화하기 위해 철도 노선을 구축하는 공사를 일방적으로 행하였지만 사실상 조선 정부는 그에 대해 자국민의 재산권과 강제 인력 동원에 아무 대응도 하지 못했다. 이에 조선 백성들은 어디에도 호소하지 못했고 이를 지켜 보고 있는 선교사들은 조선인들의 박해받는 현실을 미국 공사관의 알렌에게 호소 서신을 통해 알리며 조금이라도 도움을 받고자 하였다.

❖

한국의 독립 지지와 정부 수립의 태동을 도운 허버트 밀러 교수

1919년 3.1 만세 운동이 조선반도 전체에 일어나자 이에 고무된 독립운동가들은 중국 상해에서 그해 4월 13일에 김구를 중심으로 국민 대표가 정치를 이끄는 민주공화제를 표방한 대한민국 임시정부를 태동시켰다. 한편 거의 같은 시기인 1919년 4월 14일부터 16일까지 미국 필라델피아(Philadelphia)에서도 이승만과 서재필을 중심으로 '대한인총대표회'가 열려 한국의 독립을 대내외에 선포하였다.

필라델피아 대한인총대표회(1919.4.)

미국에서 이 같은 한인 독립운동의 지지와 대한민국 건국의 구상에 큰 영향과 격려를 해준 인물인 허버트 밀러(Herbert Miller) 교수가 이를 제안함으로 성사될 수 있었다. 이날 밀러 교수는 한국의 독립을 지지하는 연설을 하였으며, 이승만을 돕기 위해 '한국친우회'와 '구미한국위원회'의 위원이 되어 훗날에 대한민국 건국훈장을 받기도 하였다. 이 회의에는 이승만을 비롯하여 해방 후 남한에서 정부 수립 시 중요한 역할과 기여를 한 인물들, 서재필, 정한성, 임병직, 종병욱, 장택상, 유일한, 장기영 등이 참석하였다. 이 외에도 한인 대표 120명과 미국 정계의 거물급 명사들이 다수 참여하였다. 미주리 주 출신의 셸던 스펜서(Seldon P. Spencer) 상원의원이 축사를 하였다. 또 네브라스카 주 출신의 조지 노리스(George W. Norris) 상원의원이 한국 독립을 지지하는 연설을 했다. 두 상원의원의 연설문은 그 후 미국 국회 의사록에 수록되었다.

이날 행사에 참석한 외국인 학자 중에서 특히 주목을 끈 인물이 허버트 밀러 교수와 마사리크 교수로, 이들은 행사에 큰 힘을 보태어 주었다. 이 두 교수는 1918년 체코 슬라바키아 '피압박민족대회'에도 큰 기여를 하였고, '중부유럽연합'을 창시하기도 하였다. 한인의회 대회를 마친 참석자들은 토마스 스미스(Thomas B. Smith) 필라델피아 시장의 양해를 얻어 회의장에서 2km 정도 떨어진 인디펜더스 홀(독립기념관)까지 비를 맞으며 행진했다. 스미스 시장은 한인 대표들과 함께 시가행진을 했고, 인디펜던스 홀에 도착하여 '자유의 종'을 울렸다. 이승만은 서울의 3.1 만세운동에서 선언된 독립선언서를 영문을 낭독함으로 한국인들의 독립 의지를 미주 지역에서 선포하였다.

의장직을 맡은 서재필은 회의 도중 이승만을 한국인 가운데 가장 유능하고 준비가 된 지도자라고 칭찬했고, 인디펜던스 홀에 도착해서는 이승만이 미국의 초대 대통령 조지 워싱턴이 앉았던 의자에 앉도록 배려하였다. 또, 회의 종료 때는 이승만에게 만세 삼창을 선창하도록 하는 등 이승만을 3.1 운동 후에 건립된 새 정부의 최고 지도자로 추대하였다.[269]

중국 상해와 러시아, 서울에서 임시정부가 결성된 사실을 모르는 상황에서 열린 제1차 한인의회는 회의 둘째 날인 4월 15일에 상해에서 수립된 대한민국 임시정부의 임시의정원이 이승만을 국무총리로 선출했다는 사실을 알게 되었다. 이승만은 당시 필라델피아 한인대회에서 서재필과 함께 '신대한의 비전'을 구상하고 제시했는데, 이것이 1948년 대한민국의 건국에 적지 않은 영향을 끼쳤다.[270] '신대한 건국 구상'은 다음과 같이 요약된다.

- 민주주의 원칙에 입각한 국가를 건설한다.
- 미국식 공화제 정부를 수립한다.
- 중앙정부는 입법부(국회)와 행정부로 구성된다.

269   유영익, 「3.1 운동 후 서재필의 신대한(新大韓) 건국 구상」, 김용덕 등편, <서재필과 그 시대> 서재필기념회, 2003, p.338

270   유영익, 『건국대통령 이승만』, 일조각, 2013, p.282

- 국회는 국민을 대표해 헌법과 국법을 제정한다.
- 국회의원은 도의회에서 선출한다.
- 대통령은 국회에서 선출한다.
- 대통령, 부통령, 내각 각료로 구성되는 행정부는 국회에서 제정한 법률에 따라 행정을 한다.
- 국민의 교육 수준이 저급하고 그들의 자치 경험이 부족한 점을 고려하여 정부 수립 후 10년간 중앙집권적 통치를 시행한다.
- 정부 수립 후 10년간 정부는 국민교육에 주력함으로 국민이 미국식 공화제 정부를 운영할 수 있도록 만든다.
- 국민의 교육 수준이 향상되고 그들의 민주주의적 자치 경험이 축적되면 이에 맞추어 그들의 참정권을 확대한다.
- 국민이 자치 경험을 쌓을 수 있도록 그들에게 군과 도 등 지방 의회 의원 선거권을 부여한다.[271]

이 구상이 헌법은 아니지만 준헌법적 중요성을 지닌 문건으로서 장차 대한민국 정부가 제헌의회를 소집해 본격적으로 헌법을 제정할 때 참고하게 될 중요한 문건이라고 참석자들은 판단하였다.[272] 당시 워싱턴에서 이승만을 적극적으로 도운 인물들이 또 있다. 한국에 선교사로 파송됐다가 일제에 의해 추방당한 호머 헐버트와 벡(S. A. Beck)이다. 이들은 구미위원부의 선전원으로 미국 전역을 순회하며 한국의 독립을 주제로 강연하였다. 이들은 제2의 한국인으로 미주의 독립 인사들과 같은 독립운동가들이었다.

이승만은 6월 14일이 되어서야 지난 4월 23일 수립된 한성 임시정

---

271   같은 책, p.320
272   같은 책, pp.325~327

부가 자신을 집정관 총재로 추대한 사실을 알게 되었다. 이승만은 한성(서울) 정부의 정통성을 인정하고 집정관 총재라는 직함을 대통령으로, 국호를 '대한공화국'으로 번역하여 사용했다.

이때부터 이승만은 대한공화국의 대통령으로 활동하기 시작했다. 1919년 8월 25일에는 워싱턴의 한국위원회를 '구미위원부'로 개칭하고 파리 평화회의에 참석 후 미국으로 온 김규식을 초대 위원장에 임명하였다. 허정은 이승만의 부름을 받고 구미위원부에서 통보 발간 업무와 성금 모금을 맡았다.

구미위원부가 설치된 후 이승만과 김규식은 공동명의로 '한국민의 독립운동 지속 선포와 요청'이라는 제목의 선언서를 발표했다. 이 문건에서 두 사람은 새로 건국할 신대한(新大韓)의 국가상과 대한민국의 기본 원칙을 다음과 같이 밝혔다.

- 대한민국의 국체는 공화국이다.
- 대한민국의 정체는 대의제이다.
- 대한민국은 종교와 양심의 자유를 보장한다.
- 대한민국은 언론의 자유와 소청의 권리를 인정한다.
- 귀족의 특권은 폐지한다.
- 교회와 국가는 완전히 분리한다.
- 국가의 안보와 독립 그리고 주권을 보전할 목적으로 상비군 대신 민병대를 유지한다.
- 소수 민족들의 권리를 보호한다.
- 독립된 사법부를 설치한다.
- 교육을 특별히 장려한다.
- 사회풍속을 정화한다.

이승만과 김규식은 새로 탄생하게 될 대한민국을 삼권분립 원칙에 입각한 대의제 공화국으로, 국민의 평등과 신앙 및 언론의 자유를 보장하는 나라로 구상하고 있던 것이다.[273] 이러한 헌법 구상은 1948년 8월 15일 자유민주주의 국가로 건국될 때에 그대로 반영되었다.

---

273   김용삼, 앞의 책, pp.306~311

5장

근대 서양 음악과
문학을 전한 선교사들

찬송가를 통한
서양 음악의 도입과 대중화

서양의 선교사들에 의해 전수된 교회 음악은 조선인들에게는 매우 생소한 것이었다. 곡조보다는 가사에 의한 비중이 컸으며, 처음에는 악보 없이 가사에 의해 따라 불렀다. 조선인들은 이미 『명심보감(明心寶鑑)』, 『소학(小學)』, 『천자문(千字文)』 등을 암기하기 위해 곡조같이 읊어 왔었다. 선교사들은 선교 초기에 창호지에 쓰인 찬송가를 궤도에 적어서 이를 조선인들이 따라 부르도록 하였고, 이것이 서양 음악을 받아들이는 초기 단계로 이어졌다. 이런 찬송가의 곡조는 거의 서양의 고전음악과 그 나라들의 민요에서 비롯되었으며, 그 내용은 『성경』을 토대로 작사한 것이 많았다.

1892년 감리교에서 『찬미가』를 출판하였으나, 선교한 지 7년밖에 안 된 선교사들은 조선어에 서툴러 조선인들에게 찬송가를 전달하거나 가르칠 수 없었다. 하지만 수년이 지나면서 선교사들도 어느 정도 조선어를 구사하게 되었고, 찬송가를 가르치며 전달하게 되었고 이를 확산하기 위해 찬송가를 출판하기에 이른다. 그러나 이는 악보가 없는 27편의 가사만 실린 것이었다.

1894년에는 장로교에서 언더우드가 117편 곡으로 편집한 『찬송가』를 출판했는데, 상단부에 사성부(四聲部)가 그려져 있고 하단부에는 가사를 편집하였다. 이는 조선에서 최초로 서양식 악보가 그려진 서양 음악책이었다. 그 당시 언더우드는 『찬송가』를 제작하는 일과 그것을 회중에게 전달하는 데에 있었던 어려움을 이같이 기록해 두었다.

곡조를 맞게 하려 한즉 글자가 정한 수가 있고, 자음도 고하 청탁 이 있어서 언문 자 고저가 법대로 틀린 것이 있으니 아무라도 잘못 된 것이 있거든 말씀하여 고치기를 바라오며, 책을 잘못 지었을지 라도 예배할 때에 이 책을 가지고 찬양하여 모든 교형(교인)이 흥이 나는 마음이 더 감동하기를 바라노라.

이는 영어 찬송가의 가사를 단순히 조선어로 번역하는 어려움만이 아니라, 4.4조를 즐겨 읊조리던 조선인들이 다양한 곡조의 서양 찬송 가의 율조와 억양을 맞출 수 없는 것이 더 큰 문제였음을 고백한 것이 다. 언더우드의 『찬송가』는 1892년의 『찬미가』보다 분량도 몇 배나 되 는 데다가 용도별로 분류되어 있어서 예배 시간에 부르기 편했으므로 여러 교회에서 사용하였고, 판을 거듭할 때마다 분량이 늘어났다.

그러나 2판부터는 서양 악보가 없어지고 가사만 편집하였다. 조선 인들에게는 4성의 곡조보다는 가사가 중요하다는 사실을 깨달은 것이 었다. 이는 음악에 대한 문화 차이로 동양의 음조에는 단성만 있었기 에 조선인들에게는 4성에 대한 이해가 없다는 점을 고려하여 『찬송가』 를 실용성 있게 재편집하여 출간한 것이었다. 그런 전통은 사실상 100 여 년이 지속되었다. 찬양대에서 4성의 찬양이 불리는 데에도 시간이 필요하였다. 언더우드가 출간한 『찬송가』는 현재 문화재청 등록문화재 제478호로 등록되어 있다.

1895년에는 장로교 선교사 리(Graham Lee)와 기포드 선교사 (Gifford) 부인이 편집한 『찬셩시』가 출판되었는데, 여기에는 54편의 시 가 수록되었다. 이 책은 장로교 선교가 활발했던 서북 지역에서 주로 사용되었는데, 계속 증보되어 1902년에 장로교 공의회에 의해 공식 찬송가로 채택되었다. 1905년에는 이를 기초로 평양에서 선교하던 사무엘 마펫 선교사가 『곡보 찬성시』를 간행했다. 이 찬송가를 10년 동안 시로 부르다가 곡이 붙으면서 노래가 되었지만, 책 이름은 계속 시(詩)였다.

> 1절〉 높은 이름 찬양하고
> 넓은 은혜 감사하여
> 우리들의 노랫소리
> 한 곡조로 높여 보세
> 2절〉 아침부터 귀한 사랑
> 저녁까지 참된 말씀
> 노래로 찬송하기가
> 달고 단 일 이것일세

선교사들은 영어 기사를 가능하면 4.4조에 맞게 번역하려고 애썼지만, '찬송하기가'는 다섯 자였기에 어긋났다. 조선인들에게 '찬양가'라는 제목보다는 '찬송시'라는 제목이 훨씬 더 적합하였다. 예배 시간에는 당연히 저마다 다른 곡조로 같은 찬송을 불렀다.

시에는 누구든지 곡을 붙일 수 있고, 특히 악보가 없는 찬송가는 여러 곡조로 불릴 수 있었다. 선교사마다 본국 방식에 따라 다른 곡조를 붙이기도 했다. 물론 악보를 붙이는 것이 아니라 곡조의 제목만 영어로 작게 표기하였다. 1903년 성공회에서 간행된 『성회송가』에는 그나마 가사(시)만 실려 있고 곡조 표시도 없었다. 〈높은 이름 찬양하고〉는 장로교와 감리교가 합동하여 편찬한 1909년 『찬숑가』에 〈높은 이름을 찬송함〉이라는 제목으로 실렸는데, 조선 곡조로 부르게 했으며, 주거니 받거니 하는 민요 형식으로 부르게 한 것이 특색이다.

1900년대 초에 서양식 노래를 부르는 곳은 교회와 미션스쿨, 군악대가 거의 전부였다. 그러다 보니 찬송가가 학교 노래 곡조로, 특히 창가에 많이 사용되었다. 일본의 경우에도 비슷하여 『소학창가집』(1881~1884)에 실린 91곡 가운데 16곡이 찬미가였으나, 선율만 선택하고 가사에는 바꿔 기독교 색채를 제거하였다.[274]

만주에서 간행된 『최신창가집』(1914)에도 『찬숑가』(1908)에 실린 찬송가가 13편이나 실렸으나,[275] 윤치호가 편찬한 『찬미가』(1905)에서는 그런 점이 더 확실하게 드러난다. 찬미가 제1장이 〈우리 황샹폐하〉인데, 미국 곡조로 부르게 되어 있으며, 마지막 부분의 14장이 '동해물과 백두산이~'로 시작하는 〈애국가〉의 곡조로 쓰인 〈Auld Lang Sine〉인 것만 보아도 교회에서 부르기 위해서만 간행된 찬송가가 아님을 알 수 있다. 이 책은 교회의 배경이 없이도 재판을 찍을 정도로 인기가 있었다. 윤치호의 『찬미가』는 충군애국의 사회 분위기 속에 찬송가와 함께 편집되어 일반인들이 기독교 노래 가사를 알게 한 공이 지대하다.[276]

이같이 조선에서의 서양 음악은 찬송가로 시작되었다. 그리고 그것을 전달해 준 메신저들은 선교사들이었고, 이들은 주로 교회와 기독교 계통의 학교를 통해 보급하였다. 이로 말미암아 서양 노래에 우리말 가사를 붙여 여러 명이 노래를 부른다는 '집단가창' 모양의 새로운 노래인 애국창가가 등장하여 불리기 시작하였다. 이 역시 기독교인들로부터 시작이 되었으며 차츰 일반 국민들에게도 보급되면서 서양 음악이 대중화되기 시작하였다.

선교사들이 찬송가라는 서양 음악을 전해 주기 전까지 조선에는 음

---

274   박선희, 「『소학창가집』 속의 찬미가와 메이지」, 일본문화연구, 제50집, 2014, p.132

275   민경찬, 「한국창가의 색인과 해제」, 한국예술 연구소, pp.348~391

276   허경진, 「한국 고전문학에 나타난 기독교의 편린들」, 동연, 2019.4, pp.110~116

악을 전문적으로 배운 사람이 없었기에, 아마추어급 선교사들은 교회와 미션스쿨을 통해 찬송가를 전하고 대중화하였다. 이렇게 한국 음악은 한 세기에 불과한 짧은 역사를 가졌음에도 불구하고, 이제 세계 음악의 중심에 서게 되었다. 그 증거로서 세계적인 콩쿠르의 기악과 성악 부문에서 두 번째로 입상자들을 많이 탄생시키고 있으며, 그들은 각각 음악가로서 그 명성을 인정받고 있다. 또, 고전음악뿐만 아니라 대중음악에서도 세계인들이 즐겨 부르는 K-POP이 월드 팝송이 되고 있고, 'BTS' 같은 월드 스타들이 세계 곳곳에서 활약하고 있다. 한국은 동양 국가 중에서 서양 음악을 가장 늦게 전수받았으나 어느 민족보다 음악 부문에서 탁월한 재능을 드러내고 있다.

❖

교향악단과 합창단의 도입과
음악가를 길러 낸 선교사들

1. 말스베리 : 교향악단과 브라스밴드 창단

말스베리(Dwight R. Malsbary, 1899~1977)는 1926년 미국 셔우드 음악대학에 진학하고, 대학원에서 공부한 그는 음대 대학부 학생들을 가르치며 셔우드 음대 오케스트라와 학회지의 자문위원으로 활동하였다. 말스베리는 시카고 '시세로(Cicero) 교회'의 맥카렐 목사의 영향으로 선교사의 꿈을 꾸다가 평양 숭실학교의 요청으로 1929년 미국 북장로회의 파송을 받아 1929년 10월 24일 평양에 도착하였다. 그는 숭실대

학에서 음악 전문교수로
활동하며, 학생들에게 음
악 이론과 함께 모든 악기
의 근본인 피아노를 가르
쳤다. 시카고 셔우드 음대
에서 배운 다양한 음악 교
과목을 숭실대학에 접목해

말스베리와 브라스밴드 단원

학생들을 지도했고, 숭실대 학생들의 음악 실력은 하루가 다르게 향상
되었다.

그는 숭실대인 실내 오케스트라단과 야외 브라스밴드부 교육을 시
작하였다. 음악대는 이제껏 음악 이론을 근거로 한 제대로 된 교육을
받아 보지 못했기 때문에 연주에 힘은 있었지만, 기술과 기초 연주력
은 부족했다. 따라서 말스베리는 학생들에게 세련된 악기 연주법을 비
롯한 음악의 이론과 실기를 체계적으로 가르쳤다. 말스베리가 음악을
통해 복음을 전하고 길러 낸 수많은 제자 중에는 가곡 〈가고파〉와 〈목
련화〉를 작곡한 김동진, 전 연세대 음대학장 박태준, 〈한국 환상곡〉을
작곡한 안익태, 피아니스트 한동일, 백건우, 김애자 등이 있다. 그는 자
신이 가르치는 음악대 학생들에게 전도 훈련을 시키기 위해 학생들을
데리고 평양 시내로 나가 전도하기도 하였다.

일본이 황국신민화 정책의 하나로 실시한 신사참배 강요에 반대했
던 평양의 숭실전문대를 포함한 일명 평양의 3숭 학교들은 자진 폐교
를 하였다. 그런 와중에도 말스베리는 자신의 집에서 학생들과 기도회
를 하고, 사사 음악 교육을 하였다. 일제의 외국인 추방 조치로 1940년
미국으로 돌아간 그는 캐나다의 '프레이리(Prairie) 성서학원'에서 평양
의 문화와 한국학을 가르쳤으며 페이스 신학대학원에서 박사 과정을

이수했다. 말스베리는 한국 선교를 위해 다시 8년 만에 한국으로 돌아왔다. 그러나 해방 후 38선 분단으로 평양에 돌아갈 수 없었기에 부산에서 활동하였다.

그는 그곳에서 구호 사역을 하면서 평양에서처럼 음악 교육을 위해 가난한 아이들을 모았다. 1948년 11월 초에 시작한 학교는 영어와 음악 등 여러 과목을 가르치는 '고려성경고등학교'가 되었으며, 30여 명으로 시작한 학교는 300여 명으로 늘어났다.

그는 6.25 전쟁 중 미군이 운영했던 강원도 속초, 홍촌, 두촌 등의 야전 병원을 인수받아 운영하기도 했다. 특히 강원도의 화전민들을 찾아다니며 진료 봉사 활동을 하였고, 강원도 산간 지역의 청소년들을 위해 두촌에 '페이스성경고등학교'를 세워 학생들을 교육하였다. 그의 사역 시대와 지역은 한국의 근현대사를 거쳐 평양과 강원도와 부산 등 남과 북에 이르는 광범위한 것이었다. 그는 안타깝게도 1977년 7월 강원도 두촌에 사역차 가던 중 교통사고로 하나님의 부르심을 받았고, 그의 유해는 경기도 일산 기독교 공원묘지에 안장되었다.[277]

2. 모우리 : 합창단 조직과
안익태의 음악 재능을 키움

1912년에 평양 지역에는 13개의 교회가 있었는데, 안익태가 살던 '닭골'에는 산정현교회가 자리 잡고 있었다. 어려서부터 음악에 관심이 많았던 그는 6살 때 동네 예배당인 산정현교회에서 흘러나오는 찬송

---

277   김재현, 『한반도에 심겨진 복음의 씨앗』, KIATS, 2015.7, pp.271~275

모우리 선교사

가에 끌려 교회를 다니기 시작하면서 음악을 배우게 되었다. 안익태는 7살 때 선물로 받은 바이올린을 스스로 연습하여 6개월 후 예배 시간에 특주를 할 만큼 재능을 보인 음악 신동이었다.

1918년 4월에 평양 숭실중학교에 입학하면서 안익태는 음악적 재능을 꽃피우는 좋은 기회를 가졌다. 베어드 선교사가 설립한 이 미션스쿨의 당시 교장이었던 모우리(E. M. Mowry) 선교사는 1913년 합창단을 조직하고 1916년에는 밴드부를 조직하여 서양 음악 보급에 앞장섰다.[278]

> 모우리 선교사는 교회 내 찬양대 합창 실력을 높였고 다음으로 숭실대학에 남성 합창대를 조직하였다. 합창대를 조직한 후에 그는 밴드부를 조직하였다. 이어서 목관악기와 금관악기로도 발전시켰다. 동시에 현악기 중에도 바이올린을 많이 향상시켜 자연히 관현악단의 조직까지로 발전시켰다.[279]

그러던 중 안익태가 숭실중학교에 입학하자, 그의 뛰어난 재능을 인정한 모우리 교장은 숭실대 밴드부에서 함께 활동하도록 입단시켰다. 형으로부터 첼로를 얻은 안익태는 그 음색에 매료되었으나 평양에서는 지도해 줄 선생이 없어서 독학으로 배웠다. 그 후 그의 형은 서울에

---

278   민경찬, 『숭실과 한국의 근대음악』, 숭실대학교출판부, 2017, pp.26~35, 베어드 선교사에 의해 1897년 10월에 숭실학당으로 출범한 숭실학당은 1900년 중학과정, 1906년에는 대학과정을 운영했다.

279   김세형, 「한국에서 서양음악의 예술화발전과 마우리 박사」, 예술원보 제11호, p.18

가서 영국인 선교사 조지 그레그(George Gregg)에게 첼로를 배울 수 있도록 주선해 주었다. 그러나 안익태가 모우리의 전폭적인 지원을 받으며 마음껏 음악을 공부할 수 있었던 시간은 그리 길지 않았다. 1919년 3.1 운동이 일어나자 평양에서 3.1 운동의 거점이었던 숭실학교는 초토화되었다. 한국인 교사와 학생들, 모우리 교장까지도 헌병대에 의해 구속되었다.[280]

안익태도 그 운동 직후 수감자 구출 운동에 가담한 것이 발각되어 퇴교 처분을 당하였다. 모우리 교장은 숭실중학교에서 퇴학당한 안익태에게 일본 유학을 주선해 주었다. 그렇게 그는 1919년 10월에 평양을 떠나 일본 동경에 도착하여 세이소쿠 중학교에 음악 특기자로 입학하였고, 1926년에 국립 '동경고등음악학원'에 입학하여 본격적으로 첼로 전문 연주가의 길을 걷기 시작하였다. 그곳에서도 한나포드(Howard D. Hannaford)라는 미국 북장로교 선교사이자 메이지 학원 피아노 교수로부터 학비 지원을 받아 1929년 졸업을 하고, 1930년 1월에는 미국 신시내티 음악원의 입학 통지를 받게 되었다.

샌프란시스코항에 도착한 그는 그곳 '상향한인교회'의 황사선 목사를 찾아갔다. 그 교회는 십자가가 현관 위에 붙어 있고 뜰에는 태극기가 휘날리고 있었다. 2층 건물에 아래층은 교회, 위층은 사택이었다. 그곳 목사 부부는 안익태를 반갑게 맞아 주었다. 그날 저녁에 소식을 들은 교회 성도 20여 명이 찾아왔고 연주를 듣고 싶어 했기에 즉흥 연주회를 가졌다. 연주회를 마치자 한 노인이 모금을 제안하여 그 자리에서 67달러 30센트가 모금되었다. 이같이 '상향한인교회'에서의 음악

---

280   모우리 교장은 3.1 운동에 참여한 숭실학교 교사와 학생들을 자기 집에 숨겨 준 것이 발각되어 범인은닉죄로 징역 6개월을 받았으나 후에 이 소식이 미국에 알려져 1917년 7월 18일 미국 상원에서 미국 대통령의 요청으로 석방 결의안을 채택하여 이를 일본에 알리어 벌금형 50만 원을 물고 석방되었다.

회와 한인 동포들과의 만남은 그에게 평생 잊을 수 없는 일이 되었다. 특히 교인들과 함께 〈애국가〉를 부를 때는 가슴이 벅차올랐다.

이날 부른 〈애국가〉는 스코틀랜드 민요인 '올드 랭 사인'의 곡조를 딴 것이었다. 이것이 안익태가 〈애국가〉를 작곡하게 된 배경이 되었다. 이때 안익태가 새로운 〈애국가〉를 작곡하겠다고 말하자, 교인들도 관심을 가지게 되었다. 다음 날, 그가 그곳을 떠나기 전 교인들은 그에게 〈애국가〉를 작곡할 때 사용하라며 10달러짜리 파커 만년필을 선물해 주었다. 안익태는 5년이 지나서 약속대로 〈애국가〉를 작곡해 샌프란시스코의 상향한인교회의 황 목사에게 그 악보를 보냈다. 이를 받아본 황 목사 부부는 즉시 그의 부인이 피아노에 앉아서 그 곡을 연주하였고 황 목사가 선창하며 교인들이 따라 불렀다. 이로써 그들은 최초로 안익태가 작곡한 〈애국가〉를 합창한 사례를 남겼다. 그해가 1936년이었다. 지금도 안익태가 보낸 그 〈애국가〉 악보는 그 교회에서 보관하고 있다. 그 후에도 '상향한인교회'는 미국에서 독립운동의 지원 거점이 되었으며 도산 안창호 등 많은 독립 운동가들이 출입하였다.[281]

안익태는 일제 강점기에 음악가로서 미주의 한인들과 조국의 한인들에게 큰 자부심을 느끼게 하였을 뿐만 아니라 세계로 진출하여 지휘자로 유명한 교향악단을 지휘하였다. 나아가 〈코리아 환상곡〉이라는 창작곡을 알려 세계적인 음악가로 인정받았다. 또한 대한민국의 〈애국가〉를 창작하기도 한 그는 지금도 온 겨레의 가슴을 울리며, 산정현교회와 숭실학교의 선교사들이 길러낸 위대한 음악가로 남아있다.

---

281   김형석, 『안익태의 극일 스토리』, 교음사, 2019.11, pp.20~39

✛

서양 문학의 대중화와
이승만을 세운 게일

조선 시대에 양반 계층에 가장 오랫동안 읽힌 책은 유교의 경전인 『사서오경(四書五經)』과 『한문학(漢文學)』이었다. 이런 책의 목적은 과거 급제와 한문의 『천자문』을 익히기 위한 것이었지만 대중적이지 못하였고 일반인들은 『천자문』으로 족하며 살았다. 그러던 중 조선 말기 서양의 선교사들이 들어오면서 조선인들은 서양의 근대 문학을 접하게 되었다.

특히 조선에 온 게일 선교사[282]는 다른 선교사와는 다르게 조선의 문학에도 관심이 있었다. 1889년 3월 17일 황해도 소래(松川) 마을의 교회에서 동역자이자 한학자였던 이창식(李昌植)을 언어 교사로 모시고 그를 통해 조선어를 체계적으로 배워 한문과 한글을 동시에 뗐다. 그런 과정에서 조선인들의 한문 독자층이 계급화되어

게일 선교사

---

282   게일 선교사(James Scarth Gale, 1863~1937) : 캐나다 토론토대학에서 문학과 프랑스에 유학하여 불어를 전공했다. 1866년 무디의 부흥회 때 감동을 받고 선교사를 지망했다. 토론토대학 YMCA의 지원과 파송을 받아 1888년 12월에 조선에 입국하였다. 그는 솔래에 가서 언어와 조선 풍습을 배웠다. 파송단체에서 후원이 끊기자 미국에 가서 신학을 공부하고 목사 안수를 받고 다시 10년 만에 조선에 와서 조선 전국 순회사역을 하였고 서울의 연동교회를 개척하였다. 이어서 한국학 연구와 『성경』 번역에 참여하였다. 그는 『천로역정』을 번역하여 최초의 서양문학을 조선인들에게 알렸고 『춘향전』과 『홍길동전』, 『구운몽』을 영역하여 미국과 유럽에 알렸다. 그는 선교활동을 하면서 43권의 저서를 남겼으며, 선교사 중에 한국어 구사와 문학과 역사에 가장 능통하였다. 특히 수감 중인 이승만을 돌보았고 그가 비범한 지도자가 될 것을 기대하며 그의 미국 유학에 힘을 실어주었다.

있음도 알게 되었다. 그는 1909년에 간행된 〈전환기의 조선(Korea in Transition)〉에서 전국 동네마다 설치되어 있는 서당의 『천자문』 교육을 이렇게 설명했다.

전국 방방곡곡에는 서당이 있는데, 거기에는 많은 아동이 배우기 위해 모여들어 그 날 배운 것을 모두 함께 소리 높여 따라 했다. 수업 시간의 3분지 1은 읽기를, 3분지 1은 쓰기를, 나머지 3분지 1은 작문을 했다.

조선의 전근대 시기에는 과거 시험이라는 구체적인 목적을 가지고 전국의 어린이들이 서당에 모여들어 『천자문』을 배우기 시작했다. 갑오개혁(1894) 이후 과거 시험이 없어졌지만, 여전히 전국 곳곳에 남아 있는 서당은 어린이들의 배움의 공간이었다. 선교사들도 그 당시의 양반층들이 사용하는 글자인 한문도 배워야 했고 이 교회에서도 『천자문』을 조선 어린이들에게 가르쳤다. 서당에서 『천자문』을 배울 때는 운율을 넣어 소리 내며 외웠다. 이들은 바닥에 앉아서 몸을 앞뒤로 흔들면서 소리를 내었다. 그러한 습성으로 교회에서도 마룻바닥에 앉아 찬송가를 부를 때 같은 동작을 하며 불렀다. 이렇게 『천자문』은 곧 노래가 되었다.

하늘 천 따지
가마솥에 누룽지
박박 긁어서
배 꼭다리 한 그릇

이런 내용을 해학적으로 부른 동요였다. 이같이 전 국민적인 인기를 얻은 『천자문』의 효용성에 대해 사무엘 마펫 선교사나 게일 선교사는 이를 간파하고 기독교 진리를 『천자문』에 담아 전도하였다. 이는 전통적인 노래의 선율에 기독교의 가르침과 사상을 담아 대중화함으로 새로운 문학의 형태가 된 것이었다.

1. 『천로역정』을 최초로 조선어로 번역 출간

『천로역정(The Pilgrim's Progress, 존 번연, 1628~1688)』은 중국에서 1853년 영국 선교사 번스(W. C. Burns)가 중국인들의 도움을 받아 동양 최초로 번역하였는데, 그때 책 제목은 『천로력정(天路歷程)』이었다. 이후 일본과 조선에서도 같은 이름으로 출간되었다. 국내에서는 1895년 게일 선교사와 부인 깁슨이 번역해 이 책을 소개하였다. 이 책은 서양문학이 조선어로 번역된 최초의 소설책이었다. 당시 한글로 번역된 『텬로력뎡』은 평양 장대현교회 길선주 목사가 읽고 감명을 받아 회심하게 된 책으로, 그가 1907년 평양 대부흥운동의 원동력으로 작용되기도 하였다. 이 책은 다른 조선인 목사들에게도 큰 영향을 주었고, 그 중 이성봉 목사에게도 큰 감동을 주어 『텬로력뎡』 부흥회를 열 정도였다.

이 『텬로력뎡』은 조선 개화기의 번역 문학의 효시로 국문학사적으로도 당시 한글 보급과 한글 문체를 보여 주는 중요한 책자다. 최초로 번역된 이 책의 초판본은 그 당시 최고로 발달된 인쇄기를 통해 출판되어 조선인들에게 종교를 떠나 많은 감동을 준 문학 서적이 되었고 신앙 운동에도 큰 기여를 하였다.

1895년 초판에 이어 1910년에 나온 재판본은 연활자로 인쇄되었는데, 게일 목사가 엮고 이창식이 교열로 바뀌어 발행하였다. 3판은 '한국종교서적소책자학회'의 발행으로 1919년 요코하마에서 인쇄되었다. 1920년에 나온 『텬로력뎡』 3판 끝에는 이런 광고문이 게재되었다.

"본셔의 데이편 『텬로력뎡』이 출판되었는데, 그 내용은 그 처자가 그 남편을 따라 멸망의 성에서 행한 것이라. 특별히 여자와 아내에게 자비가 있을 것이니 한번 보시기를 바라옵니다."

1920년 8월 10일에 '신문관인쇄조선야소교서회'의 이름으로 발행될 때는 언더우드 부인이 번역하고, 제1부와 화풍이 다른 삽화 10장을 게재하였다. 게일 선교사와 언더우드 부인의 번역본에 이어 1936년 '조선기독교서회'에서 오천영에 의해 제1부가 번역되었다.

게일 부부에 의해서 번역된 『텬로력뎡』 초판본은 한국 기독교 복음 전파와 책의 역사에서 중요한 자리를 차지하는 희귀본이며, 철저한 연구와 고증이 필요한 문학책이다. 기독교가 한국에 전래된 19세기에 조선은 열강의 간섭에 나라가 흔들리고 부패와 혼란이 극에 달하여 백성의 생활이 참으로 어려웠다. 그러한 시대에 오늘의 고통과 유혹을 이겨 내고 구원의 길을 걸어가 내세의 행복을 접하게 되는 『천로역정』의 이야기는 수많은 독자에게 읽히며 불후의 명저로 자리 잡았다.[283] 『천로역정』은 한 세기 동안 『성경』 다음으로 많이 출간된 세계적 베스트셀러였다.

---

283   이효상, <데일리굿뉴스>, 2017.4.25

2. 조선 문학을 영어로 번역하여 세계에 알림

게일 선교사는 우리의 고전 문학작품인 『구운몽』, 『춘향전』, 『홍길동전』, 『심청전』을 번역해 영국과 미국과 캐나다 등 서구에 소개하였고, 1903년에는 『선봉자(The Vanguard)』라는 사무엘 마펫의 일대기를 영문으로 소설화한 작품을 캐나다에 출간하였다. 이러한 작품은 조선에 대한 관심과 인식을 새롭게 하는 데에 기여하였다.[284] 게일이 사역하던 당시 한글은 철자법이나 문법이 제대로 정립되지 않은 상태였기에 외국인이 외국어로 번역하는 데에는 많은 고충이 따랐을 것이다. 게일은 조선의 고전문학을 외국에 알리기 위한 열정이 있었기에 그러한 난제를 극복하면서까지 번역본을 출판해 낸 것이었다. 1922년, 그는 자비를 들여 한 책을 런던에서 출간하였다. 바로 『구운몽』을 번역한 『Kuunmong : The Cloud Dream of the Nine』이었다.

그는 일반 문학 작품뿐만 아니라 『성경』을 한글로 번역하는 데에도 크게 기여했으며 특히 『성경』에서 신의 이름인 '하나님'이라는 어휘를 확정 짓는 데에 기여하였다. 게일은 외국 소설과 동화를 복음을 전하는 데에 도구로 사용하였다. 대표작은 『로빈슨 크루소』와 『걸리버 여행기』 등으로 조선인들에게 대중적이고 쉬운 조선어로 다듬어서 번역 출간함으로 조선인들이 서양의 문학을 접하는 데에 디딤돌 역할을 하였다. 이로 인해 조선 지식인들과 일반 백성들이 문학의 세계에 눈을 뜨고, 서구의 사상과 삶, 신앙을 맛보도록 하였다. 1910년대 이후의 이광수 같은 탁월한 문학인을 배출하는 데에 자양분의 역할을 하였다. 게일은 한국 근대 문학의 위대한 개척자요 기초자(Founder)였다. 조선

---

284   <미주 크리스천 신문>, 2022.4.16

의 근대 문학 저변의 확장은 선교사들의 한글 보급에서 시작되어 독자
층의 확장으로 이어졌고 조선인들의 손에 문학책을 쥐여 주는 역할을
한 것이다.

후대에 와서 한국에서는 그를 '조선의 마테오리치'[285]라고 평하고 있
다. 그만큼 그는 한국의 문명화에 열정을 다했고 조선을 서구 국가들
에게 알린 전령의 역할을 하였다. 그가 번역한 작품들은 현재 워싱턴
의 국회도서관과 그의 모교 토론토대학교 도서관에 소장되어 있다.[286]

3. 이승만을 민족지도자로 세우기 위해 미국으로 유학 보냄

이승만은 조선의 봉건 왕조를 개혁하고 입헌군주제를 주장하며 타
파 운동을 벌이다 체포되어 1898년 11월에 투옥되었고 게일과 언더
우드, 알렌의 보살핌과 전도로 기독교로 개종하였다. 이에 대해 게일은
이같이 밝혔다.

> "이승만에게는 마음의 해방이 생겼다. 그것은 기독교로 개종한 일
> 이었다. 이것은 1904년 장로교 목사 제임스 S. 게일의 조력에 의한
> 것이었다."

1904년 2월 8일 일본이 러시아를 공격하자 급격한 정치적인 변혁

---

285   마태오 리치(Matteo Ricci)는 명나라 말기(1552~1610) 천주교 사제로서 중국에 선교사로 와 서
양의 문물을 소개하였으며 중국의 유교 경전을 번역하여 외국에 알렸고 천주교의 교리(『천주실의』, 『곤여
만국전도』 등)를 한역하여 소개하며 여러 저서를 발간하여 중국의 근대 문명화에 많은 영향을 주었다.

286   김재현, 『한반도에 심겨진 복음의 씨앗』, KIATS, 2015.7, p.82

으로 정치범에게 석방의 특사가 내려졌다. 여기에는 선교사들의 고종을 향한 여러 차례의 간청이 있었다. 이에 가장 늦게 출옥한(8월 9일) 이승만은 게일 목사를 찾아가 그의 지도와 세례를 받기 원하였다. 그러나 게일은 그가 배재학당에서 공부하였으므로 감리교회에 우선권이 있다고 보아 세례 주는 것을 거절하였다. 게일은 이승만이 기독교인으로 세례를 받는 데 도움을 주었는데, 다음과 같은 게일의 편지를 통하여 그 사실을 확인하게 된다. 이 편지는 이승만이 미국으로 출국할 때에 지닌 것으로 후에 그에게 세례를 준 미국의 장로교 계통의 햄린(Lewis T. Hamlin) 목사에게 전달되었다. 이승만이 미국에 고종의 밀사로 갈 때 게일 선교사는 미국의 정치인들과 대학 진학에 도움이 될 만한 추천서를 두 차례 써 주었다. 여러 선교사가 써 준 추천서는 모두 18개였고 미국의 정계 요인과 학계와 교회 등의 지도자들을 대상으로 한 것이었다. 결국 이승만은 미국 각 분야의 지도자급들과 인맥을 쌓게 되었고 학사(조지워싱턴대학)와 석사(하버드대학)와 박사 학위(프린스턴대학)를 5년 만에 취득하는 성과를 얻었다.

미국 가는 이승만을 위한 첫 번째 추천서

워싱턴 및 미국 각지의 기독교 형제들에게.
1875년 출생한 이승만을 소개합니다. 그는 구식 한학 교육을 받았으나, 일찍이 현시대의 세계에서 이것으로 부족함을 깨닫고 새로운 학문을 통해 접할 수 있는 영어와 여러 분야를 공부하는 데 전력을 기울였습니다. 그는 조국의 독립을 염원했으며 조선을 독립시켜야 할 뿐 아니라 조선인들이 우매함에서 깨어나 올바르게 사고하며 생존하여야 한다고 믿고 있습니다. 그는 일찍이 일간지 <매일신문>을 시작했으며, 후에는 <제

국신문>을 창간하여 영어 번역물을 싣는 한편 자유에 대한 자신의 생각과 상반되는 것에 대항하다 1897년 9월 체포되어 7년간 옥고를 치렀습니다.

그는 7개월 동안 무게가 20파운드가 넘는 나무 칼(Cangue)을 썼는데 여기에 고통이 더하도록 두 발에는 족쇄까지 채웠습니다. 그동안 동료들이 끌려가 구타당하고 고문을 받아 혼절하고 참수되는 것을 보았습니다. 그는 이것을 자신의 운명으로 생각했습니다. 신문에는 여러 번 이승만이 감옥에 참수되었다는 기사가 보도되기도 했습니다. … 그는 투옥되기 전에 복음을 들었습니다. 고통 속에서도 오직 믿음을 쌓아 갔습니다. 즉 자신을 버리고 자기 마음을 하나님에게 바치고 복음 전도에 나서자, 동료 죄수들이 구원되는 것을 보았습니다. 상해에서 보내온 중국 서적으로 감옥에 도서실을 만들기도 하였습니다.

이승만의 노력으로 개종한 사람 중에는 워싱턴 주재 초대 공사관 서기관 이상재 씨가 있습니다. … 그 외에도 많은 사람이 있어 그 수는 모두 40여 명이나 됩니다. 이들은 모두 이승만의 끈질긴 노력에 감화된 사람들입니다. 그는 재판을 받고 일백 대의 매와 종신 중노동형을 선고받았다가 지난여름(1904.8.9)에 사면 석방되었습니다. … 그가 자유로운 미국 땅에서 백인 형제 중에 좋은 친구를 많이 사귀게 되기를 바라며, 그가 그곳에서 공부하고, 관찰하고, 저술도 하려는 3년 동안 용기를 북돋워 주어 귀국 후 그의 동포들을 위해 큰일을 할 수 있도록 도와주시기를 간곡히 부탁드립니다.

제임스 S. Gale 장로교 조선 선교사, 선구자의 저자

1904년 11월 2일 한성에서

미국 가는 이승만을 위한 두 번째 추천서

루이스 햄린 목사(The Rev. Lewis S. Hamlin, D.D), 워싱턴 언약교회.

나의 친애하는 햄린 박사님, 저는 이승만을 소개하게 된 것을 매우 기쁘게 생각합니다. 그는 모국에서 여러 가지 경험을 쌓았고 가지각색 물불의 시련을 극복하면서 자신이 정직하고 충실한 기독교인이라는 것을 증명했습니다. 그가 정치범으로서 감금되어 있는 동안 그는 많은 죄수에게 진리를 알게 하였는데, 지금 저의 교회의 으뜸가는 교인 중에는 그가 인도한 사람이 여럿 있고, 또 그가 인도한 사람들이 장로교회 중에도 있습니다.

… 그는 조선에서 정직하고 총명한 청년 중 가장 앞자리에 서 있는 사람이며 … 그가 석방된 후로 저는 각종 모임에서 그가 말하는 것을 들었습니다만, 그는 하나님에 대해 지극히 진실한 간구를 하는 사람입니다. 그는 아직 세례를 받지 않았습니다. … 그는 저에게 왔습니다. 저는 그에게 대한 권리(세례)가 가장 적은데 말입니다. 그래서 저는 방금 미국으로 떠나게 되어 있는 그에게 미국에 도착할 때까지 기다려서 자기가 원하는 곳에서 세례를 받게 되기를 원하며 목사님께서 그에게 사랑을 베풀어 주시기를 바랍니다.

제가 그에게 세례를 베풀지 않은 이유는 그렇게 함으로써 이승만을 자기 교회에 받아들일 권리를 더 가지고 있다고 생각하는 절친한 친구들의 마음을 상하게 할 우려가 있기 때문입니다. 그는 2~3년간 일을 하면서 공부한 후 돌아올 계획입니다.

저는 그가 당신으로부터 듣게 될 친절한 말씀과 당신의 도움들과 충고들에 대하여 그가 대단히 감사할 것이라는 것을 이미 알고 있습니다.

나의 최고의 존경하는 마음과 더불어 햄린 씨에게.

제임스 게일 1904년 11월 3일 한성에서

게일의 소개서를 받은 햄린 목사는 이승만을 조지워싱턴대학의 총장이며 조선 공사관 법률고문인 찰스 니드햄 박사에게 소개했다. 그 덕분에 이승만은 장학생으로 2학년에 편입할 수 있었고 세례는 같은 해 1905년 4월 23일 부활절에 워싱턴에 있는 커버넌트 장로교(The Presbyterian Church of the Covenant)에서 햄린이 손수 베풀었다. 실제로 이승만은 햄린과 자주 만나기도 하고, 그에게 금전적인 도움을 받기도 하였다. 올리버가 수집한 기록에 의하면 햄린 목사는 1월 6일에 2달러, 1월 8일에 3달러를 이승만에게 주었다고 한다. 이 추천서를 통하여 장로교 선교사 게일이 얼마나 이승만을 잘 알고 있었고, 또한 그를 사랑하며 그의 장래를 위해서 기도했는지를 알 수 있다.

이승만은 하버드대학 시절부터 졸업 후 자신의 진로 문제에 대해 조선에 있는 게일에게 간간이 편지로 조언을 구했다. 게일은 한결같이 조선에는 할 일이 많다고 강조하면서 꼭 귀국하여 함께 일할 것을 권고하였다. 게일은 이승만이 황성 기독교청년회에서 일하는 것이 좋겠다고 조언하였고, 이승만은 프린스턴대학에서 박사 학위를 받은 다음 날(7월 19일), 취임 수락 편지를 썼다. 이승만은 귀국하여 기독청년회의 총무로 활동하는 동안(1910~1912)에도 게일과 자주 교제했다. 이로써 게일은 이승만과 사제지간 같은 긴밀한 관계였고, 멘토 역할을 하였다.

게일은 이승만의 지도자적인 능력을 보았고 그것을 개발하도록 도왔으며 이승만에게 그리스도의 사랑과 인간적인 관계로 자랄 수 있도록 도왔다. 그러한 게일의 헌신은 이승만을 대한민국 초대 대통령이 되게 하는 데에 크게 기여하였다.[287]

287   윤희성, "청년 이승만과 선교사 제임스 게일 '멘토링' 관계 - 엘림교회 김낙환 박사", <뉴데일리>

6장

맺음말

– 선교사들이 전해 준
7가지 근대 문명의 유산

무속과 우상 숭배로부터의 해방

선교사들이 조선에 들어와 가장 이해하기 힘들고 변화시키기 어려운 것이 조선인들의 의식과 삶에 깊이 뿌리내린 미신 의식과 무속 행위였다. 조선인들은 자신들의 생사 화복의 여탈권을 귀신이 잡고 있어 그 귀신들을 화나게 하면 안 된다는 고정 관념에 사로잡혀 있었다. 다양한 귀신들에게 제물을 바치고 무당을 통해 그 화를 풀고 복을 빌어 무사와 부와 건강을 보장받으려 했던 조선인들의 오랜 인습은 삶의 일부가 되었고 전통이 되어 있었다. 그들은 집을 짓기 전에도 무사히 건축되게 해 달라고 무당을 불러 굿을 하였고 병이 들어도 치유를 위해 무당에게 매개를 위탁하였다.

비가 오지 않으면 왕과 문무백관들이 참여하여 하늘 신에게 제사를 올리기도 하였다. 일반 백성들은 길을 떠나거나 이사를 할 때도 점쟁이와 무당에게 예언 기도와 무사안일을 빌었다. 이뿐만 아니라 모든 물체와 자연 세계에도 귀신이 붙어 있다고 굳게 믿었다. 그래서 그 대상들에게 끊임없이 제사를 지내야 했다. 유교의 성리학을 믿는 유학자들도 미신을 멀리하지 못했고, 심지어 왕과 왕비도 무당을 왕실로 불러들여 나라의 길흉을 물었으며 생사 화복의 문제를 의탁하기 위해 수많은 굿을 행하여 국고를 탕진하였다. 일반 백성들도 제사와 굿에 재산을 낭비하였다. 특히 양반 계층은 매해 4대 조상에게 망자를 위한 제물을 받쳤기에 가난한 가문은 제사 비용을 감당할 수 없을 정도였다. 국가적으로나 개인적으로 경제적 빈곤이 초래될 수밖에 없었다. 한편 이는 그 가문의 체면과 영예를 과시하기 위한 것이기도 하였다.

성결교회 초대 감독인 존 토마스(John Thomas, 선교 기간 1910~1920)가 남긴 기록에 의하면 고종의 어머니 엄 씨 장례식을 구경할 때 장례식에 관이 2개라는 사실이 신기하였는데, 그 이유는 악령이 시체를 훔쳐 갈 수 있어 악령을 속이기 위해 가짜 관을 만든 것이었다. 한마디로 조선은 미신과 악령, 우상 숭배가 지배하는 나라였다.

『성경』에서도 악령과 귀신의 존재와 지배를 인정한다. 그러나 하나님은 이 악한 영들을 지배하고 계신다. 예수님은 공생애 중 귀신과 질병에 눌린 자들을 자유케 하셨고 사도들도 그같이 귀신 들린 자와 불치병자들을 치유해 주었다. 선교사들은 이런 기독교의 전통과 『성경』의 가르침을 가지고 선교지인 조선에 들어와 영적으로 억압받고 무지와 미신에 사로잡힌 자들을 그리스도의 사랑과 믿음으로 자유케 하였고 서구의 과학적인 의술로 저들의 병든 육신을 치유함으로 소망을 주었으며 귀신 문화를 퇴치하는 데 힘을 기울였다. 그로 인해 조선인들은 영혼이 자유케 되었다. 특히 선교사들이 설립한 학교의 근대교육은 조선인들을 잘못된 전통에서 벗어나게 하는 지적 판단 능력을 가지게 함으로 근대화된 백성으로 개화시켜 나갔다.

진리가 너희를 자유케 하리라(요8:32)

✢

신분제 폐지와 남녀평등운동

조선 시대 말기에는 어느 시대보다 노비(奴婢)가 전 인구에 차지하는 비중이 커서 약 40%까지 차지할 정도였다. 조선의 학자 성현 (1439~1504)은 "조선 사람 중 절반이 노비"라고 말하기도 했다. 노비 외에도 광대, 대장장이, 백정, 기생, 무당, 상여꾼, 천민, 하천배 등이 천민 신분이었다. 이들 모두 합하면 약 70%가 사실상 천민들이었다. 한마디로 노비의 나라였다. 건장한 남자 노예의 가치는 조랑말 한 마리에 해당하였고, 6~8명의 여비의 가치는 남자 노예 한 명의 가치로 거래되었다. 이런 노비의 생살여탈권은 오직 주인에게 달려 있었다. 그만큼 그 시대가 경제적으로, 사회적으로 매우 힘든 시기였기에 빚을 갚지 못하면 노비를 자처하거나 강요받아 평민에서 노비가 된 이들도 많았다. 경제적으로 어려우면 자식과 아내를 파는 인신매매까지도 성행하였다. 심한 경우 권력층의 양반도 역적이 되면 그 집의 자식 중 여자들은 국가에 속한 관비가 되기도 하였다. 이들은 인간 취급을 받지를 못해 이름도 갖지 못했고 옷도 차별화된 옷을 입어야 했으며 백정들은 제일 하층민으로 차별되어 별도의 지역에서 집단생활을 해야 했다. 이후 선교사들의 노력으로 저들도 상투를 틀게 되었고 민적에 등재되어 한 나라의 백성이 될 수 있었다.

선교사들은 조선 사회에서 가장 천대받는 계층들에게도 차별 없이 전도하며 치료하는 선행과 이웃 사랑을 보여 주었다. 더 나아가 이들도 양반과 함께 예배당에서 예배하고 신앙의 공동체를 형성하도록 하였다. 초기에는 양반과 평민들의 거센 저항에 부딪혔으나 결국은 선교사들의 헌신 끝에 함께 예배를 드리게 되었고, 이후에는 백정 출신이 왕족 출신과 동일한 장로가 되어 함께 교회를 섬겨 나가게 되었다. 기독교의 박애주의 사상은 모든 사람이 창조주 하나님의 동등한 자녀이고 백성임을 알려 주고 각성시켰다.

선교사들은 그 당시 여자들, 그중에도 여아와 과부들에게도 전도하며 하나님의 동등한 자녀인 것을 가르치고 평등케 하는 운동을 함으로 사실상 시대를 앞서는 여성 인권 의식을 각성시키고, 제도적 보장에 힘을 실었다. 이를 실현한 곳이 교회로서 여성들도 교회의 구성원이 되어 여전도회를 꾸려 봉사활동을 참여하게 함으로 남성 위주의 사회에서 벗어나 여성도 함께 참여하는 남녀평등 제도에 동참케 하였다. 이는 봉건적 남녀차별 사회에서 최초로 남녀평등 사회를 실현한 것이었다. 그로 인해 여성도 범사회 활동과 교회 내에서의 그들의 역할이 강화되어 교회 내에서는 동등한 공동체가 형성되었다.

이뿐만 아니라 조선의 아이들은 집안에서나 사회에서 존재감이 없었으나 교회에서는 이들에 대한 교육과 예배 참여가 이루어지고 인성과 학식 교육을 제도적으로 진행하였다. 그 당시 교회는 학당과 학교를 설립하여 아동들을 체계적 공교육으로 강화시켜 신앙인뿐만 아니라 최종적으로는 실용적 사회인으로 양육하여 배출하였다. 이처럼 선교사들은 조선 사회에 남녀노소 차별 없는 평등 사회 실현과 신분상 차별 없는 새로운 사회 정의를 실현시켜 나갔다.

이 같은 근대 문명화를 위한 사회 개혁의 시작이 선교사들에 의해 시작되고 10여 년 후부터 본격적으로 조정의 개화파들이 일본식 개혁을 추진하였다. 갑오개혁이라 불리는 새로운 정책이 정부의 주도하에 1894년 7월부터 1895년 7월에 걸쳐서 추진되었다. 그 내용은 노비제도 폐지, 인신매매 금지, 조혼 금지, 과부의 재가 허용, 고문과 연좌제 폐지 등이었다. 그러나 기득권층의 반발과 개혁 세력의 힘의 부족으로 결국 실패하였다. 즉 제도만 만들어진다고 개화가 되는 것이 아니었다. 시민들과 기득권층들의 참여가 소극적이었으며, 그 당시의 경제가 피폐하여 노비들이 독립적인 경제 활동을 할 수 있는 사회 환경도 형성되지 못하였다. 또, 노동과 상업 활동에 대한 천대 의식이 여전히 강하였기에 실효적인 결실을 거둘 수가 없었던 것이다. 이러한 개혁 운동이 성공하기 위해서는 자발적인 내적 변화와 외부로부터의 개화와 계몽이 필요하였다.

이러한 시대 상황에 선교사들은 체계적인 근대식 교육을 통해 조선인들을 변화시켜 나갔다. 이들이 전국에 설립한 약 700여 학교는 초등 과정부터 대학 과정에 이르기까지 신분과 성별의 차별 없이 누구나가 원하면 근대식 교육과 신앙 교육을 받게 하여 개화된 근대인으로 양성하였다.

❖

민족의식의 각성과 보편화

서구의 선교사들이 조선에 들어와 문명화 사역을 하기 전까지만 해도 조선인들은 오랜 봉건사상과 엄혹한 신분차별 문화를 운명처럼 여기며 살았기에 자신들의 권익 의식뿐만 아니라 민족이라는 공동체 의식이 결여되어 있었다. 심지어는 자신들의 생살여탈권마저도 왕과 권세자들에게 있다고 인식했기에 자주적 민족의식과 공동체적 참여 의식이 있을 수 없었다.

그러나 일제 강점기 중 선교사들에 의한 기독교적 민족주의와 민주 사상의 교육을 통해 천부인권(天賦人權) 의식의 각성과 이스라엘처럼 선민적 민족의식이 형성되었다. 특히 미션 계통의 학교에서는 『성경』의 모세와 다윗왕 같은 위인뿐만 아니라 유럽의 위대한 민족지도자들에 대한 교육을 통해 자연스럽게 민족의식을 고양시켰다. 예를 들어 일제의 침략적 만행과 조선의 독립운동을 서술했던 맥켄지(F. A. Mkenzie)는 『자유를 향한 조선인의 투쟁(Korea's Fight for Freedom)』 (Yonsei University Prees, 1969)에서 이같이 주장했다.

> 일본이 조선을 병탄하기 전에 많은 조선인이 기독교에 입교하였다. … 미션계 학교에서는 잔 다르크, 햄프턴 및 조지 워싱턴 같은 자유의 투사들에 대한 이야기와 함께 근대사를 가르쳤다. 선교사들은 세계에서 가장 다이내믹하고 선동적인 『성경』을 보급하고 가르쳤다. 『성경』에 젖어든 한 민족이 개화될 때는 그 민족이 절멸되든가, 아니면 학정에 저항하든가 하는 두 가지 중 하나가 일어나게 된다.

일제 강점기에 조선총독부는 기독교계의 민족의식 고취를 금하려고 사립학교법을 개정(1915)해서 『성경』 교육과 종교의식 금지, 미션스쿨 설립 방지를 강구하였다. 그만큼 기독교계의 민족의식 각성을 제거해야 하는 필요성을 절감한 것이었다. 결국 일제는 1930년대 후부터 신사참배에 참여치 않는 선교사들을 포함해서 모든 외국인 교사들을 강제 추방하였다.

1911년에 터진 '105인 사건'은 비밀 독립 조직으로 창건된 신민회에 대한 가혹한 탄압이었지만 여기에 연루된 사람들은 대부분 서울과 서북(평안도, 황해도) 지방의 기독교 인사들이었다. 또한 3.1 만세 운동을 주도하고 기획한 사람도 33인 중 절반 이상이 기독교인들이었다. 이 당시 기독교인들이 전체 국민에 차지하는 비중은 약 1.3%에 불과한 것에 비하면 이 당시 기독교인들이 민족의식을 견고히 갖고 있었음을 알 수 있다. 해방 전 임시정부에도 거의 절반이 이승만, 김구, 김규

식, 여운영, 손정도와 같은 기독교인들로 구성되어 있었다.[288]

✣

건국 지도자 양성

선교사들이 조선의 암흑기를 개화기 또는 여명기에 이르게 함으로 조선 근대사의 자국화를 위한 인재들이 미션스쿨을 통해 양육되었다. 그들은 곧 건국의 지도자로서 그 시대에 기여하게 되었다. 이는 한국의 근현대사가 객관적으로 입증하고 있다. 선교사들이 조선에 들어와 가장 집중적으로 관심을 가진 분야가 바로 교육이었다. 그 이유는 조선인들은 자국의 우수한 문자가 있음에도 전체 인구의 약 90%가 문맹자였기 때문이었다. 이들에게 『성경』을 읽히고 자국의 문자를 쓰게 해야 신앙 교육과 일반 교육을 통한 개화가 가능했기에 미션스쿨을 설립하였다. 일제 강점기 이전에는 공교육화에 미션스쿨이 차지하는 비중이 절대적이었다.

일제 강점기에는 그 이전에 세워졌던 중고등 기독교 학교들뿐만 아니라 대학 과정의 학교들이 설립을 준비하고 있었다. 연희전문(1915), 이화여전(1927), 숭실전문(1925)에서 약 4천여 명의 학생들이 배출되었고 그들은 민족의 지도층이 되어 각각 역할을 하게 되었다. 이들은 민족 운동가들이었고 동시에 개화의 계몽가들이기도 하였다. 대표적 민족지도자로는 윤치호, 이승만, 김구, 안창호, 김규식, 백낙준, 임영신,

---

288   공병호, 『이름 없이 빛도 없이 미국 선교사들이 이 땅에 남긴 것』, 공병호연구소, 2019.11, pp.392~393

김활란, 조만식 등과 기독교 지도자로는 한경직, 김재준, 박형룡, 박윤선 등이다. 이들 중에는 미국과 일본으로 해외 유학을 하고 귀국하여 일제 강점기에는 독립을, 해방 후에는 건국을 위해 헌신하였다.

허명섭 박사는 「대한민국 건국과 종교 세력의 건국 운동을 중심으로」(19회 영익기념강좌, 2015)라는 논문에서 개신교 출신 인사들의 건국 초기 사역에 대해 구체적인 수치를 들어 서술하였다.

> 미 군정 행정 고문 11명 중 6명(55%), 군정의 초대 한국인 국장 13명 중 7명(54%)이 개신교인이었다. 입법 의원 90명 중 21명, 초대 제헌의원 190명 중 38명이 개신교인이었다. 그 당시 개신교인들은 전체 인구의 약 1%대에 불과하였다.

1945년 9월부터 1948년 8월 15일까지의 미 군정하에서의 통치는 민주정치를 한 번도 법제화해 보지 못했던 한국인으로서는 민주정치의 학습과 적응 기간이기도 하였다. 이러한 군정에서 혁혁한 기여를 한 미군의 정책자들 가운데에는 놀랍게도 선교사의 자녀들이 상당수 있었다. 이들은 한국 태생이었기에 한국어 구사와 한국 문화에 누구보다 능숙했고, 성년이 돼서는 미국으로 건너가 대학 공부를 한 지식인들이며 한국에서 전쟁이 나자 자원입대한 2세 선교사들이거나 선교사 출신자들이었다.

1940년 추방당한 윌리엄스 선교사의 아들 조지 윌리엄스 소령(1907~1994), 역시 추방당한 윔스 선교사의 아들 크라렌스 윔스(1907~1996), 언더우드 선교사의 아들 원한경 선교사, 감리교 노블 선교사 아들인 해럴드 노블(1903~1953) 등이 미 군정의 통역 혹은 고문관으로 내한하여 행정 업무를 보았고 이들이 한국인으로 군정에 참여한 인사들을 추천하였다.

　조병옥, 윤보선, 장덕수, 김도연, 임영신, 박인덕, 이묘묵 등으로 이들은 미국 유학을 경험한 인재들이었다. 1946년 12월 군정 실시부터 1947년 8월까지 미군정청에 임명된 13명 중 7명이 개신교인이었다. 미 군정은 내한 선교사라는 풍부한 인력풀 덕분에 한국 상황을 조기에 파악할 수 있었다. 미 군정의 목표는 미국과 같은 자유민주주의의 대한민국을 건국하도록 법제화하여 탄생시키는 것이었다. 이에 모든 합법적 과정을 거쳐 1948년 5월 10일 선거를 통해 국가를 출범시켰다. 이렇게 건국된 대한민국의 대표 지도자인 초대 대통령 이승만은 이미 50여 년 전 청년기에 아펜젤러가 세운 배재학당에서 공부했으며 한성감옥에서 5년 7개월 동안 갇혀 있을 때 선교사들의 전도와 사랑에 큰 감동을 받아 참다운 신앙인이 되었다. 1904년 2월 7일 감옥에서 러일전쟁 발발 소식을 전해 들은 그는 그해 2월 19일부터 넉 달 동안 비장한 심정으로 『독립정신』을 집필하였다. 특히 대상 독자를 가장 천하고 무지한 동포를 대상으로 순 한글로 집필하였다. 그 집필 동기는 다음과 같다.

　　지금 우리나라에 독립이 없다 함은 외국이 침범함을 두려워함도 아니요, 정부에서 보호하지 못함을 염려함도 아니요, 다만 마음속에 독립 두 글자가 있지 아니함이 참 걱정이라…

　이글은 외국의 침범이나 정부의 무능보다 더 큰 문제는 백성이 독립심을 갖지 못하는 상태, 곧 국민의 심성에 뿌리내린 노예근성이라는 지적이다. 국민이 독립심을 갖기 위해선 스스로 고귀하고 존엄한 존재라는 믿음을 가져야 하며 그러한 강력한 믿음 위에서만이 백성은 권리

를 가진 근대적 자유인으로 거듭날 수 있다고 간파하여 전 백성들을 향해 옥중에서 호소한 것이었다.[289]

이승만의 이러한 보편성 있는 기독교적 국가관과 역사의식은 그 후 그의 정치적 성향에 결정적 영향을 주었다. 이승만을 비롯한 그 당시 건국의 지도자들이 선교사들의 영향을 받아서 이구동성으로 자유, 민주, 공화, 인권, 법치 등의 인류의 보편적 가치를 선양했기에 오늘날의 대한민국이 자유민주주의 국가로 그 정체성을 갖게 된 것이었다. 그의 정치적 정체성은 배재학당과 미국에서의 유학과 독립 활동이 그 토대가 되었다. 그렇게 되기까지 언더우드, 아펜젤러, 벙커, 에비슨, 게일 등이 이승만에게 영적, 정신적 멘토가 되어 주었고 그의 앞길을 열어 주었다. 특히 미국 선교사들이 세운 미션스쿨들은 대한민국의 정치와 사회 분야의 지도자들을 배양하는 산실이 되어 사회에 지속적인 영향을 주었다.[290]

✤

질병으로부터의 해방과 의료 전문인 양성

1884년 9월에 미북장로교의 선교부로부터 파송된 알렌은 선교사의 신분이 아닌 미국공사관의 공의로 입경하여 외국 공사관의 직원들을 비롯하여 조선인들을 찾아다니면서 인술을 베풀었다. 후에 공식적으

---

289   송재윤, "이승만의 '독립정신', 주사파의 '좀비 정신'", <조선일보>, 2023.6.25
290   상기 동일 자료, pp.398~400

로 병원을 개원하여 조선인들을 대상으로 치료 활동을 하였는데, 특히 1885년 4월에 조선 최초의 서양식 병원인 광혜원(廣惠院)에서 왕과 왕비를 비롯한 왕실의 사람들부터 일반 백성과 천민에게 이르기까지 찾아오는 환자들을 진료하고, 거동 못 하는 환자들은 찾아가서 왕진하는 활동을 통해 매우 광범위한 의료 봉사 활동을 하였다. 광혜원은 1년 동안 265명의 환자를 입원시켜 치료하였고 그중 150명에게 서양식 외과 수술을 하였다. 통원 치료를 받은 환자의 수는 1만 460명이었다.[291]

1885년 9월에 윌리엄 스크랜튼 선교사는 정동의 주택에 방 하나를 얻어 진료실로 개조하여 환자를 치료했다. 이 진료소가 후에 시병원과 여성 전용 병원인 보구여관으로 발전하였고 후에 오늘날 이화여자대학 부속병원의 전신이 되었다.

1897년에 대구 선교지에 도착한 우드브리지 존슨 선교사는 1899년 10월에 제중원이란 이름의 진료소를 열었고, 1911년에는 동산기독병원으로 개명하여 60개의 병상이 1천 개의 병상으로 늘어나는 비약적 발전을 하면서 그 지역의 많은 한국인을 치료하고 선한 사역을 하여 영혼 구원과 육신의 질병 치료, 전염병 퇴치에 공헌하였다. 이북 평양에는 평양기홀병원(1892), 원산구세병원(1899) 등 27개 이상의 서양식 병원이 조선인들을 위한 의료 사역을 하였고 조선인 의료 전문가들을 배양하였다.

조선에서는 오랫동안 끊임없는 전염병으로 많은 사람이 희생되어 왔다. 그 당시 전염병에 걸리면 가족들의 전염을 두려워해 성 밖으로 쫓아내 방치하였다. 대표적인 그런 장소가 아현 고개의 '애오개'였다. 이곳은 특히 어린아이가 죽었을 때 그 시체를 버리는 곳이었다. 이런

291 전택부, 『양화진 선교사 열전』, 홍성사, 2013, pp.41~42

곳을 찾아와 치료 봉사 활동한 선교사가 윌리엄 스크랜튼이었다. 그가 선교본부에 보낸 편지(1897.8.13)에는 "성문 밖 어느 곳을 가 보든 언제나 버려진 환자들을 수백 명씩 발견할 수 있었습니다"라는 내용이 담겨 있다.[292] 이를 바라본 조선인들은, 서양인들은 조선인들이 생각하지 못한 한 생명에 대한 고귀한 가치 의식을 가졌음을 알게 되었고, 한 생명을 살리기 위해 헌신적인 노력하는 선교사들의 박애주의에 크게 감동하였다. 그런 조선인 중에는 그리스도의 무조건적인 사랑에 감화되어 자진하여 그리스도인이 된 사례가 많았으며 이것은 기독교의 사회화와 교회 성장에 근저가 되었다.

그 당시 조선인 중에는 나병 환자와 결핵 환자도 많았다. 이들을 자신의 생명처럼 여기며 헌신적으로 치료해 주는 선교사들의 모습에 서양인들을 배타적으로 보던 조선인들은 그들을 존경하게 되었고, 그 신앙을 본받고자 하였다. 특히 셔우드 홀 부부의 황해도 해주의 결핵요양소 건립과 운영은 당시 조선인들이 절망적으로만 생각하던 결핵에 대한 인식을 희망적으로 바꾸었고, 결핵 예방 운동을 통해 많은 조선인이 망국적 병으로부터 벗어나도록 도왔다.

선교사들은 조선의 나병과 결핵에 대한 심각성을 인식하고 1920년에 한국 최초의 나병학과와 결핵학과를 설치하여 의료 선교사 플레처(Archibald G. Fletcher)를 책임자로 임명한, 이른바 플레처 계획을 세브란스병원 원장 에비슨에 의해 실천에 옮겼다. 나병 전문병원 설립은 일제에 의해 거부되었지만 세브란스병원 내 결핵 병사 건립은 결실되었다. 세브란스병원이 집계한 통계치(1920)에 따르면 외래 환자 가운데 30%가 결핵 환자였으며 매년 5만 명이 사망할 정도로 무서운 병이

---

292   공병호, 『이름 없이 빛도 없이 미국 선교사들이 이 땅에 남긴 것』, 공병호연구소, 2019.11, p.414

었다.[293]

이런 질병에 누구도 관심이 없고 치료와 예방을 하지 못하는 현실에서 선교사들은 기독교의 박애 정신을 가지고 헌신적으로 조선인의 생명을 구하는 일에 앞장섰다.

조선인들이 또 가장 두렵게 여겼던 질병 중 하나가 나병이었다. 발병되면 가족과 떨어져야 했고 약도 없었기에 징벌적 질병으로 여겼다. 그러나 서양 의료 선교사들이 내한하여 이들에게 갱생의 문을 열어 주었다. 1904년 미국 북장로회 선교부에서 어빈(Irvin) 박사와 빈튼(Vinton) 박사 그리고 스미스(W. E. Smith) 목사가 조선에서 나환자 사역이 적절한지를 조사하는 위원회에 임명되었다. 새로운 나환자 요양소의 본관이 1909년에 세워졌고, 이듬해 20명의 나환자가 수용되었다. 1907년에는 '인도와 동양 나환자 선교회'가 400달러를 주어서 그것으로 사역을 시작할 수 있었다.

1911년에는 조선의 유일한 치료 기관에 40명의 나환자 수용자가 있다고 보고되었다. 1914년 부산의 선교 기지가 호주 장로교 선교회에게 넘겨질 때, 부산에 있는 나병 환자 요양소도 함께 넘겨졌고, 부산을 방문한 인도와 동양 나환자 선교회의 베일리(Baily) 그리고 그의 부인이 건물을 증축하도록 1,500달러를 지원하기로 약속하였다. 이후 나환자 수용자의 수는 80명으로 늘었다.

미북장로교 선교회는 1915년에 나환자를 위한 두 번째 요양소를 세웠다. 처음에 8명의 여자와 12명의 남자 환자들이 작은 한옥에서 보살핌을 받았다. 베일리 부부는 100명의 환자를 수용할 수 있는 건물을 짓는 데 필요한 5,000달러를 주기로 하였다. 베일리 부부가 대구에 와

---

293   상기 같은 책, p.415

서 이 약속된 예산을 놓고 기도하는 동안, 영국의 한 후원자가 나환자 치료소를 위해 5천 달러를 기부하였다.

1904년부터 1916년까지 나환자 사역을 위해 상설위원회를 두었다. 어빈 박사, 빈튼 박사, 존 플레처 박사, 스미스, 부르엔(Bruen), 윈(G. H. Winn)은 서로 다른 기관 위원회에서 활동을 하였다. 부산의 사역이 1916년에 호주 장로교로 넘겨졌다. 부르엔 선교사는 1920년에 120명의 나병 환자에게 설교하였으며 세례를 36명에게 주었다. 1924년에는 나병원에 새 병동이 더해져서 300명을 수용할 수 있게 되었다. 이때 미국 나환자선교회 총무인 대너(W. M. Danner)가 조선을 방문하였다. 1923년부터 1924년 사이에 일본 황실 가족이 대구 요양소에 200달러를 주었고, 조선총독부는 3천 5백 달러를 기부하였다.

1925년에는 대구 병원에서 박 박사는 나환자들에게 한 주에 500대의 주사를 놓았고 상처 치료는 1,000번을 하였다. 이때 수용자의 수는 350명이었다. 100명이 이미 확실하게 치료되어 퇴원하였다. 당시 조선의 4개 요양소에서 약 2천 명의 나병 환자가 보살폈고, 조선 전역에서 약 2만 명의 나환자를 돌보는 일을 하면서 수년에 걸쳐 여러 지역의 '나병 추정 환자들'과 초기 단계 환자들에게 주사를 하였다. 조선에서 나병은 대부분 남부 지방에 집중되었다.[294]

---

294   해리 로즈, 최재건 역, 『미국 북장로교 한국 선교회사』, 연세대학교출판부, 2010.9, pp.497~498

문맹(文盲)에서
문명(文明)으로의 개화운동

조선 시대의 일반 백성들과 천민의 생활은 사대부들과 일부 양반 계층들처럼 한문을 접하고 『천자문』과 『사서오경』을 배우는 환경과는 거리가 멀었다. 한문은 기득권층의 문자였고 이들은 이에 대한 우월감을 느끼면서 글을 모르는 일반인들과 천민들을 무시하였다. 즉, 한문은 당시 자기 과시의 도구이기도 하였다. 한글은 창제되었지만 대중화되지 못하여 천민과 여자들이나 배우고 사용하는 언문에 불과하였다. 조정에서는 한글을 공문화하려 하자, 이에 반대하여 유생층들이 상소문을 올리기도 하였다. 1896년 〈한국 휘보 6월호〉에 학부대신인 신기선(申箕善, 1851~1909)이 고종에게 갑오개혁에 대해 이 같은 상소문을 올렸다.

> 언문을 사용하는 것은 짐승과도 같은 행위며 화약을 안고 불에 뛰어드는 것과 같습니다. 그것은 종묘사직의 파괴와 공경할 만한 유가 고전의 파괴의 시작입니다. 그러니 저를 내각에서 제외시켜 줄 것을 앙망하나이다.

그러나 선교사들은 어려운 한문을 배우는 일에 매달리는 것이 얼마나 우매한 것인지 그리고 한자의 더 큰 폐해, 즉 유교식 사고방식과 관습을 이어가는 도구라는 점을 정확히 인식하고 있었다. "어떻게 하면 조선인들이 한자의 영향을 벗어나 조선어를 사용하게 할 수 있을지에 대한 질문이 꼭 나온다"는 헐버트 선교사의 주장에서 선교사들이 한글 이야말로 선교에 결정적인 도구로 인식하고 있음을 알 수 있다. 캐나다 선교사인 제임스 게일은 이론이 아니라 실제로 '전혀 교육을 받지 못한 사람들도 한 달 정도면 언문을 깨우쳐서『성경』을 읽는다'는 사실에 감탄하였다.

조선에서 한글이 보편화될 수밖에 없는 강점이 있었음을 선교사들은 알고 있었다. 바로 배우기가 쉽다는 점이었다. 여기에다 '모든 신자는 남을 가르치는 선생이 되어야 한다'는 자립 전도의 선교 원칙에도 한글은 가장 적합한 언어였다. 여기에 꼭 필요한 일이 한글『성경』과 전도지를 만드는 일이었다. 이에 대해 박연호, 김근영 교수(광주교육대학교)는「기독교 선교사들의 한글 교육, 1884~1905」이라는 논문에서 한글『성경』과 전도지 제작에 대해 이런 평가를 내렸다.

> 서구 선교사들은 선교를 할 때『성경』을 그 나라 언어로 번역하는 기본 원칙을 가지고 있었다. 이것은 개신교의 특성을 반영하는 것이기도 하다. 천주교가 세례를 통한 천주와의 교통을 추구했다면, 개신교는 개개인이 직접『성경』을 통해 하나님을 만날 수 있다는 것을 전제한다. 조선 땅에서의 민중 지향적인 기독교와 문서 중심 선교활동의 접합점은 바로 한글이었다. 선교사들은 일반 백성과 부녀자들을 중점적으로 전도하기 위해 한글로『성경』과 전도 문서를 번역해야 했고 기타 출판물도 한글로 출간해야 했다.

선교사들의 한글 교육은 이렇게 진행하였다. 학교에서는 언문이란 별도 과목을 학생들에게 가르쳤다. 학교(학당) 밖, 즉 교회, 마을, 사랑방 등 전도 현장이라면 어디든 한글 교육을 하였다. 인상적인 일은 조선 사회에서 푸대접받던 신분이 낮은 사람들이 선교사들을 통해 자기 나라 글을 배우고, 그들 또한 다른 사람을 가르친 것이다. 심지어 계몽 지식인인 윤치호(尹致昊, 1865~1945)는 한글을 체계화하는 임무의 상당 부분을 선교사들이 맡아 주어야 한다고 언급하기도 했다.

> "조선은 고유의 문자가 날로 사용이 늘어난 데 대해 선교사들에게 빚지고 있다. … 나는 그들이 언문의 철자법 방식을 통일하고 단순화할 수 있는 개혁과 혁신을 도입하는 데 망설이지 않기를 바란다."

1898년 무렵 한글 『성경』과 찬송가와 소책자가 유료로 보급되었음에도 모두 완판이 될 정도로 일반인들에게 인기가 많았다. 이는 곧 한글의 대중화를 말하는 것이었다. 1930년대에 와서 이런 한글 보급을 통해 전 인구 중 22%가 한글을 깨쳤다. 즉 78%가 문맹들이었다. 22%를 문맹에서 문명인으로 개화한 공로는 전적으로 선교사들의 것이었다.[295]

선교사들의 『성경』 번역은 단지 기독교 경전의 번역으로만 영향을 준 것이 아니라 한글이 민족의 문자가 된, 한글의 재발견을 한 일이었다. 선교사들은 한글을 조선 민족이 공유하게 하여 문명의 자산으로 넘겨 준 것이었다. 나아가서 민족 언어가 『성경』 언어로 격상되면서 조선 민족의 지적, 윤리적 발전을 가져왔고, 이는 경제적 자립과 신분 해방의 토대가 되었다. 즉 입말과 글말이 일치하게 되자 한문과 양반층에 눌려 살던 사람들이 사람답게 사는 세상이 되었고 진리가 자유롭게 하는 세상을 누리게 되었다.

---

295   상기 동일 책, pp.416~419

그 당시 최하층의 백성들이었던 백정, 다수의 노비층, 빈농, 부녀들이 한글을 익히게 되면서 언문(言文)일치의 시대가 열렸다. 한글『성경』을 읽고 자란 첫 세대라고 할 수 있는 1910년대의 기독교 학생은 1912년의 105인 사건 때 검거된 선천학교 학생들이었고 1919년 3.1만세운동에 적극 참여한 이들이다. 이들은 민족주의와 민주주의 사상, 독립의식이 강했다.[296]

한글 대중화의 성공은 선교사들이 조선인들에게 배움의 환경을 제공함으로 성취되었다. 그에 대한 하층민들의 반응은 신학문과 신종교를 향한 배움의 열망으로 나타났다. 한글 학자인 최현배 박사는 한글과 기독교와의 상호 관계에 대해 이같이 말하였다.

"기독교 때문에 한글이 살았고 한글 때문에 기독교가 빨리 전파되었다."[297]

그 결실로 지식층이 두텁게 축적되었고, 그들은 곧 민족의 자산이 되었으며 후에는 나라가 문명국으로 일어서게 되었다. 지금은 대학 진학률이 80% 이상으로 세계에서 가장 높아 교육 선진국이 되었으며, 이는 국력 상승의 원천이 되었다.

참고로 개신교보다 100년 앞선 1785년에 천주교의 교리가 이승훈에 의해 조선에 전파되었다. 그 후 정약용의 3형제 중 정약종(丁若鍾, 1760~1801)도 천주교인이 되어 순수 한글로만 저술한 천주교 교리를 해설서로 풀어서 간행하여 양반층만이 아닌 부녀자들과 어린이들에게도 전하고 가르치기 위해『주교요지(主敎要旨)』를 발간하였다. 이것은

296   옥성득,「첫 사건으로 본 초대 한국교회사」, 짓다, 2016.10, p.394
297   박호용,「하나님의 시나리오 "조선의 최후"」, 동연출판사, 2022.2, p.249

이후에도 계속 비밀리에 발간되었는데, 1895년 목판본과 1897년 활자본으로 출간되었다.[298] 이로써 천주교는 개신교보다 먼저 전래되어 한글로 된 천주 교리를 전파했으나 안타깝게도 대중화되지 못하였다. 반면 개신교는 한글을 통한 문명화 사역으로 한국인에게 가장 대중적인 종교로 자라나게 되었다.

✛

공산화 저지와
자유민주주의 각성

선교사들이 140여 년 전에 우리 선조들에게 심어 준 가장 보편적인 가치관(Universal Value of Humankind)은 인간의 존엄, 자유, 평등, 박애, 자유민주주의였다. 국가 건국 당시 이 가치관을 헌법에 명시하면서 이 땅에 자유민주정치가 정착되었고, 국민은 사회윤리를 향유하게 되었으며 나아가 오늘날 한국인의 핵심가치(Core Value)가 되었다. 이러한 사상은 선교사들이 기독교를 전할 때『성경』을 바탕으로 한 천부인권 의식과 이웃 사랑과 가족애를 우리에게 심어 주고 자라나게 한 데서 비롯되었다. 그로 인해 해방을 전후하여 공산주의 침투와 저항이 큰 조류를 일으켰을 때 이에 대한 이념의 분별력과 저항과 배격 사상을 갖고 맞설 수 있었고 오늘날까지 민주주의 국가로서 그 정체성을 유지할 수 있었다.

---

298   서종태, 「정약용의『주요교지』에 대한 문헌학적 검토」, 한국사상사학 18권, 2002.6, pp.198~199

일제 강점기 중에 일본과 중국과 소련을 통한 칼 막스의 공산주의가 유입되어 교회의 청년층과 지식층에게도 상당한 영향을 주었으며 일부는 열성분자로 심취되어 교회와 사회에 큰 해악을 끼치기도 하였다. 1945년 해방을 전후하여 그 이념적 부작용이 사회의 각 계층에서 나타나 제주와 여수, 순천과 대구 등지에 큰 혼란이 있었다. 이를 극복할 수 있었던 것은 기독교인들의 신앙에 창조적 유일신론과 보편적 윤리의식, 자유민주주의의 사회질서 의식이 축적되어 있었기 때문이다.

기독교와 공산주의는 근본적인 사상과 교리가 매우 상반되고 충돌된다. 특히 공산주의가 주장하는 무신론과 진화론, 혁명론은 기독교의 핵심 교리와는 근본을 달리한다. 결국 교회와 기독교인들은 공산주의 확산에 반공 세력으로 맞서며 멸공하는 사회적 역할을 하였다. 해방해인 1945년부터 대한민국이 수립되는 1948년까지 남한 내의 좌익 세력(박헌영의 남로당 잔존)에 의한 경찰서 습격이 총 256번 일어났으며, 시위는 60번 일어났다. 반면 우익에 의한 시위는 23번이 있었다. 이 시기에 희생된 민간인이 약 10만 명으로 추계되고 있다.[299]

그 당시에 38선 이북 지역은 소련의 군정으로 강요된 공산 체제가 자리 잡았지만, 이남 지역은 미 군정을 통해 자유민주주의 체제가 자리 잡으면서 건국된 이후에도 지속적인 반공 정책과 기독교의 부흥으로 안정적인 자유민주주의 국가로의 그 정체성을 확립하였다. 이 기간에 가장 결속력 있는 신앙 공동체인 교회가 이 땅의 공산화에 방파제 역할을 감당하였다. 그런 사회적 작용이 가능했던 것은 1945년 이북이 공산화되면서 그 땅의 20여만 명의 기독교인 중에 약 5만~7만여 명이 신앙의 자유를 찾아 남으로 내려와 직접 경험한 공산주의의 폐해

---

299   이혜숙, 「미군정기 지배구조와 한국사회」, 선인, 1949

를 기반으로 이남 지역의 공산화 저지에 힘썼기 때문이었다. 이남 지역의 기독교인들은 약 10만여 명에 불과하였지만 이들 역시 대부분이 공산주의 사상에 동조되지 않았기에 이남 지역에 약 20여만 명 이상이 공산주의 저항 세력으로 활동할 수 있었다.

1945년부터 1948년 미국의 군정 시기, 이남의 주민 중 약 70% 이상이 민주주의 국가보다는 사회주의 공산국가를 희망했었다. 이는 공산주의 모순과 폭력성을 경험해 보지 못하였기에 분별력이 없었던 것이다. 그러나 처절한 6.25 전쟁을 겪으면서 그제야 반공사상을 체득하여 공산주의에 대해 모순성과 경각심을 갖게 되었다. 건국 당시에 이남 지역의 10만여 명의 기독교인과 함께 기독교 입국론을 토대로 나라를 세운 이승만 대통령의 강력한 반공 정책과 상당수의 기독교 정치 지도자들의 공산주의 배척이 있었기에 자유민주주의 국가를 이 땅에 구축할 수 있었다.

해방 지후에 이북 신의주에서 목회를 하였던 한경직 목사는 38 이북 지역이 공산화되어 가자 이에 맞서서 '사회기독당'을 한국 최초로 창당하여 공산화에 저항하였으나, 소련 군정이 무력으로 이를 무산시키자 그곳의 기독교인들과 함께 월남하여 교회를 개척하고 반공 대열에 앞장섰다. 한 목사는 이같이 주장했다.

"신생 국가는 개인의 인격 존중 사상과 개인의 자유사상과 만인 평등사상을 핵심으로 하는 민주주의 국가가 되어야 한다."[300]

대한민국은 미 군정 시기(1945.9.11~1948.8.15)를 거치면서 국민의 자

---

300   같은 책, p.423

유선거를 통해 건국되었고 우리의 헌법에는 지금의 견고한 자유민주주의 정신과 자유시장 활동, 사유재산 보장이 성문화되었기에 개개인의 삶과 경제가 활성화될 수 있었다. 이러한 자유민주주의 국가 체제는 북한의 공산주의 체제와 70여 년 이상 대립하면서도 국가 GDP상 거의 50배라는 압도적인 우위를 차지할 수 있게 되었다.

이러한 결과의 근원은 한 세기 이전 선교사들이 이 땅에 심어 준 가장 보편적 가치인 자유, 평등, 박애주의에 바탕으로 한 자유민주주의 가르침과 해방 후 이 땅에 신앙의 자유를 누리게 된 기독교인들이 더 이상의 공산 세력이 뿌리내릴 수 없도록 압도함으로 이루어진 것이었다.

나가는 말

본 저자는 근래에 대한민국의 근대 문명사 사료들 중에 선교사들의 그 공헌과 그 영향에 대해 매우 약소하게 평가되고 심지어는 폄훼와 왜곡이 있음을 확인하였다. 특히 초·중등의 교과서와 역사박물관에서도 그 내용의 형평성과 객관성이 결여되고 있음을 알게 되었다. 이에 우리의 근현대의 역사 팩트를 근거로 한 새로운 역사 이해가 있어야 함을 절감하였으며, 이를 바로잡아야 한다는 통절한 심정을 금할 수 없었다.

다행스럽게도 최근에 들어서는 역사를 바로잡기 위해 일부 역사학자와 저술인들이 새로운 자료의 발굴과 저술을 통해 유익한 역사 사료들을 출간하였다. 이로써 저자의 적합한 자료 수집과 저술에 큰 도움이 되었다. 특히 김용삼 대기자의 『대한민국 건국의 기획자들』(백년동안, 2015), 공병호의 『이름 없이 빛도 없이 미국 선교사들이 이 땅에 남긴 것』(공병호연구소, 2019), 함재봉의 『한국 사람 만들기 Ⅲ: 친미기독교파 1』(에이치(H)프레스, 2021)와 그 외에 알렌과 에비슨의 자료집 등이 큰 힘이 되었다.

'역사는 과거와 현재와의 대화'라고 한다. 이는 지난 과거의 역사가 끊임없이 연구되고 재평가될 때 그 나라와 민족의 역사는 미래지향적으로 나갈 수 있다는 것이다. 이 저서가 그런 의미에서 리뷰될 때 역사가 생산적인 민족 자산으로 남으며 미래 세대에 유산으로 전해질 것이다.

역사의 3요소는 '사건'과 '시간'과 '인물'이다. 한국의 근현대사에서도 역시 그 시대에 쓰임 받은 선교사들이 태평양을 건너 어둠의 땅 조선에 정착하여 자신과 가족들의 삶과 사명을 다하는 헌신적인 문명사적 사역이 있었다. 이들은 역사의 3요소를 다 충족시킨 그 시대의 주역이었다. 자명한 사실은 그들이 대한민국 근대 문명화의 선도적 역할을 하였고 그 중심에 서 있었다는 점이다. 그로 인해 우리는 지금 그 열매를 취하며 배가시켜 나가고 있다. 오늘날의 선진 대한민국 위상의 뿌리가 바로 이들이다.

조선 말기부터 한국 근현대사(1860~1980)[301] 120여 년 동안 조선에 들어온 2,956명의 서구 선교사들은 서구 문명의 전파를 위한 계획(Planning)과 제도적 이식(Planting)으로 문명화와 기독교화에 초석(Foundation)을 놓았다. 그 후 약 반세기에 걸쳐 조선에서의 기독교가 자립화되고 성장(Build up)하였다. 이렇게 되기까지 서구 선교사들의 공헌은 문명사적으로 너무도 명백하였고 그 영향력은 여전히 지속되고 있다. 이러한 공헌과 공적에 대해서는 많은 국내외의 사료들을 통해 입증되고 있다.

김승진과 박혜진의 공저『내한 선교사 총람』(한국기독교역사연구소, 1994)에서 1884년부터 1983년까지 내한한 선교사를 분석한 결과에 의하면 이 가운데 전반기라 할 수 있는 1884년부터 1945년 해방 전에 내한한 선교사는 1,529명이고, 후기인 1945년부터 1984년까지의 내한한 선교사는 1,427명이다.

두 기간에 내한한 선교사의 수는 비슷하게 양분되어 있다. 국가별

---

301   근현대사(1860~1980)의 연대 표식은 저자의 주관적 판단으로 1860년대 서구의 한반도 진출로부터 하였으며, 한국전쟁 종전 후 현대의 경제개발이 본격화된 120여 년간의 연대를 설정한 것이다.

로 구분하면 초기 선교사들 가운데에 미국 국적 선교사는 1,059명으로 전체의 약 70%를 차지한다. 나머지는 영국 출신 선교사가 199명, 캐나다 출신 선교사가 98명, 오스트레일리아 출신 선교사가 85명이다. 놀라운 사실은 전기 내한 선교사 1,529명 가운데 여성 선교사가 1,114명(72%)을 차지한다는 점이다. 더욱 주목할 것은 이들이 오늘의 대한민국의 능력 있는 여성들을 품고 태동시켰으며 성장시켰다는 것이다. 이 또한 하나님의 주권적 섭리의 역사라 볼 수 있다.

선교사들의 사역 분야를 보면 초기 여성 의료 선교사(의사, 치과의사, 약사, 간호사)는 280명으로 서양 의료인 311명 가운데 90%를 차지했다. 미국 의료 선교사는 193명으로 69%를 차지했다. 개신교 교단별로 보면 미국 북장로교회 71명, 미국 남장로교회 32명, 북감리교회 27명, 미국 남감리교회 32명이다.[302]

지난 100여 년 동안 서구의 선교사들이 우리 민족에게 전해 준 서양의 근대 문명은 한국 선신 문명의 기초가 되고, 토양이 되어 현재뿐만 아니라 미래에도 지속적으로 영향을 줄 것이다.

본 필자는 선교사로서 30여 년 선교 사역을 하면서 자연스럽게 우리 민족의 근현대사에는 기독교적 섭리가 작용되었음을 확신하게 되었고 그 점을 본 저서에 반영하였다. 그런 관점에도 역사적 팩트가 가장 우선되어야 하며 그에 못지않게 역사에 대한 평가와 해석을 객관성 있게 리뷰해야 할 것이다. 그러나 이념적 프레임을 갖고 배타적인 고정 관념으로 해석한다면 그 역사 속에 담긴 뼈아픈 교훈을 배울 수 없고, 그러한 역사는 미래에 다시 반복된다. 그러므로 역사를 객관화하고 균형 잡힌 평가와 해석을 하기 위해서는 우리의 역사 기록만이 아

---

302   황상익, 기창덕, 「조선말과 일제강점기동안 내한한 서양 선교의료인의 활동 분석」, 대한의사학회, 1994.5.6

닌 세계사적 역사 사료들과 함께 살펴볼 때 비로소 그 역사의 보편성과 진실을 공감할 수 있고 그것을 우리 민족의 문명 자산으로 자원화할 수 있다.

한국은 3천여 명의 선교사들의 60여 년에 걸쳐 각 분야로 배출해 낸 다양한 민족지도자들과 전문인들의 선구자적인 헌신적 리더십으로 놀랍게도 해방된 지 50여 년 만에 선진국 대열에 서게 되었다. 더 나아가 이제는 경제력이 세계 10위권 국가가 되었고 무역 규모는 세계 6위, 7위를 유지하고 있다. 또, 세계 최고의 첨단 제품들을 세계화하였으며, 대중문화 콘텐츠에서도 세계화된 'K-Culture' 국가가 되었다. 최근에 와서는 방산 무기도 최첨단화하여 세계로 수출하는 'K-방산' 국가가 되었다.

제2차 세계대전 이후 120여 개의 피식민지 국가에서 선진국으로 진입한 나라는 오직 대한민국뿐이다. 최근에 와서는 인구 5천만과 1인당 GDP 3만 달러에 도달하여 선진국 '30-50' 클럽국에 들기까지 하였다. 한국은 2000년대 들어서 세계 후진국에 9,350억 원을 지원하는 후원국이 되었다. 이뿐만 아니라 유엔 가입국 중 분담금을 9번째로 감당하면서 세계 번영에 기여하고 있다. 이렇게 기적적인 성취를 이룰 수 있었던 최초의 근원은 바로 선교사들이 140여 년 전에 이 땅에 근대 문명의 겨자씨를 심고 가꾸었기 때문이었다.

21세기에 들어 이제 대한민국은 세계에서 가장 문명사적으로 기적을 이룬 나라로서 모든 세계가 필요로 하는 나라가 되었고 우리를 부르고 있다. 요즘 한국의 발전사를 모델링하고자 하는 나라들이 많아졌고 그들 나라 중에는 한국의 발전사를 교과서에 수록하여 배우고 있다.

바라기는 본 저서와 같이 한국의 근현대 문명사에 대해 사학자들과 역사에 관심 있는 사람들이 한국의 성공적인 근대 문명화에 대해 다각적으로 연구, 집필하여 더 다양한 해석과 연구 자료를 양산하여 우리 역사의 결실과 교훈을 자원화하는 활동이 더욱 많아지기를 소원한다. 역사는 늘 새로운 연구와 평가를 요구하기 때문이다.

본 저자는 역사 지식에 부족한 부분이 많으며 그러하기에 앞으로도 더욱 배우며 정진할 것이다. 본 저서가 출간될 수 있도록 배려해 주신 렛츠북의 류태연 대표님과 유익한 자료를 제공해 주고 자문해 주신 많은 분들과 추천사로 힘을 실어주신 민경배 명예교수님, 신동춘 박사님, 박현모 교수님께 심심한 감사를 드린다.

2024년 2월 10일
서울숲 글방에서 올림

조선 근대
문명화를 이끈 선교사들

초판 1쇄 발행 2024년 03월 28일

지은이 강석진
펴낸이 류태연

펴낸곳 렛츠북
주소 서울시 마포구 양화로11길 42, 3층(서교동)
등록 2015년 05월 15일 제2018-000065호
전화 070-4786-4823 | **팩스** 070-7610-2823
이메일 letsbook2@naver.com | **홈페이지** http://www.letsbook21.co.kr
블로그 https://blog.naver.com/letsbook2 | **인스타그램** @letsbook2

ISBN 979-11-6054-694-1 03910